공감으로 완성하는 코칭

: 평범함에서 탁월함으로

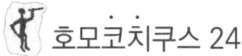 호모코치쿠스 24

공감으로 완성하는 코칭
: 평범함에서 탁월함으로

앤 브록뱅크 & 이안 맥길 지음
김소영 옮김

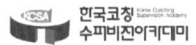

Coaching with Empathy, 1st Edition

Korean Language Edition Copyright © 2021 by McGraw-Hill Education Korea, Ltd. and Korea Coaching Supervision Academy All rights reserved. No part of this publication may be reproduced or distributed in any form or by any means, or stored in a database or retrieval system, without prior written permission of the publisher.

1 2 3 4 5 6 7 8 9 10 KCSA 20 21

Original: Coaching with Empathy, 1st Edition © 2013
By Brockbank
ISBN 978-0-33-524655-7

This authorized Korean translation edition is jointly published by McGraw-Hill Education Korea, Ltd. and Korea Coaching Supervision Academy This edition is authorized for sale in the Republic of Korea.
This book is exclusively distributed by Korea Coaching Supervision Academy.
When ordering this title, please use ISBN 979-11-89736-27-9 (93180)

Printed in Korea

한국어판 ⓒ 2021. McGraw-Hil Education Korea Ltd. 한국코칭수퍼비전아카데미.
이 간행물의 어떤 부분도 출판사의 사전 서면 허가 없이 복사, 녹음, 녹화는 물론 데이타베이스, 정보와 검색 시스템을 포함한 어떠한 형태나 방법을 통해 전자적, 또는 기계적 방법으로 복제하거나 전송할 수 없습니다. 이 책은 한국코칭수퍼비전 아카데미에서 독점 배포합니다.

ⓒ 한국코칭수퍼비전아카데미 2021
* 이책의 전부 또는 일부를 재사용하려면 반드시 사전에 저자 및 맥그로우 힐 교육 코리아, 한국코칭수퍼비전아카데미 양쪽의 동의를 받아야 합니다.

목차

역자 서문 6
시리즈 편집자 서문 11
감사의 글 13
1장. 코칭에서 왜 공감을 사용해야 하는가? 15
2장. 코칭 상황별 공감 47
3장. 신경과학과 공감 79
4장. 한 번 더 감정으로 113
5장. 질문하기: 왜 묻는가? 153
6장. 뉴NEWW 모델 사용하기 181
7장. 코칭에서 도전하기 197
8장. 코칭과 치료의 경계 225
결론 252
참고 문헌 254
색인 257
저자 및 역자 소개 260
발간사 263

역자 서문

What is Coaching?

"저는 영어학습 코치입니다."라고 제 소개를 올리면, "코치? 코칭이 무엇입니까?"라는 질문이 바로 이어집니다. 설명드리기 전에 제가 만든 인용구를 먼저 읊어 봅니다.

"삶을 사랑합니다.
사람을 사랑합니다.
당신을 빛나게 하는 코칭,
Halo 영어코칭 연구소입니다."

저는 삶과 사람에 대해 사랑과 존경의 마음을 품고, 몸을 기울여 경청하는 것이 코칭의 기본이라고 생각합니다. 코로나로 인해 우리의 심리상태가 우울한 블루를 넘어 위협적인 레드의 상황까지 이르렀습니다. 평범한 일상이 더는 평범하지 않은 상황에서 행복감을 느끼는 사람보다 힘들다고 몸짓과 말로 표현하는 사람이 많아졌습니다. 누구나 자기 이야기를 나누고 싶어 하지만 아무도 깊이 있게 들어주지 않는 요즘입니다. 저는 이 시기를 겪으면서 제가 코칭을 알고 있어 다행이라고 생각합니다. 코칭 덕분에 건강하고 행복하게 이 시기를 보낼 수 있어서 하루에도 몇 번씩 감사함을 고백합니다. 긍정심리학에 뿌리를 두고 사람을 보는 것이 코칭의 시작입니다. 아직 다 펼쳐내지 못한 무한한 가능성을 믿어주는 것이 '코칭의 존재' 이유입니다. 마음먹은 것을 행동으로 옮기는 '실행계획'은 어디에서도 찾을 수 없는 독보적인 부분이라고 생각합니다.

코치는 누구인가요? 나도 모르는 내 마음을 볼 수 있게 경청과 질문, 인정과 지지를 사용하여 돕는 이가 코치라고 생각합니다. 고객이 '쿵' 하면 '짝' 하고 알아들을 정도로 코치는 심리적으로 섬세합니다. 그 섬세함이 배려심과 유연성을 만나 고객의 마음을 스스로 열게 합니다. 코칭은 이렇듯 마음을 나누고 어루만지는 지적인 대화입니다. 그래서 우스갯소리로 코칭을 아예 모르는 분은 있지만, 한 번만 코칭받는 분은 없다고 하는 것 같습니다.

이 책은 코칭이 궁금한 분들께 코칭에 대한 기본 지식을 잘 알려 줄 것입니다. 아울러 실전 코칭이 궁금한 초보 코치에게도 많은 도움이 될 것입니다. 다양한 이론과 사례를 적절히 보여주기에 전문 코치들이 현장에서 맞닥뜨리는 과제와 문제에 대한 이해력을 확장하도록 돕습니다. 그래서 평범한 코치에서 탁월한 코치가 되도록 이끌어 줄 것입니다.

What is Empathy?

그럼 공감은 무엇일까요? 코칭에 관한 책은 많습니다. 그렇지만 공감에 관한 책은 찾기가 쉽지 않습니다. 우리는 그동안 공감을 저평가하고, 중요하게 대하지 않았습니다. 공감에 관해 모르는 사람은 아무도 없다라는 태도로 공감을 비웃었던 걸까요? 공감을 단순히 상대방의 말을 따라하는 백트레킹이나 거울처럼 비춰서 보여주는 미러링이라고 생각했던 것 같습니다. 공감은 코칭의 코어, 즉 핵심입니다. 앤 브록뱅크와 이안 맥길은 코치가 공감을 제공하지 않는다면 고객의 코칭 성과나 목표에 도달하기가 어렵다는 것을 이론과 사례를 통해 증명하고 있습니다. 이 책에서 정의하는 공감은 타인을 온전히 이해하고자 하는 시각, 감정, 경험, 행동, 의사소통에 관한 이해입니다. 즉 타인을 이해하고 그들과 충분히 소통하는 것입니다. 공감의 개념은 일상에서 누구나 적용할 수 있는 쉬운 개념입니다. 다만 아는 것과 행하는 데에는 너무나 먼 거리가 존재하기에 습관처럼 사용하기가 어렵습니다. 그래서 앤 브록뱅크와 이안 맥길이 실제 상황에 활용하도록 쉽게 알려주고 있습니다. 코칭에서 공감을 적극적으로 사용할 때 고객 스스로 감정의 흐름을 찾기 쉬워집니다. 고객이 감정의 흐름을 찾을 때 변화를 수용하게 됩니다. 이것은 자연스레 실행 능력을 올려줍니다.

우리가 공감을 잘 사용하고 있는지를 아래 세 가지를 통해 확인할 수 있습니다.

1. 고객이 느끼는 것을 코치가 알아차리는가?

2. 고객이 왜 그 경험에서 왜 그러한 감정을 느끼는지를 알아차릴 수 있는가?
3. 코치가 이해한 것을 고객에게 전달할 때 코치가 보이는 반응이 고객에게 적합한가?

이론과 다양한 사례를 살펴보고도 스스로 부족함을 느끼는 경우에는 수퍼비전을 받도록 적극적으로 추천합니다. 국내에서는 '한국코칭수퍼비전아카데미'에서 공감코칭을 바탕으로 수퍼비전을 받을 수 있습니다. 이 책을 덮을 때쯤이면 공감 마스터로 변화되어 있을 여러분을 무한히 지지합니다.

저는 18년간 영어를 가르치고 있습니다. 아내와 엄마의 역할보다 눈 감고도 잘하는 것이 영어를 공부하고, 가르치는 일입니다. 경력이 쌓이면서 제게 더 깊어지는 고민이 하나 있었습니다. 늘 고민하게 하는 화두는 어떻게 해야 더 쉽고, 재미있게 영어를 알려줄 수 있나입니다. 학습 부진과 함께 학습에 부담감을 느끼는 학습자를 보면 그 질문은 저를 더 괴롭혔습니다. 오랜 고민 끝에 답을 찾았습니다. 바로 학습에 코칭을 적용하는 것입니다. 코칭은 제 자아상부터 사회적인 페르소나까지 모든 부분을 흔들었고, 바꿨습니다. 그래서 그 재능을 코칭 문화 확산에 보태고자 번역을 시작했습니다. 부족한 저에게 번역 기회를 주신 한국코칭수퍼비전아카데미 대표이신 김상복 코치님과 따뜻한 위로가 되어주신 정익구 편집자님께 감사를 전하고 싶습니다. 수십 장의 문서나 논문 정도의 분량이 아닌 호흡이 긴 글이라 진심으로 고통스러운 시간이었습니다. 그 고통 중에 심리학적인 이론을 바탕으로 코칭에서 공감을 사용하는 방법을 가장 먼저 알 수 있었습니다. 고통이 고통으로 끝나지 않음을 다시 한번 확인했고, 그 모든 시간에 감사합니다. 제가 하고 싶은 것은 무엇이든 할 수 있도록 모든 것을 지원하는 남편과 세상에서 가장 잘한 일이 너를 낳은 것임을 매일 느끼게 하는 사랑하는 허니와 이 완고의 기쁨을 나누고 싶습니다. 나의 부모님, 시부모님과 하나님께 영광을 돌리고 싶습니다. 번역에 대한 궁금증이나 피드백은 juliakim26@naver.com으로 메일을 보내주시면 소통하겠습니다.

2021년 5월
역자 김소영

시리즈 편집자 서문

오랫 동안 비즈니스 코칭이나 임원코칭에서 감정을 배제했다. 이는 회사 임원들이 '직장'에서는 일반인들처럼 감정을 지닌 채 일하지 않기 때문이다. 위 사항에 대해 코치와 고객들은 무언의 동의를 하였고, 고객들은 직장에서 받는 스트레스가 눈에 뻔히 보이는데도 집에서 편히 쉬는 것처럼 행동했다. 상담받는 것은 두렵고, 라포rapport 형성이나 공감을 위해 아첨하는 것은 수치심만 느끼게 했다. 공감을 어떻게 하는지 모르는 사람은 없다는 것이 기정사실이었다.

이 책은 이러한 상황에서 꼭 필요하다. 이 책이 잘못을 바로잡을 것이다. 우리는 처음으로 '공감' 개념과 왜 그것이 그토록 중요한지, 공감하지 않으면 어떻게 되는지 구체적으로 정의한다. 이와 함께 중요한 것은 '공감'의 시작, 공감하는 방법, 공감을 지속하는 방법에 대한 안내이다.

우리가 지금까지 코치나 고객 입장에서 무시해왔던 부분을 뇌과학에서 명쾌하게 증명한다. 감정 영역이 뇌에서 중요한 부분을 차지한다는 사실이다. 코칭에서 서로를 향한 신뢰감은 공감을 만들어낸다. 공감을 지속하는 유일한 방법이다. 또 이 책은 당신의 기술과 지식의 경계선 안에서 실용적이며 분별력 있는 방향을 제시한다. 당신이 본래 가진 수준을 넘어서도록 할 것이다.

앤 브록뱅크와 이안 맥길은 오랜 시간 상담, 멘토링, 코칭과 액션러닝 action learning^{역자 주1)}에서 선도적인 실천가와 교사로 근무했다. 이 책의 인간적인 접근방식과 놀라운 사례연구들을 통해 당신의 코칭이 더욱 밝게 빛나기를 소망한다.

편집장
제니 로저스 Jenny Rogers

역자 주1) action learning: 조직 구성원이 팀을 구성하여 동료와 촉진자facilitator의 도움을 받아 실제 업무에서 일어나는 문제를 해결함으로써 학습하는 훈련방법. [네이버 지식백과] 액션러닝 [Action Learning] (HRD 용어사전, 2010. 9. 6., (사)한국기업교육학회)

감사의 글

항상 그렇듯이, 우리는 고객들이 책을 보고 얻은 지혜를 함께 나누기를 원한다. 이 책에는 다양한 코칭 관계에서 나온 코칭 사례가 있다. 우리는 데이터 및 아카이브 재난관리센터Data and Archive Disaster Control Centre(DADCC) 사례 연구에 관해 헬렌 도넬리Helene Donnelly에게 감사를 표하고, 앤 드 콕Ann de Kock과 로즈 릭스Rose Ricks의 기여에 감사를 표하고 싶다. 삽화에 원본을 제공한 게드 오코너Ged O'Conner와 초안대로 친절하게 본문을 읽어준 팀 워커Tim Walker, 마틴 벨만Martin Bellman, 벤 케힐Ben Cahill에게 감사하다. 본문의 오류에 대한 모든 책임은 우리에게 있다. 우리는 제니 로저스Jenny Rogers의 조언과 오픈 유니버시티 팀의 모든 지원에 감사한다. 우리는 이 책에 대해 모든 책임을 질 것이며, 독자들의 감상평과 질문을 언제나 환영한다.

A.Brockbank@mailbox.ulcc.ac.uk
I.McGill@mailbox.ulcc.ac.uk
www.BrockbankMcGill.co.uk

1장
코칭에서 왜 공감을 사용해야 하는가?

우리는 왜 공감 코칭에 관한 글을 쓰고 있는가? 코칭 관련한 대부분 책 가운데 공감에 관한 책은 찾기 어렵다. 있다 하더라도 고객들은 이미 공감에 관해 잘 안다는 것이 기정사실이다. 공감하는 방법은 너무 단순해서 허망하기까지 하다. 공감은 코칭의 코어, 즉 핵심이다. 우리는 코치가 공감하지 않는다면 고객의 코칭 목표나 더 나은 성과에 도달하기가 어렵다는 것을 말하고 싶다. 우리는 코치가 스스로 코칭 프랙티스를 되짚어보고, 중대한 간극을 메울 수 있도록 해결책을 제시하고, 코치가 자신의 코칭에 공감을 적용하도록 도울 것이다.

코치이며 트레이너인 우리는 코칭에서 공감을 사용하면 고객에게 자신의 정서적 맥락emotional context을 쉽게 확인하게 할 수 있다. 우리 경험에 비추어보면 공감은 고객의 변화 가능성을 지지한다. 우리는 전문가에게 공감을 받아 보았고, 우리 자신도 공감을 통해 혜택을 본 적이 있다.

우리는 이 장에서, 첫째로 무엇이 공감이고, 무엇이 공감이 아닌지를 정의할 것이다. 둘째로 공감을 변화의 핵심 요소로 살펴볼 것이다. 셋째로, 공감 코칭이 고객, 팀, 조직에 어떠한 이점을 제공하는지를 볼 것이다.

공감이란 무엇인가?

사람들은 자주 공감empathy을 동정sympathy이나 연민pity과 혼동한다. 동정은 '미안해하는 감정feeling sorry for'이다. 코치들은 고객에게 미안해하거나 불쌍한 감정을 느끼면 안 된다. 그런데도 실제로는 그렇게 느낀다. 공감이 동정이 아니라면 과연 무엇인가?

공감 능력을 갖춘 코치가 되려면 아래의 세 가지가 필요하다.

- 고객의 언어나 비언어적 표현에서 나온 감정을 알아차리기
- 고객의 언어 표현, 경험과 행동이 감정의 근원임을 알아차리기
- 고객의 언어 표현, 비언어적 표현, 감정, 경험, 행동 정보를 바탕으로 고객과 의사소통하기

예로 든 각 구성 요소들은 아래 사례연구에서 가져왔다.
이 세 가지를 요약하기 위해서 우리는 공감을 이렇게 정의하고자 한다.

> "다른 사람의 관점에서 세상을 보고, 그들의 감정, 경험, 행동을 이해하며 그들과 충분히 소통하는 것"

여기에서 다른 사람은 고객, 동료, 친구, 파트너를 말한다. 공감은 대인 관계 기술이다. 우리는 사례연구를 통해 코치가 어떻게 조직 맥락에서 공감을 사용하는지 살펴볼 것이다.

엘리자베스Elizabeth, 외부 코치independent coach역자 주2)

에릭은 15년 경력의 유능한 회계사이다. 글로벌 컨설팅 회사에서 근무한다. 제이슨은 에릭의 상사이다. 엘리자베스는 에릭에게 상사와의 업무 관련 이야기를 듣고 있다. 에릭은 업무 중에 제이슨이 자신의 제안을 얼마나 무시했는지 이야기한다. 에릭은 제이슨의 보수적인 방식을 받아들이는 게 더 편할 것으로 생각한다. 에릭은 이미 회사에 자신이 차기 파트너로서 자격이 충분하다는 것을 증명했다.

엘리자베스는 그의 이야기를 듣는 동안, 말의 속도와 크기 그리고 몸짓에서 에릭이 감정을 표출한다는 것을 알아차렸다.

그는 상사인 제이슨이 자신을 대하는 태도에 대해 말하다 말고 갑자기 말을 멈추었다. 엘리자베스는 직관적으로 다음 말을 내뱉었다.

"에릭, 제이슨이 당신의 전문지식을 무시해서 화가 나셨군요."

에릭은 이제야 엘리자베스와 눈을 맞추었다. "이런, 제가 그렇게 그 부분에 대해 느끼는지 몰랐어요. 네, 제이슨! 맞아요. 그 사람 때문입니다."

엘리자베스는 에릭의 감정이 비언어적으로 표현됨을 알아차렸다. 제이슨의 태도를 말할 때 에릭의 감정이 표현된다는 점을 잡아냈다. 이제 에릭은 엘리자베스에게 모든 것을 털어놓기 시작한다.

고객이 느끼는 것을 당신이 알아차리는 것recognition이 공감의 첫 번째이다. 그 경험에서 왜 그러한 감정을 느끼는지reasons가 두 번째이다. 코치가 이해한 것을 고객에게 전달하기 위해 당신이 보이는 반응response이 세 번째이다. 이 세 가지 요소는 효과적인 공감과 현대적인 공감 정의에서 필수적이다.

역자 주2) independent coach: 개인 사업체를 운영. 회사에 속하지 않은 코치.

많은 사람에게 공감은 단지 비즈니스 맥락이나 심리치료에서 '너무 뻔한 것'^{역자 주3)}으로만 여겨졌다. 공감이 심리치료에서 비롯되었다는 것은 사실이다. 이유는 공감이 심리치료에서 고객에게 변화 의지를 불러일으키기 위해 사용되기 때문이다.^{역자 주4)} 그래서 코칭에도 유용하다고 할 수 있다.

그렇지만 코칭은 심리치료와 같지는 않다. 코칭에서는 아래의 경우에 공감을 사용한다.

- 코치와 고객 사이의 모든 중요한 관계를 지원할 경우
- 고객 상황 이면에 있는 이유를 인정해야 할 경우
- 변화를 두려워하는 고객의 본능적인 반응을 진정시켜야 할 경우

세 가지 R, 즉 관계relationship, 이유reasons 그리고 반응reactions이 중요하다.

관계

성공적인 코칭 결과를 얻는 데 가장 중요한 요소는 코치와 고객의 관계이다. 코칭 결과는 코치의 지식, 자질, 경험, 기술, 훈련, 배경, 코치의 나이나 성별보다 코칭 관계의 영향을 더 많이 받는다. 코치와 고객은 전통적 의미에서의 '관계 안에in a relationship^{역자 주5)}' 있지는 않다. 오늘날 관계란 '비즈니스'를 위한 코드를 의미한다. 비즈니스를 위한 코드는 코치가 고객의 이익을 위해 협력하는 것이다. 코치는 또한 고객 분야에 관한 전문가일 필요

역자 주3) 'touchy feely': 감정 표현이 너무 숨김없는 [적나라한] 것으로 번역됨
역자 주4) 심리치료에서는 공감의 사용이 굉장히 중요하다. 내담자에게 꼭 필요한 '공감'이 전달될 때, 내담자의 변화가 시작되기 때문이다.
역자 주5) 친구나 이웃처럼 서로의 안부를 궁금해하는 친밀한 관계를 의미함

는 없다. 코치에게 필요한 것은 고객과의 관계를 형성하기 위한 공감이다. 코치가 고객과 어떤 관계를 맺는지가 관건이지, 코치가 고객이 일하는 특정 분야에 관해 아는지가 중요하지는 않다.

이유

고객에게 공감하는 코치는 고객의 경험과 동일하게 상황을 인식해왔다. 이러한 중요한 인식은 고객의 경험에서 출발할 때 지시적이지 않다. 비지시적non-directive역자 주6)인 코칭일 때, 코치는 고객의 잘못을 지적하거나 조언해주고 싶은 유혹을 물리칠 수 있다. 고어 비달Gore Vidal은 "사람들이 내 충고를 받아들인다면 세계의 모든 문제가 해결될 것이다All the problems of the world would be solved if only people took my advice."라고 말했다. 현실에서 어른들은 충고를 따르지 않는다. 우리를 포함하여 많은 코치가 고객에게 조언하고 싶어 한다. 공감을 포함한다면 비지시적인 코칭을 더 쉽게 할 수 있을 것이다.

반응

우리는 그다지 개의치 않지만 신경과학과 코칭심리학에서는 감정이 행동을 지배한다고 말한다. 코치와 고객의 관계는 숨겨진 정서 부분hidden emotional blocks이 처리되도록 안전한 장소a safe place를 제공한다. 이것은 소파에 누워 있거나 뉴에이지 기법에 참여하는 등 이상한 활동을 의미하진 않는다. 코칭에서의 공감은 코치와 고객 사이의 일반적인 구두 교환spoken

---

역자 주6) 해답을 알려주거나 고객이 그 상황에서 다음에 할 말이나 행동을 가르쳐 주지 않는 것을 의미

exchange의 일부이다.

공감을 왜 전달해야 할까? 고객은 코치가 자신의 상황을 충분히 이해했다고 생각할 수 있다. 그러나 코치가 아무 반응도 하지 않는다면 코치가 제대로 이해하지 못해서 피드백을 주지 않는다고 생각한다. 코칭 과학은 우리가 다른 사람의 정서에 대해 나와 어울리는 부분에만 반응한다는 것을 알려준다. 이것을 정서에 대한 거울 이미지mirror image라고 한다. 코치 안의 이러한 감각은 코치가 전달하지 않으면 고객은 알 수 없다. 코치가 고객과 같은 감정을 느끼는 것으로는 충분치 않다. 코칭에서 공감을 위해서는 코치가 고객이 느끼는 기분을 말로 전달해주어야 한다. 코치가 느낀 감각이 무엇인지에 대해 서로 소통해야 한다.

효과적으로 반응했을 때 공감이 이루어진다. 이것은 누구나 매우 쉽게 배울 수 있으므로 일상적인 기술a day-to-day skill이라고 할 수 있다. 많은 사람이 공감을 자연스럽게 사용한다. 특히 사교적인 경향이 있는 여성들이 정서에 잘 반응한다. 공감은 무의식적으로 사용할 수 있다. 너무 쉬워서 우리가 배워야 하는 가치 있는 기술로 인식하지는 않는다.

지능으로서의 공감

공감은 정서지능emotional intelligence(EQ)의 한 부분으로, 경영과 리더십 기술로 사용된다. 정서지능은 지난 20년간 IQ와 대비하는 방법의 하나였다. EQ라고 불리는 정서지능은 조직 성과에 점점 더 중요한 요소가 되었다. 다니엘 골만Daniel Goleman의 베스트셀러인 『EQ 정서지능Emotional Intelligence』(1995)에서 사업 성공이 지적 요인만큼이나 정서적인 것에 달려 있다는 것을 이해하기 쉽게 제시했다. 정서지능은 자신을 이해하고 관리하며 타인과의 관계를 형성하는 능력이다. 이 능력이 타인을 관리하는 데 필수 선행 조건이라는 것을 다양한 사례로 보여주었다. 이 책의 메시지는 그때에도 급진적이었고, 지금도 그렇다. 자신이 다른 사람들에게 미치는 영향을 아는가? 당신은 분노와 불안 감정을 스스로 관리할 수 있는가? 다른 사람의 입장이 될 수 있는가? 공감은 당신과 다른 사람이 같은 감정을 갖게 하는 기술 가운데 하나이다.

이처럼 비즈니스에서 정서지능을 다시 강조하는 이유가 무엇인지 알 수 없는 상황에서 갑자기 공감이 등장했다. 우리가 공감을 제안하는 이유는 공감이 학습할 수 있고 사람들 사이에 적용할 수 있기 때문이다. 시몬 바론 코헨Simon Baron-Cohen은 그의 책 『공감 제로Zero Degrees of Empathy』(2011: 127)에서 "공감은 보편적인 해결책이다 - 공감을 적용하면 어떤 문제도 해결할 수 있다."라고 주장한다. 코헨 남작은 개인의 공감을 평가하고, 측정하는 방법을 제시했다.

공감의 수준

이 책에서 우리는 심리치료사, 트레이너, 개발자로서 공감 수준을 발전시킨 칼 로저스Carl Rogers(1951), 제라드 에간Gerard Egan(1990), 데이비드 먼스David Mearns, 브라이언 소른Brian Thorne(1988, 2000)의 연구 결과를 바탕으로 진행한다. 코치들이 모든 상황을 이해하기 위해서는 다양한 수준의 공감이 중요하다. 공감에는 네 가지 수준이 있다.

- 무공감zero empathy: 침묵, 충고, 판단, 질문 등
- 부분적 공감partial empathy: 둘 중 하나 이상의 확인 된 느낌에 반응
- 일차적 공감primary empathy: 언어적 또는 비언어적 단서에 기초한 정서나 감정에 반응
- 고급 공감advanced empathy: 직감이나 추측 또는 '느낌'에 근거하여 반응

무공감

고객을 배려하는 코칭 상황이다. 당신은 무심코 고객을 판단하고, 그들에게 조언한다. 고객을 심문하면서도 아무런 공감도 하지 않는다. 판단, 충고, 질문은 각각의 역할이 있지만 공감은 아니다. 반면에, 당신은 지루함, 반복되는 이야기로 피로해진다. 또는 고객이 중요하다 여기는 가치에 대한 반감으로 고객에 관한 관심을 잃을 수도 있다. 침묵은 무공감이 될 수도 있다. 코치로서 고객에게 인정받는 느낌을 받을 수 있다. 심지어 당신이 공감하고 있다고 착각할 수도 있다. 만약 코치가 고객에게 반응하지 않는다면, 코치의 얼굴과 몸이 고객을 미러링mirroring하더라도 공감하는 것은 아니다. 미러링은 연계를 확립하고 관계를 구축하는 것으로 알려져 있다. 이는 코칭에 유용하지만 공감을 완전하게 표현하지는 않는다. 만약 당신이 다소 산만한 관리자라고 가정해보자. [그림 1.1]처럼 직원이 울고 있는데도 문자 메시지나 보낸다면, 당신은 무공감하는 것이다.

[그림 1.1] 무공감

부분적 공감

부분적 공감은 고객이 느끼는 정서 세계의 일부만을 다루는 공감 형태이다. 예를 들어, 고객의 목소리가 떨린다. 고객은 새로운 주문 시스템이 어렵다고 한다. 또 승진 신청에 관해 말한다. 당신의 부분적 공감 대응은 '이 새로운 시스템이 혼란스러워 보이지만 앞으로 나아가야 할 때'라고 말하면서 고객의 좌절감과 그 이유를 알아차린다([그림 1.2]). 이것은 감정(혼동), 이유, 그리고 고객의 표현에 대해 코치가 언급하기 등 앞에서 말한 세 가지 공감 요소를 충족한다. 그러나 불안과 자신감 부족을 시사하는 고객의 '목소리'에 드러난 감정을 담지 않아 부분적이다. 그래서 부분적 공감은 충분한 것 같지만 큰 변화를 위해서는 부족하다.

[그림 1.2] 부분적 공감

일차적 공감

일차적 공감이란 고객이 표현하는 모든 느낌을 알아차리는 것이다. 이러한 느낌의 이유와 식별하는 반응을 포함한다. 코치는 일차적 공감을 위해서 고객이 말로 표현하거나 비언어적으로 표현한 감정에만 반응할 것이다. 예를 들어, 위의 고객에 대한 응답은 다음과 같을 수 있다: "당신은 새로운 시스템이 혼란스럽다고 느끼고, 승진을 생각하고 있지만 자신은 없는 것 같습니다."([그림 1.3])

일차적 공감이 잘 전해졌는지는 증거를 보면 알 수 있다. 증거는 코치가 확인한 느낌에 대해 고객이 언어나 비언어적으로 표현하는 것이다.

[그림 1.3] 일차적 공감

고급 공감

고급 공감은 충분한 증거가 없는 코칭 상황에서의 반응이다. 코치로서, 고객에게 있을 수 있는 감정을 직감하면서도 착각할 수 있다. 이것은 때로 '느낌'으로 묘사된다. 위의 고객에 대한 더 진전된 공감적 대응은 아래와 같다. "이 새로운 시스템이 혼란스러워 보이는군요. 당신의 경력에 대해 걱정하지만, 승진 기회에 나설 수도 있습니다. 당신이 그렇게 오랜 시간 일했는데도 X가 승진하는 것에 화가 난다는 걸 알고 있습니다. X가 같은 직장에서 승진했을 때 당신은 배신감을 느꼈을 겁니다. 지금 당신이 자신 있게 승진 신청을 못 하는 것도 당연하다고 생각합니다([그림 1.4]).

[그림 1.4] 고급 공감

　고급 공감은 표현되지 않은 감정에 기초하므로, 고객은 '그게 아니라 사실은…'으로 답할 수 있다. 그때 고객의 진짜 감정이 나타날 것이다. 아니면 그들은 '고마워요, 바로 그거에요'라며 코치의 말에 동의할 것이다. 바로 그때 코칭이 시작된다.

　요컨대, 일차적 공감은 명시적으로 표현된 느낌과 경험에 반응한다. 반면에 고급 공감은 '행간을 읽으려고' 노력하거나 완곡하게 표현되었을 수 있는 감정을 찾아낸다. 전통적인 조직에서 업무 문화는 느낌과 감정을 평가 절하하는 경향이 있다. 고객들은 그들의 감정을 분명하게 표현하지 못할 수도 있다. 고객이 실제로 느끼는 감정을 억누르거나 부정하는 경우에 고급 공감 능력이 필요하다. 이것은 여러분이 갈등을 다룰 때나 고객에게 도전하거나 맞설 필요가 있을 때 특히 중요하다.

여러분은 괴로움, 불안, 자신감 부족 등 [그림 1.1], [그림 1.2], [그림 1.3]의 누락된 감정이 자주 부정적인 것으로 보이는 것을 알아차렸을지도 모른다. 행복과 성공에 관해 대중적으로 접근한 긍정심리학은 주로 잘 되는 것에 초점을 맞추도록 권한다. 그러나 『설계된 망각The Optimism Bias』(2012)에서 탈리 샤롯Tali Sharot은 삶의 부정적인 면을 무시한다면 불안, 불확실성, 불행으로 이어질 수 있음을 시사한다. 이에 대한 자세한 내용은 올리버 버크먼Oliver Burkman의 저서 『합리적 행복The Antidote: Happiness for People Who Can't Stand Positive Thinking』(2012)에서 확인할 수 있다. 버크먼은 부정적인 것을 제거하기 위해 끊임없이 노력하라고 하는 세계가 사람들을 불안과 불확실성으로 이끈다고 주장한다. 그는 모든 것을 바르게 하려고 긍정적으로 사고하는 사람들은 오히려 반대의 결과를 얻게 된다고 말한다. 아이러니하게도 행복 추구가 오히려 행복을 성취할 기회를 줄이기 때문이다. 긍정적 감정과 부정적 감정을 모두 포함하는 접근방식이 더 현실적이다. 이것이 실패와 우울증을 초래할 가능성이 더 작다.

공감 모드

공감 모드는 그들이 과거에 느꼈던 감정을 표현하거나 현재 또는 미래에 실제 그들이 느낄 것 같은 감정을 표현한다. 그래서 공감은 세 가지 방법으로 제공할 수 있다.

과거   현재   미래

이 모드가 코칭 상황에서 어떻게 작동하는지 살펴보겠다.

세 가지 모드에서 모두 진행할 수 있는 능력을 갖춰야 한다. 그러한 코치는 현재와 과거의 감정뿐만 아니라 미래의 어떤 행동에서도 감정적 요소를 식별하고 대응할 수 있다. 예를 들어, 고객은 이사회에 중요한 프레젠테이션을 준비하고 있다. 그들은 (과거에) 프레젠테이션에서 실패한 경험을 바탕으로 (현재에는) 공포심이 있으며, 실제로 (미래에) 실행할 때 잠재적으로 초조함과 두려움을 느낀다.

실제 사례 연구를 아래에서 확인하겠다.

마티나Martina, 임원코치

임원코치인 마티나는 운영 책임자인 브라이언과 일하도록 위임을 받는다. 브라이언은 세계적인 소매 조직에서 근무하고 있다. 마티나는 이미 브라이언과 좋은 관계를 맺었다. 이 둘은 브라이언의 코칭 목표에 동의했다. 코칭 목표 가운데 하나는 프레젠테이션 두려움을 다루는 것이다. 마티나는 과거의 불행한 감정을 알아차리고 공감한다. 마티나는 다음과 같이 말한다.

마티나: "당신의 마지막 발표는 잘 진행되지 않았고, 기분이 안 좋았군요." 그녀의 질문은 그때 브라이언에게 일어났던 일과 다른 비슷한 사건들을 탐색하게 할 것이다.

그 뒤, 마티나는 프레젠테이션에 대해 현재 브라이언이 느끼는 감정을 알아차린다. "당신은 마지막 프레젠테이션 때의 일이 다시 일어날까 봐 두려워하는군요."라고 말한다.

마지막으로, 마티나는 프레젠테이션 자체에서 느끼는 초조함에 대해 "프레젠테이션 발표 전에 초조해 보이네요."라고 말한다. 마티나는 프레젠테이션과 연관이 있는 브라이언의 감정이 확장되도록 돕는다. 이때 주로 다루는 내용은 흥분감, 자신감, 희망이다. 이들은 또한 프레젠테이션의 예행연습 계획에도 서로 동의한다.

세 가지 모드에서 예행연습과 비전 세우기 같은 추가 기술을 적용할 수도 있다.

왜 공감이 필요한가?

공감이 효과가 있으려면, 고객이 학습과 삶을 변화시키는 데 공감을 유용한 것으로 받아들여야 한다. 왜 그래야 하는가? 공감은 배우고 변화하는 능력에 제한을 느끼는 사람들이 숨겨놓은 요소를 끄집어낸다.

이 요소들은 무엇인가? 아이들은 열정적인 학습자이다. 그들은 모든 것을 배울 준비가 되어있다. 그다음에는 어떤 일이 일어나는가? 아이들은 먼저 부모나 보호자를 만나고, 그다음에는 가족, 학교, 선생님, 친구 등을 만난다. [그림 1.5]는 경험이 삶에 어떻게 영향을 미치는지를 보여준다.

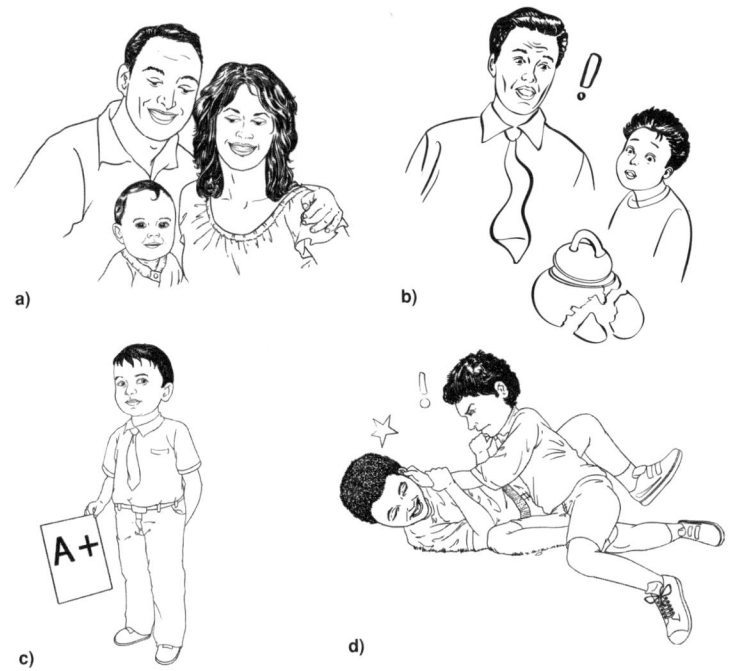

[그림 1.5] a) 새 가족!, b) 오 이런!, c) 잘했구나!, d) 으르렁!!

1장. 코칭에서 왜 공감을 사용해야 하는가?

최고 비밀 파일과 잠긴 트렁크 이론^{top secret file and locked trunk 역자 주7)}

모든 만남은 정서적으로, 우리에게 부정적이거나 긍정적 영향을 미친다. 감정 표현을 제한당하거나 금지당할 때 우리는 계속 사랑받기 위해 감정 표현을 숨긴다. 이에 어른이 되어서 우리는 숨겨진 감정을 담고 있는 비밀 파일을 소유하게 된다. 어렸을 때 이런 감정들은 반감을 끌어내기 때문에 감정을 숨기는 법을 배웠다. 이러한 감정들을 자세히 살펴보겠다.

- **분노**^{anger} – 일부 가정은 갈등을 용인하지 않으며, 아이들은 분노 표출을 제한받거나 벌을 받는다. 특히 소녀들은 '좋다'고 표현하며 분노하는 표정을 감추는 법을 배울 수 있다.
- **상처와 슬픔**^{hurt and sadness} – 많은 어린이가 눈물은 감춰야 한다고 배운다. 특히 소년들은 내색하지 않아야 한다고 배운다.
- **실패에 대한 두려움**^{fear of failure} – 성취욕이 높은 가정에서는 갖고 있으면 안 되는 감정이다.
- **육체적 즐거움, 운동과 못된 장난에 대한 욕구**^{love of physical fun and exercise and mischief}는 겉으로 드러내면 안 되는 감정으로 여긴다.

용납되지 않는 감정이 들어있는 잠긴 트렁크를 우리 뒤에 숨긴다. 곧 그 잠긴 트렁크를 잊게 된다. 여기에는 두려움, 질투, 원망, 증오, 수치심, 깊은 슬픔 등이 포함되어 있다. 이런 잊힌 감정을 심리치료와 같은 안전

역자 주7) 최고 비밀 파일: 가장 중요한 서류는 아무도 볼 수 없다. 나에게 중요하고 나만 볼 수 있어서 다른 사람은 쉽게 알 수 없다.
　　　잠긴 트렁크: 밖에서 잠궜기 때문에 아무도 안으로 들어올 수 없다. 당사자는 안에 무엇이 들어있는지 안다. 남에게 보여주지 않기 위해 넣어놓고 잠근 상태이다.

한 범위^{역자 주8)}에서만 생각해내려는 것은 너무 끔찍하다.

코칭은 최고 비밀 파일에 있는 것을 다룰 수 있지만 잠긴 트렁크에 있는 것을 다루기에는 적합하지 않다^{역자 주9)}([그림 1.6]).

[그림 1.6] 최고 비밀 파일과 잠긴 트렁크 이론

여기에서 부끄러워할 것은 아무것도 없다. 이것은 그저 인간의 모습일 뿐이다. 사람들은 대부분 다른 이들과 공유하기 싫어하는 최고 비밀 파일과 잠긴 트렁크를 가지고 있다. 그것은 변화 능력에 어떤 영향을 미칠까? 제이슨을 만나 그의 최고 비밀 파일과 잠긴 트렁크가 그에게 어떤 영향을 미쳤는지 살펴보자.

역자 주8) 심리치료나 상담 같은 경우를 가리킴
역자 주9) 코칭에서는 심리학적 접근과 상담치료가 필요한 부분을 다루지 않는다.

제이슨 Jason

제이슨은 외동아들이며, 다소 엄격하게 교육을 받았다. 아버지는 그가 어렸을 때 돌아가셨다. 어머니는 다소 방어적인 사람이었다. 제이슨에게 스포츠나 거리에서 노는 것과 같은 야외 활동에 늘 주의해야 한다고 말했다. 제이슨은 활동적이고 사교적이기보다는 조용했고, 책 읽는 것을 좋아했다. 어렸을 때부터 그는 너무 소란 떨지 말라는 말을 들었다. 그는 게임을 하고 싶은 욕구를 숨겨야 한다는 것을 배웠다.

성인이 되어 제이슨은 공인회계사가 되었다. 그는 세계적인 컨설팅회사에서 성공적인 고위 파트너로 성장했다. 제이슨은 일할 때 다소 진지한 경향이 있다. 젊은 팀원들이 격식 없이 행동하는 것을 다소 거슬린다고 생각한다. 팀원들은 제이슨이 자신들의 의견에 반대하는 것을 못마땅하게 여기며 그를 좋아하지 않는다.

제이슨은 선임 파트너들을 위한 경영 개발 프로그램에 참석한다. 그곳에서 레베카에게 일대일 코칭을 받는다. 레베카가 공감을 제공하자 이들은 빠르게 신뢰 관계를 형성한다. 제이슨은 곧 자기의 경영 스타일에 관해 이야기를 시작한다.

제이슨은 레베카에게 팀원들이 호들갑 떠는 것이 얼마나 꼴사나운지를 말한다.

    레베카: 당신은 후배 직원들이 장난치는 것을 좋아하지 않고 불편함을 느끼는군요.
    제이슨: 나는 그런 행동을 좋아한 적이 없습니다. 저는 거의 혼자서 컸습니다.
    레베카: 매우 외로웠겠네요.
    제이슨: (다소 슬프게) 네, 맞아요. 잘 아시겠지만, 즐거웠던 적이 한 번도 없었어요.

질문과 토론을 통해 직장에서 어떠한 재미가 적절한지에 대해 코칭을 진행한다. 제이슨은 소란스러운 것에 재미를 느끼는 데 대한 두려움이 있다. 그것은 그의 최고 비밀 파일에 있다. 착한 소년인 척하기 위해 그곳에 보관하고 있다. 그가 코치에게 배운 점은, 소란스러운 재미를 느낄까 봐 두려워하면 성숙한 어른이 될 수 없다는 것이다. 이것을 극복하는 일은 간단하다고 생각할 수 있다. 그렇지만 두려움은 더 강력하다. 일부 팀 활동에 참여하는 데 대한 두려움과 위험을 극복할 용기가 필요하다. 최고 비밀 파일은 제이슨을 보호하고 있다. 시간이 흐르면서 제이슨은 자기 속마음을 표현할 수 있다. 그러나 숨겨진 감정은 안전한 관계 속에서 제이슨이 공감받을 때만 찾아볼 수 있다.

고객이 그들의 깊은 감정을 부인한다면 어떨까? 이것들은 잠긴 트렁크 안에 있을 가능성이 크다. 고객이 원하면 심리치료로 전환할 수도 있다. 우리는 8장에서 코칭과 심리치료의 경계에 관해 더 깊이 살펴볼 것이다.

공감은 어떻게 변화로 이어질까?

당신이 고객과 효과적으로 코칭할 때, 당신과의 상호작용은 고객에게 변화를 가져온다. 그 변화는 어떤 상황에 대해 미래가 현재와 다를 것으로 고객이 인식한 결과이다. '현재'와의 차이는 어떤 학습의 결과이다. 이 점이 바로 공감이 변화로 이어진다는 것을 증명하는 것이다.

3-D 학습: 학습의 세 가지 영역 knowing, doing and feeling

성인이 배우고, 개발하고, 변화할 때, 그들은 우리가 3-D 학습이라고 부르는 세 가지 영역을 사용한다. 학습할 때 그 세 가지 조합을 실행한다. 이 세 영역은 아는 것, 하는 것, 느끼는 것이다. 당연히 숙련된 사람은 세 가지를 모두 융합하여 사용한다.

지식은 전통적으로 사고 기반 학습과 연계되어 있으며, [그림 1.7] a)와 같다.

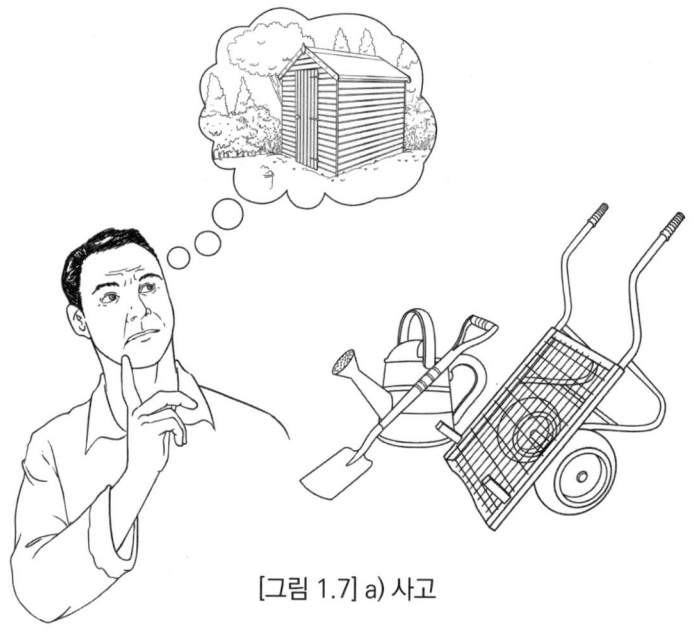

[그림 1.7] a) 사고

사람들은 다양한 지식을 얻기 위해 사고 기반 학습을 사용한다. 아래와 같은 수준의 학습은 학교에서 접해보았으므로 친숙할 것이다.

- 사실(예: 시간표 또는 헛간 짓는 아이디어)로 시작
- 프로세스를 이해하는 능력(예: 방정식 또는 헛간 건설에 필요한 것)
- 알고 있는 것과 결과를 연결할 수 있는 능력(예: 비용을 예측하는 것)

감정에 바탕을 둔 학습은 전통적인 학습 이론에는 대체로 빠져 있다. 정서지능의 등장과 함께 최근 경영자 개발에 도입되었다. 감정 기반 학습은 어려워 보인다. [그림 1.7] b)에 나타나 있다.

[그림 1.7] b) 감정

감정에 바탕을 둔 학습은 사건, 자기 자신, 그리고 다른 사람들에 대해 어떻게 느끼는가에 대한 인식과 변화일 수 있다. 이것은 영감을 주는 교사나 관리자를 만나면서, 때로는 극적인 결과를 얻을 수도 있다.

- 감정 영역은 받는 것으로 시작한다(자기 또는 다른 사람의 감정을 알게 될 때).
- 그 뒤 그들에게 반응하는 능력(공감)으로 발전한다. 감정을 중시하고 정리하여 학습에 활용한다.

행동 기반 학습은 [그림 1.7] c)와 같이 헛간 규모를 구성하는 것으로 시작한다.

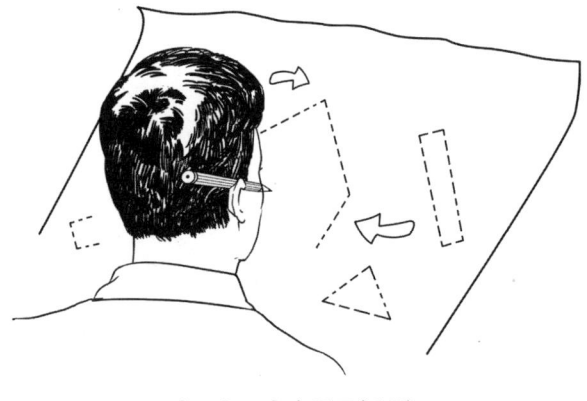

[그림 1.7] c) 행동(계획)

행동 기반 학습은 [그림 1.7] d)와 같이 원하는 목표를 달성하도록 행동에 옮긴다.

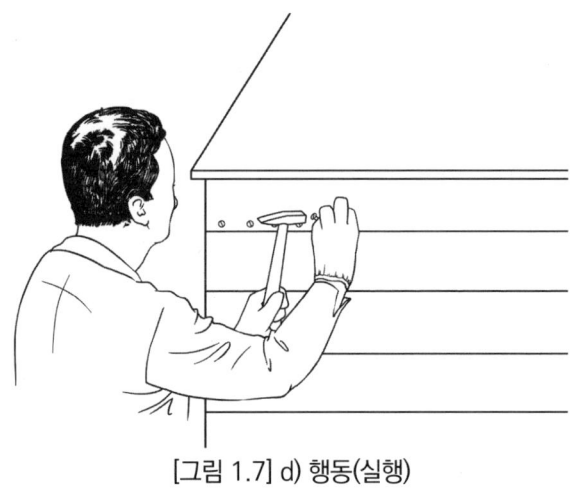

[그림 1.7] d) 행동(실행)

행동 기반 학습은 매우 실용적인 방법이다. 예를 들어, 헛간을 짓는 방법과 같이 전문가를 따라 하거나 지시에 따라 일하는 것이다.

- 행동 영역은 (창고와 같은) 목표를 보는 것으로 시작한다.
- 그런 다음 (초기 계획으로) 기본 틀을 잡는다.
- 이를 대응 능력(재료나 치수 변경)으로 발전시키고 이에 적용한다.

과제를 완료할 때 만족에 대한 감정 기반 학습은 [그림 1.7] e)와 같다.

[그림 1.7] e) 감정

헛간을 사용할 때는 사고 기반 학습도 적용할 수 있다. 이 세 가지 학습 방법, 즉 생각, 행동, 그리고 감정 모두 중요하다. 공감 코칭은 특히 감정에 기반을 둔 학습에 초점을 맞출 것이다. 일부 비즈니스 코칭은 감정 영역을 소홀히 하는 지식과 행동 영역에 집중하는 경향이 있다. 왜 아는 것만으로는 충분하지 않을까?

고객이 무엇을 해야 하는지 확실히 이해하게 됐을 때 진행만 하면 될까? 배움은 단순한 과정이나 변화가 아니다. 고객은 해야 할 일을 이해하지만 실행하기는 어렵다. 예를 들어, 고객은 새로운 주문 시스템의 모든 세부사항을 알고 있다. 그것을 완벽하게 설명할 수 있다. 이 학습은 지식에 바탕을 둔다. 그러나 그는 낡은 방법을 선호하면서 그것을 사용하는 데 저항감을 느낄 수도 있다. 만약 그가 다르게 느낀다면, 이것은 느낌에 기반을 둔 학습이 된다. 일단 그가 새로운 시스템을 채택한다. 시스템에 적응하기 위해 행동을 바꾸면, 그의 학습은 행동 기반이 된다. 세 가지 모두 필요하지만, 감정에 기초한 학습이 없으면 아무런 변화가 없다.

인간 본성은 변화에 저항하는 경향이 있다. 사람들이나 조직과 함께 일하는 사람들은 변화가 좋다는 걸 알면서도 변화하기 어렵다는 것을 확인한다. 아는 것에 기반을 둔 학습이 필요하다. 생각만 하는 것으로는 우리를 변화시키기에 충분하지 않다. 공감을 사용하여 코칭하는 것은 변화에 영향을 주는 숨겨진 감정들을 풀어준다. 공감이 그런 극적인 결과를 얻을 수 있다는 주장에 대해 어떤 증거가 있을까?

60년간의 연구는 공감이 고객의 발전을 좌우하는 가장 강력한 요소라는 것을 증명했다. 공감을 위한 증거 대부분은 상담치료의 효과에 관한 보고서에서 찾을 수 있다. 여기에는 다음과 같은 결과가 있다.

- 고객은 자신의 경험을 신뢰하는 법을 배운다.
- 고객이 덜 방어적으로 된다. 위험을 덜 회피한다. '생각'이나 다른 사람들의 기대치에 따라 움직이는 것도 줄어든다.

또 다음과 같다.

- 고객은 동료, 가족과 친구에게 더 솔직해질 수 있다.

공감의 어려움

공감이 그렇게 효과적인데 왜 모두 공감하지 않을까? 이 물음에 대한 답변은 다음과 같다.

- 많은 사람은 생각과 감정이 뒤섞여 있다. - 사람들은 그 둘을 구분하는 것이 어렵다.
- 영어는 화자에게 판단하도록 한다.
- 정서적 언어의 결여 때문이다 - 4장 참조
- 다중 관계: 조직은 복잡하다. 그 내부 관계도 복잡하다. 모든 개인에게는 개별적인 관계, 많은 사람과의 대인관계, 조직과의 관계가 있다.
- 사람들은 요구에 저항하지만 개인이나 조직의 요구와 공표된 요구에는 잘 응대한다.
- 조직의 요구가 개인의 요구와 일치하지 않는다는 가정이 있다(또는 현실).
- 감정은 약함의 표시로 인식되기에 창피하다고 여긴다.
- 자기-공감 결핍이 타인-공감 결핍으로 이어지고 조직에까지 영향을 미친다.
- 감정은 생각과 행동을 우선시하는 문화에서는 잘 드러나지 않는다.

공감이 아닌 것

코칭 관계에서 다음의 것들은 공감이 아니라는 것을 꼭 확인해야 한다.

- **질문**questioning: 더 많은 정보를 얻으려는 유혹이 존재한다. 코치로서 당신은 단지 몇 가지 세부사항만 찾는다면 문제를 해결할 거라 믿는다. 또 설명이나 조언을 숨기면서 의도적인 질문을 할 수도 있다.
- **동의**agreement: 이것은 대부분 관리자가 두려워하는 것이다. 사람의 감정에 반응하는 것은 그 감정의 원인에 동의하지 않는 것이다. 관리자의 대우에 분노를 느낄지도 모른다 - 공감한다는 것은 화나게 한 행동을 용납하지 않는 것이다.
- **친절함**being nice: 당신이 강하게 주장해야 할 때 너무 물러보일까 봐 공감하는 것을 주저할 수도 있다.
- **약하거나 관용적이 되는 것**being weak: 이때 확고하고 단호해지고 싶을 것이다.
- **해석**interpretation: 심리학적 배경이 있는 코치에게 이것은 진정한 유혹이다. 고객의 행동은 부정denial, 전치displacement, 결핍neediness 등으로 분류될 수 있다. 당신의 통찰력을 고객에게 직접 알려주고 싶을 수도 있다.
- **부정확함**inaccuracy: 고객의 말을 제대로 듣지 못했을 수 있으므로 경청해야 한다.
- **앵무새처럼 말하기**parroting: 동일 언어를 과다하게 사용하는 것이다.
- **동정심**sympathy: 고객에게 미안함을 느끼는 것이다.
- **조언**giving advice하는 경우도 있다.

- **평가 제공**giving evaluation: 좋다거나 나쁘다거나 둘 다 평가이다.
- **의견 제시**giving an opinion: 당신이 생각하는 것이 관련이 있을 수 있지만 공감하는 것은 아니다.
- **판단**making a judgement: 의견 제시와 같다.
- **도전하지 않음**not challenging: 코치와 고객의 관계가 너무 탄탄하다면 공감하는 게 어려울 수도 있다.
- **비판**criticizing: 당신이 적절하다고 생각하는 것이 고객에게 흥미롭지 않을 수 있다.

위 반응들은 코칭에서 각각 제 기능을 한다. 다만 어떤 것도 공감으로 작동하지 않는다.

어떻게 공감이 조직에 이익이 될 수 있을까?
공감 코칭 비즈니스 사례

투자자본수익률return on investment(ROI)은 종업원이 사업에 종사하는 방식과 관련이 있다. 영국에서 실시한 연구에서는 감정 영역을 고용의 핵심 부분으로 짚었다. 직원들이 관리자들에게 전달하는 '발언의 자유'를 허용하는 것이 주요 참여 동인이다(Robinson et al., 2004). 또 감정 영역은 긍정적으로 참여하도록 돕는 세 가지 요소 가운데 하나이다. 즉 '지적 노력을 하고, 타인과의 긍정적 감정과 의미 있는 관계를 맺으며 긍정적으로 업무를 수행하는 것'이다(CIPD 2010b).

이때 공감이 해야 할 역할이 있다. 이는 부정적 감정이 표현되고 받아들여질 때까지 긍정적 감정은 존재하지 않는 것처럼 여기는 것이다. 일부 코치들은 부정적 감정을 무시함으로써 부정적인 감정을 없앨 수 있다고 믿는다. 불행하게도 심리학은 이것을 인정하지 않는다. 사람들은 지루함이나 조급함과 같은 부정적 감정을 받아들인다. 이것은 코치들이 고객이 느끼는 감정에 동의해야 한다는 것을 의미하지는 않는다. 예를 들어 고객이 부당하게 승진에서 제외되었을 경우이다. 자격을 갖추지 못했다는 것에 동의하지 않고도 고객이 승진을 원하는 것을 이해할 수 있다.

리더들이 조직의 성과에 엄청난 영향을 미친다는 것이 또 다른 증거이다. 지시가 직원들을 참여시키는 데 효과적이지 않다는 점을 깨달은 결과가 수평적 조직이다. 그러나 이러한 참여를 강제로 요구할 수 없다 - 이러한 참여 조건을 고용 계약에 명시할 수는 없다. 코칭은 공감을 통해 참여를 끌어낼 수 있다. 참여하는 데는 앞에서 언급한 세 가지 학습이 필요하다. 지식 기반 학습, 느낌 기반 학습, 그리고 행동 기반 학습이다. 코칭에 공감을 포함하면 직원들의 참여도가 높아진다. 그래서 진보적인 코칭 공감은 필수이다. 정서지능 도입은 덜 효과적인 지식 기반 학습의 한 예이다. 많은 CEO와 임원이 조직 내에서 공감을 사용하지 않으면서 정서지능의 중요성을 강조할 수 있다. 그들의 학습은 감정에 기반을 둔 것이 아니라 지식에 기반을 둔 것이라서 행동에 변화가 일어날 가능성이 작다.

공감은 조직이 행동과 지식뿐만 아니라 감정에 기반을 둔 학습을 포함하도록 돕는다. 그렇게 함으로써 첫째, 시스템에서 당연한 것으로 받아들여지는 것taken-for-granteds(tfg)을 보여주고, 둘째, 힘의 지평선power horizon을 드러내게 한다.

당연함 속에서 헤엄치기

당연함 속에서 헤엄치기는 조직이 운영되는 방식에 영향을 미친다. 이것은 무언의 조건과 가정을 가리킨다. 어느 조직에서나 당연한 것tfg은 물속에 있으면서 물속에 있는지 모르는 물고기 같다. 이것은 직원들에게는 보이지 않는다. 예를 들어, '노인들은 섹스를 하지 않는다'와 '남자는 짐승이다' 또는 '여자는 감정적이다'와 같은 연령, 성별 등에 대한 가정이 존재한다. 보이지 않는 당연함의 예로는 코치가 다른 사람을 코치할 수 있으려면 특정 분야의 전문가이어야 한다는 가정이다.

시간제 판매 보조원, 아담Adam
아담은 영업 보조원들이 자기계발에 관심이 없다고 넘겨짚는다. 교육 일정에 직원들을 포함하지 않는다. 아담은 당연함 속에서 헤엄치기를 하고 있다. 바로 특정 직급의 직원들은 자기계발이나 승진에 관심이 없다는 당연함이다.

고객이 알고 있거나 모르는 것, 자신이 무엇을 했거나 할 것, 그리고 그것에 대해 어떻게 생각하는지에 대해 솔직하게 논의할 수 있을 때, 그들은 당연함에 도전한다. 때때로 당연함 속에서 헤엄치기의 일부는 힘의 지평선 뒤에 있어서 고객들에게는 보이지 않는다.

힘의 지평선

영국의 심리학자 데이비드 스매일David Smail은 『The Nature of

Unhappiness』(2001)에서 사회 권력이 개인의 고통에 부분적으로 책임이 있다고 주장한다. 그는 힘의 지평선을 '전혀 보이지 않으면서' 우리의 삶을 통제하는 것이라고 설명한다. 또 우리가 '아무것도 할 수 없는' 힘이라고 설명한다. 이것은 정말 사실이다. 우리에게 더 가까이 있지만, 똑같이 보이지 않는 것처럼 보이는 힘이 있다. 당연함 속에서 헤엄치기 때문에 우리는 제자리에 있기도 하다.

아담의 팀원들 가운데 일부는 보수교육을 받지 않는다. 그래서 승진이나 개발에 적합하지 않다고 생각할 수 있다. 팀원들이 젊은 여성이기 때문에, 언제든 퇴직할 수 있다고 생각한다. 또 보수교육이 회사에 이익이 되지 않는다는 아담의 선입견도 있다. 팀원들은 여기에 있는 힘의 지평선을 보지 못한다. 그들 스스로 능력에 한계가 있다고 생각한다. 실제로 교육 예산이 축소되었지만 직원들은 전혀 알지 못한다. 아담 역시 선배들에게 배운 대로 기혼 여성 직원들이 곧 퇴사할 것으로 생각한다.

힘의 지평선 안에서 진정한 힘은 약한 사람들에게는 보이지 않는다. 예를 들어, 관리자들은 예산이 부족하다고 말한다. 동시에 직원들에게 승진과 계발에 관심이 없는 것 같다고 말하는 것이 보통이다. 직원들은 위에서 설명한 방향대로 자기 자신을 보는 경향이 있다.

코치로서 고객이 공감을 통해 힘의 지평선에서 당연함을 인식하게 할 수 있다. 일단 당연함이 인정되면, 직원은 어떻게 대응해야 하는지 의견을 제시한다.

조직은 공감이 가능한가요?

미국의 전략 컨설턴트인 데브 패트나이크Dev Patnaik는 그의 저서 『와이어드Wired to Care』(2009)에서 공감을 사용하는 조직이 고객들과 훨씬 효과적으로 연결된다고 했다. 직원들이 업무와 개인적인 인간 관계를 경험할 때 최선을 다한다. 패트나이크와 그의 파트너들은 더 나은 제품, 더 많은 직원 참여, 더 나은 고객 피드백, 그리고 더 많은 수익을 가져다준 조직에서 많은 공감 사례를 확인했다. 그는 비즈니스의 결함을 내부의 공감 부족에서 찾았다.

패트나이크는 회사 직원들이 수량적 데이터를 기반으로 사업을 이해할 뿐 고객 관계에서의 감정적 요소를 무시한다고 주장한다. 기업은 지금까지 두 가지 차원에서만 평가되어 왔다. 바로 직원, 경영자, 리더들이 생각하는 것과 행동하는 것이다. 최근의 세계 경제 위기는 우리에게 잠시 멈추라고 조언한다. 현재 시스템이 얼마나 안전한지, 보안을 어떻게 유지해야 하는지 생각하게 한다. 그리고 사람들과 지구의 복지를 위해 적절한지를 고민하게 한다. 패트나이크는 21세기에 사업을 하는 기업이 얻게 되는 진정한 기회는 공감대를 형성할 때라고 주장한다. 그러한 기업들은 경쟁자들보다 더 빨리 새로운 기회를 보게 된다. 더 쉽게 변화에 적응한다. 직원들에게 더 큰 사명감을 주는 작업장을 만든다고 주장한다.

조직 컨설턴트인 마리 미야시로Marie Miyashiro도 자신의 저서 『The Empathy Factor』(2011)에서 직장에서 공감을 끌어내는 것이 가치가 있으며, 경쟁적 이점이라고 주장한다. 그녀는 직장생활에서의 관계가 직원들의 요구를 충족하지 못하면 생산성, 서비스, 이익에 똑같이 영향을 미친다고 말한다. 직장에서의 공감대는 비용 절감, 생산성 향상, 사고와 결근율 감소, 매출액 증가, 이익 및 주식시장 가치 상승에 영향을 준다(Miyashiro 2011: 29).

갤럽 자료와 리더십 연구에서는 공감대가 이렇게 작용함을 증명한다. 갤럽 여론조사는 리더들이 원하는 자질을 신뢰, 동정compassion, 정직, 성실, 존경으로 파악한다. 조직의 경우, 공감을 활용하여 팀별로 근무한다. 개개인의 존경심을 불러일으키는 리더들과 팀들은 그렇지 않은 팀들보다 더 성공적이다. 갤럽 데이터는 정직과 민감성을 갖춘 리더들이 직원들에게 위의 두 자질을 결합하여 일하고 문제를 해결하도록 보장할 때 가장 효과적이었다고 알려준다(Gallup, 2008).

요약

이 장에서는 공감이 무엇인지, 네 가지 수준과 세 가지 모드, 공감이 아닌 것은 무엇인지 설명했다. 우리는 생각과 행동뿐만 아니라 감정을 포함했다. 공감이 학습과 변화에 어떻게 도움이 되는지 보여주었다. 공감은 고객의 최고 비밀 파일에 접근함으로써 변화를 자극한다. 변화에 대한 고객의 초조함을 줄여준다. 마지막으로, 우리는 공감을 상호작용에 활용하는 조직과 그에 따른 이점을 살펴보았다.

2장
코칭 상황별 공감

2장에서는 네 가지 코칭 상황을 살펴본다. 네 가지 코칭 상황은 성과 코칭performance coaching, 참여 코칭engagement coaching, 개발 코칭developmental coaching 및 시스템systemic coaching 코칭이다. 개인마다 코칭을 받고자 하는 목적과 원하는 변화가 다르다. 그러므로 코칭 상황도 다르다. 공감을 올바른 레벨과 모드에서 사용한다면 각각의 상황에 효과적이다. [그림 2.1]에 표시된 네 가지 상황에서 어떻게 공감을 사용하는지 자세히 설명하겠다.

개발 코칭 developmental coaching	시스템 코칭 systemic coaching
참여 코칭 engagement coaching	성과 코칭 performance coaching

[그림 2.1] 코칭의 종류

많은 사람이 코칭은 단순히 코칭일 뿐이며 코칭 상황은 연관이 없다고 생각한다. 정말 모든 코칭은 비슷한가? 코칭의 특성은 코칭이 이루어지는 상황에 따라 달라질 수 있다. 즉 코칭 상황이 코칭의 종류를 규정한다. 각 상황에서 자신에게 다음과 같이 질문하는 것이 도움이 된다. 이 질문은 어떤 유형의 코칭이 필요한지 파악하는 데 도움을 준다.

- 코칭은 누구를 위한 것인가? 조직인가, 개인인가, 아니면 둘 다인가?
- 예상되는 변화는 무엇인가? 그것은 개선인가, 아니면 큰 변화인가? 변화를 넘어선 변혁인가?
- 어떤 코칭 접근법을 사용할 것인가? 당신은 조언해줄 것인가, 아니면 고객에게 조언을 삼갈 것인가?

이러한 상황별 질문은 진행하는 코칭 종류에 따라 달라진다. 코칭의 목표와 변화의 범위는 [그림 2.2]와 같다.

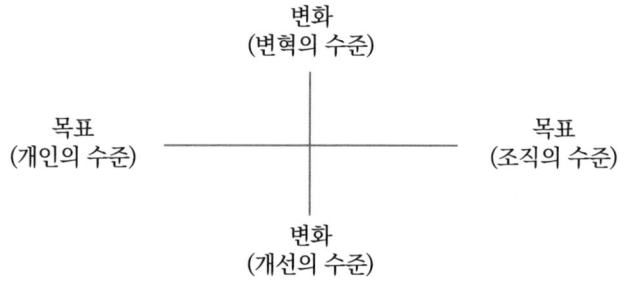

[그림 2.2] 목표와 변화

[그림 2.2]는 코칭의 목표와 코칭이 지향하는 두 가지 차원의 변화를 보여준다.

- **왼쪽에서 오른쪽**: 이것은 개인의 목적에서 조직의 목적까지 수준을 나타낸다.
- **위에서 아래**: 이것은 완전한 변혁과 개선이라는 변화 차원을 나타낸다. 성과 코칭은 조직의 목표이며, 변혁과는 거리가 멀다. 참여 코칭은 개인의 목표를 포함하지만, 여전히 개선을 위한 것에 머물러 있다. 개발 코칭은 개인의 목표를 설정하고, 변화를 지향한다. 시스템 코칭은 조직의 목표를 설정하고, 변혁을 지향한다.

방금 언급한 네 가지 다른 상황을 [그림 2.3]에 다시 설명한다.

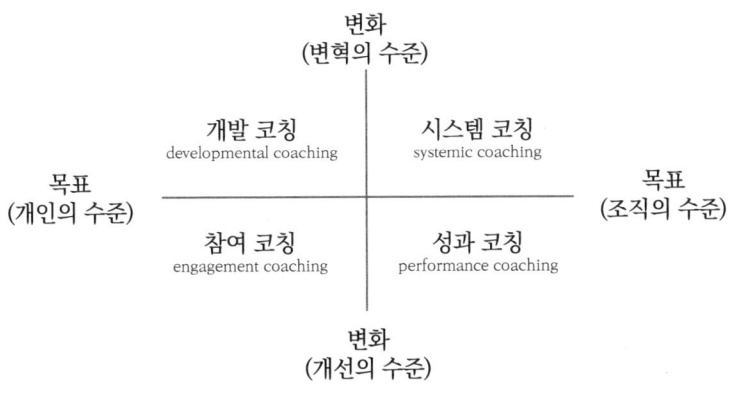

[그림 2.3] 상황에 따른 코칭

당신은 어떤 변화가 필요한지와 코칭 대상에 따라 코칭 상황을 인식할 수 있다. 당신이 코칭하는 상황을 파악했을 때, 최상의 접근방식과 공감 사용 방법을 결정할 수 있다. 우리는 다국적 소매 조직인 N&T의 코칭을 통해 코칭 상황에 따른 코칭을 설명한다. 조직도는 [그림 2.4]와 같다.

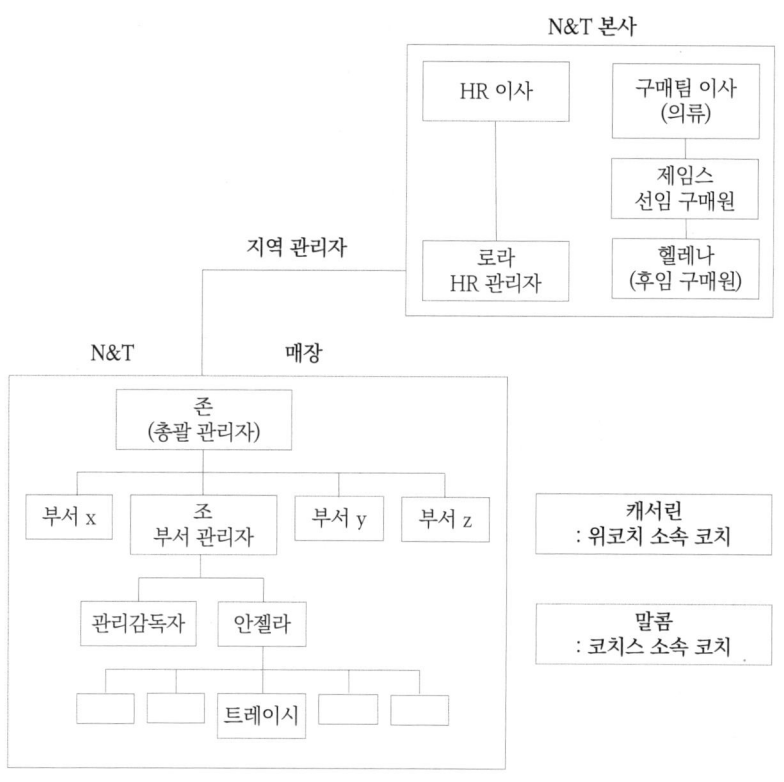

[그림 2.4] N&T 조직도에서 발췌

코칭의 스폰서, 코치, 고객, 임직원은 아래와 같다.

- 조: 부서 관리자
- 제임스: 본사 선임 구매원
- 헬레나: 본사 후임 구매원, 제임스의 팀원
- 존: 조의 매장 관리자
- 로라: 본사의 HR 관리자
- 안젤라: 조의 직속 부하직원
- 트레이시: 안젤라의 영업팀 직원
- 캐서린: 제임스의 코치
- 말콤: 존의 코치

성과 코칭, 참여 코칭, 개발 코칭, 시스템 코칭 등 네 가지 코칭 상황은 목표와 변화가 서로 다르므로 코칭에 대한 접근방식도 다르다. 따라서 상황에 따라 다른 코칭 방식이 필요하다.

코칭의 종류

성과 코칭

성과 코칭의 목표는 직원의 성과 향상이다. 코칭의 목표는 조직이 원하는 것이다. 코칭할 때 조언할 수도 있다. 관리자들은 업무 성과를 향상하기 위해 코칭을 사용한다. 일선관리자line manager와 팀장은 팀원을 지도하기 위해 코칭을 받는다. 이런 상황에서 코칭은 사업상의 이익을 위한 것이다. 직원들의 실적 개선을 목표로 한다.

조Jo

조는 대학교 졸업 후 바로 입사했다. 다국적 유통업체인 N&T에 경영연수생으로 일을 시작했다. N&T는 영국의 대표적인 유통업체이다. 연간 영업 이익이 5억 파운드가 넘고, 2천만 명의 고객이 이용 중이다. 조는 소매 경영학 학위를 가지고 있다. 대학에서 대인관계 기술도 익혔기에 채용 센터 selection center에서 잘 근무하고 있다. 그녀는 유통업계에서 차근차근 일을 배웠다. 이제 막 부서장으로서 첫 중책을 맡았다. 그녀는 란제리 부서에서 10명의 영업 사원과 2명의 관리감독자supervisor를 관리하게 된다. 조는 총지배인인 존에게 보고한다. 조가 담당하는 부서의 판매 목표는 회사에서 이미 정해서 내려왔다. 그녀는 직원들의 성과 관리를 통해 판매 목표를 달성할 것이다.

참여 코칭

더 나은 성과를 얻도록 코칭 목표를 잡는다. 참여는 조직의 사명과 이를 달성하는 데 필요한 역할에 전념하는 것을 의미한다. 그래서 참여 코칭은 직원들이 회사의 목표를 코칭의 목표로 채택하도록 설득한다. 또는 개인의 목표를 조직의 목표와 일치시키도록 설득할 수 있다. 일선관리자가 코치가 되어 참여 코칭을 진행할 가능성이 크다. 그렇지만 회사 목표에 대한 스태프들의 참여를 높이기 위해 외부에서 코치를 영입하기도 한다.

제임스James

제임스는 N&T에서 선임 구매자 직책을 맡고 있다. 본사의 상품(옷) 책임자에게 보고한다. 그는 런던 이스트엔드에서 가족 사업을 한 경험이 있다. 이사회에서 좋은 평가를 받는다. 아울러 제임스는 어린 후배 구매자들을 이끌고 있다. 그들 대부분은 패션이나 디자인을 전공한 사람들이다. 그들은 매우 열정적이지만 사업 경험이 거의 없다. 제임스는 후배 구매자들이 자주 새롭고 흥미진진한 의류에 너무 매료되어 예산 범위를 초과한다는 것을 알았다. 제임스 팀의 목표는 경쟁력 있는 가격 구조 설정, 효율적인 공급망과 더 나은 공급자 확보, 예산 규율을 유지하기 위한 계획적인 예산 사용 등이다. 제임스는 팀원들이 적극적으로 사업에 참여하길 원한다.

개발 코칭

코칭 목표는 코칭을 받는 개인의 것이다. 그들은 내부 또는 외부 코칭을 통해 자신을 위한 혁신적 변화를 추구한다. 그들의 목표는 조직의 목표와 일치하거나 일치하지 않을 수 있다. 조직에서 임원코칭은 촉망받는 직원이나 선임 직원들이 잠재력을 충분히 발휘하여 다른 직원이나 회사에 유익이 되도록 하는 데 사용할 수 있다.

존John

존은 N&T의 대표 점포 가운데 한 곳의 총지배인이다. 80명의 직원과 주당 100만 파운드가 넘는 매출액을 책임지고 있다. 그는 재무관리 분야에서는 경쟁력 있고 유능하다. 그러나 휘하의 부서 관리자들을 통제하는 경향이 있다. 존은 내부코치와 함께 어떻게 해야 업무에 더 효과적일지 살펴보았다. 그들은 존의 다소 지시적인 스타일과 다른 사람에게 일을 맡기지 못한다는 점을 찾아냈다. 그들은 외부 임원코치를 고용해 코칭을 진행하는 데 동의한다.

시스템 코칭

네 번째 코칭 종류는 코칭 문화를 시스템적 변화와 잠재적 변혁을 지원할 수 있는 조직적 맥락에서 보는 것이다. 조직은 내부 또는 외부 코치의 코칭을 통해 스스로 변화를 모색한다.

로라Laura

로라는 N&T 본사의 HR 관리자이다. 그녀는 HR 임원에게 직접 보고한다. 그녀는 학습을 꾸준히 이어가며 자기 발전을 위해 자유롭게 일한다. 이 회사는 조직 차원에서 코칭 문화를 만들기로 했다. 그녀는 이를 달성하기 위해 다음 사항을 포함하려고 한다.

- 임원과 선임 관리자를 위한 코치
- 일반 및 부서 관리자를 위한 코치 교육
- 코칭을 평가의 하나로 구성
- 모든 경영자 개발에서 코칭을 경영 기술로 설정
- 모든 HR 직원의 의무적인 코칭 교육
- 공급 업체에게도 코칭 접근법을 사용

로라는 회사에서 중요한 변화를 이끄는 관리자이다. HR 임원은 그녀에게 회사 전반에 걸친 완전한 문화 변화라는 목표를 주었다.

코칭 문화를 만드는 가장 좋은 방법은 조직 내의 최고위층에 있는 사람들을 코칭하는 것이다. 이 방법은 모두 적극적으로 권장한다. 그러나 조직의 성과 개선 효과는 직원의 참여도를 통해 알 수 있다. 직원 참여의 증가는 통계적으로 조직 재무성과 개선과도 관련이 있다. 코칭 문화에는 모든 종류의 코칭을 적용한다. 이 코칭 문화는 변혁을 지지한다. 여기서의 변혁은 조직 목적에서 선언되거나 고객에게 나타내는 조직 내의 변화를 의미한다. 코칭 목표에 대해 질문하는 것은 어떤 코칭이 필요한지를 분명하게 알려준다. 일부 경영자들은 모든 직원 코칭이 다 성과 코칭이라고 생각할 수도 있다. 임원코치들은 모든 코칭이 잘 발전하고 있다고 짐작할 수도 있다. 코칭이 직원에게 더 많은 참여를 목표로 하는 경우 코칭 자체를 통해 발전이 이루어질 수 있다. 시스템 변화를 위해서는 코칭 문화와 탄탄한 가치 평가 기준robust measures이 필요하다.

다양한 상황에서의 코칭

우리는 다른 상황에서의 네 가지 코칭 유형을 설명하고자 한다. 이제 코칭 목표, 바람직한 변화, 그리고 각 상황에 필요한 다양한 공감을 함께 살펴보자.

성과 코칭

성과 관리의 목적은 명확하다. 이 목적이 직원들의 목표와 일치하든 아니든 조직의 목표는 충족할 수 있다. 직원들의 업무가 조직 목표에 어떻게 기여하는지를 이해하는 것을 목표로 한다. 조직에 정말 중요한 것에 올바른 기술과 노력을 집중해야 한다. 목적은 조직의 성과에 영향을 미친다.

성과 목표

조직은 효과적인 계통 관리line management를 통해 직원의 성과를 관리해야 한다. 조직이 코칭의 목표를 제시하므로 코칭 목표를 직원들이 선택하지 않는다. 성과 코칭은 관리자가 조직의 목표를 달성하기 위한 것이다. 직원의 성과를 개선하려고 할 때 진행한다.

조Jo

조는 영업 사원 열 명과 함께 란제리 부서를 운영하고 있다. 그녀는 승진 후 이 지역으로 전근왔다. 그녀는 별도로 상의하지 않고 직원들에게 높은 판매 목표를 제시했다. 악천후로 고객들의 발걸음이 줄어들었고 조는 자신이 설정한 주간 목표치를 두 번이나 미달했다. 그런데도 판매 목표를 바꿀 수는 없다. 그래서 조는 외부 코칭회사에서 배운 방식으로 자신의 직원들을 코칭하기로 결정한다.

성과 변화

성과 코칭은 직원들이 조직이 원하는 목표를 달성하기 위해 자기 행동을 조정하는 것이다.

성과 코칭은 조가 부서장으로서 해야 하는 역할의 일부이다. 직원들이 판매 실적을 잘 맞춰야 조도 성공적으로 회사에 보고할 수 있다. 조는 회사의 목표를 달성해야 한다. 실제로 그녀의 지위는 목표 달성에 달려 있다. 직원들은 그들의 일이 조의 목표 달성과 관련이 있으므로 선택의 여지가 없다. 현명하게도, 직원들은 그들의 직업과 수입을 유지하기 위해 회사의 목표를 받아들인다.

조는 자신의 목표를 바꾸지 않고, 직원의 업무 향상을 도모한다. 그녀는 직원들이 주간 매출이 증가하기를 원한다. 조가 추구하는 변화는 직원들에 의한 실적 개선이다. 조는 그녀의 직원들을 어떻게 지도하려고 할까?

성과 코칭 접근법(조와 안젤라)

전통적인 성과 코칭에서는 직원들에게 무엇을 해야 하는지 지시한다. 오늘날의 업무 환경에서는 일방적 지시는 잘 받아들여지지 않는다. 그런데도 성과 코칭은 효율성과 객관적 목표 또는 기준standard에 초점을 맞출 수 있다. 이 접근법은 조직의 목표에 따라 움직인다. 어떻게 하면 더 나은 성과를 낼 수 있는지, 어떻게 하면 일을 더 잘할 수 있는지를 목표로 한다.

> 조가 코치 교육을 받았을 때, 그녀는 직원들에게 무엇을 해야 하는지 말하지 않고 대신 그들의 성적에 대해 질문하도록 피드백을 받았다. 조에게 열린 질문을 사용하도록 권했다. 그래서 매출이 목표치를 밑돌자, 조는 팀원에게 "주별 판매 목표를 어떻게 달성할 것인가요?"라고 살짝 테스트하듯이 질문했다. 기대를 하며 질문을 던졌지만 조는 이내 직원들의 멍한 대답에 놀랐다.

> 조가 다음 회차의 코칭에서 임원코치와 이 문제를 논의했다. 이때 코칭 주제는 조가 직원들에게 어떻게 공감을 사용할 것인가에 초점을 맞췄다. 이튿날 그녀는 직원 가운데 안젤라를 대상으로 공감을 시도해보았다.

> 조는 안젤라에게서 판매 실적 보고서를 받고 싶었다. 그래서 그녀는 물었다. "지난주 우리 판매 실적이 어떻게 되나요, 안젤라?"
> 안젤라는 "이번 주에 판매 목표를 달성하지 못해 아쉽습니다. 회사 측에서 계획을 수정해야 할 것 같습니다."라고 답했다.
> 안젤라는 실망이란 단어와 함께 회사가 인내심을 갖지 않고 재촉한다는

뉘앙스를 표현했다. 관리자로서 늘 바빴던 조는 모든 직원의 감정을 읽으면서 대화할 수는 없었다. 조는 성과 향상에 초점을 두었었다. 그녀는 이미 자신이 할 수 있는 공감을 사용했다. 이제 조는 코칭에 의존하면서 부분적 공감을 표시하려고 한다. 그녀는 당면한 일과 관련 있는 감정에만 반응했다. 조는 "실망한 것 같네요."라고 말했다. 이것은 성과 코칭에 적합하지 않다. 조의 부분적 공감에 대한 안젤라의 반응은 "네, 날씨가 전혀 도움이 되지 않았어요. 우리는 밸런타인데이에 사람들이 구매를 더 하도록 노력했습니다." 조는 "무엇이 도움이 될 것 같나요?"라고 말했다. 안젤라는 대화하면서 날씨가 좋아질 때 특정한 한 라인에 집중할 계획이라고 말했다.

한 가지 감정에 반응하고 다른 하나는 내버려 두기로 선택하는 것은 앞서 설명한 부분적 공감의 한 예이다. 당신이 직장에서 코칭할 때, 여러 가지 공감을 사용하여 코칭해야 한다.

성과 코칭에 대한 질문

당신은 성과 코치로서 질문해야 한다. 직원들이 성과 목표를 달성하기 위한 판매 목표의 중요성을 이해하고 있는지 확인해야 한다. 직원들은 제시된 성과 목표에 부정적 반응을 보일 수도 있다. 그들 안에는 지루함, 좌절, 스트레스뿐만 아니라 조직의 목적에 만족하지 못하는 가치의 잠재적 충돌이 있기 때문이다.

트레이시 Tracey

트레이시는 안젤라 판매팀의 팀원이다. 그녀는 똑똑한 십 대 소녀이다. 대학 시절 전공 분야인 사회학에서 두각을 나타내지 못했다. 그래서 소매업에 종사하기로 했다. 학교 친구와 연애하다가 이른 결혼을 했다. 아이들을 빨리 낳았기에 가족을 위해 시간제로 일한다. 트레이시는 매장에서 일하는 것이 지루할 수도 있다는 것을 알았다. 트레이시는 아이들이 아프면 불안하고 산만해진다. 그녀는 부서별 판매 목표에는 별로 관심이 없다. 왜냐하면 그녀의 주급은 늘 같기 때문이다. 또 그녀는 수영복 부서에서 팔리는 어린 소녀들을 위한 작은 비키니를 발견하고 충격을 받는다. 그녀는 아이들에게 자극적인 옷을 입히는 것에 반대하기 때문이다. 이러한 상황에서 팀장인 안젤라는 오로지 트레이시의 감정 가운데 성과에 영향을 미치는 부분에만 초점을 맞추고 있었다. 안젤라가 지난주 판매량에 관해 트레이시에게 물었다. 트레이시는 "집에 열이 있는 네 살짜리 아이가 있는데, 그게 나에게 어떤 영향을 미칠까요?"라고 물을 때 안젤라는 부분적 공감을 하면서 이렇게 대답한다. "트레이시의 어린 딸이 아파서 정신이 없고, 많이 신경이 쓰이겠어요." 트레이시가 동의하면, 안젤라는 일시적인 조치로 트레이시의 근무시간 변경을 고려할 수도 있다. 안젤라는 임금에 대한 고민과 회사의 가치관에 대해서 홀로 생각에 잠긴다.

안젤라가 성과 코칭을 할 때 더 높은 수준의 공감을 하고 싶어 한다면, 그녀는 다른 코칭으로 빠질지도 모른다. 따라서 성과 코칭의 핵심 기술은 질문과 부분적 공감이다.

참여 코칭

참여 코칭할 때 직원들은 조직과 그 가치에 헌신하는 마음이 있어야 코칭에 참여한다. 참여는 동료들을 돕겠다는 의지로 볼 수 있다. 가장 중요한 사실은 이 참여가 고용 계약의 일부로 요구되는 것이 아니라 직원에게서 자발적으로 나온다는 점이다. 일에 대한 긍정적 감정과 동료들과 좋은 관계를 맺고 있는 직원들은 기꺼이 코칭에 응할 수 있다. 연구에 따르면, 참여하는 직원이 생산성이 더 높게 나타나며 이것은 조직 성과에 영향을 미친다(Gallup, 2010). 비록 외부 코치들이 이전보다 더 많이 참여 코칭에 관여하고 있지만, 일선관리자들이 참여 코칭을 제공할 가능성이 크다.

참여 코칭의 목표

참여 코칭은 선임 관리자나 리더가 직원에게 더 많은 헌신을 요구하는 경우에 진행한다. 이 코칭은 직원들이 조직의 목표를 채택하도록 한다. 직원의 목표를 조직의 사명과 일치시키도록 설득한다. 코칭에 참여하는 것은 고용 계약의 일부가 아니므로 참여 코칭 코치는 적극적인 듣기와 공감과 질문 그리고 피드백과 같은 코칭 기법을 사용한다. 다른 코칭에 비해 조언하거나 직원들에게 무엇을 해야 할지 말하지 않는다.

제임스James

제임스는 본사의 선임 구매담당자이다. 조와 같은 회사에 근무 중이다. 그는 수년간 자신의 사업을 운영했다. 오랜 시간 의류 분야에서 지식과 경험을 쌓아왔다. 이런 바탕에 힘입어 선임 구매담당자로 임명되었다. 제임스는 팀장으로 재능이 출중한 후배 구매자들을 이끌고 있다. 후배 구매자들은 제임스의 경험을 존중한다. 다만 그를 약간 구식이라고 생각한다. 제임스는 늘 단정한 양복 차림을 고수한다. 젊은 팀원들이 티셔츠를 입고 있을 때도 양복 차림이다. 제임스는 팀원들이 예산 내에서 제품을 조달하도록 신경을 쓴다. 팀원들이 회사의 목표를 충족시키기 위해 일하도록 신경을 써야 한다. 그러던 중 봄 컬렉션에 대해 많은 사람들의 의견이 일치하지 않았다. 제임스가 코칭 과정으로 가야 하는 사태까지 이르렀다. 제임스가 팀을 지도할 때, 제임스는 팀원들을 되도록 회사의 목표에 관여하도록 설득한다. 또 팀원들과 회사의 목표를 일치시키도록 설득한다. 제임스의 회사는 란제리 라인을 제공한다. 전년 대비 매출 증대를 목표로 한다. 코칭 목표는 조직이 부여한 제임스만의 목표이기에 팀원들이 진정한 코칭 목표의 주체자는 아니다.

참여의 변화

조직은 일일이 지시하지 않아도 직원들이 조직 목표에 맞추어 열심히 일하도록 설득하며 일에 전념하도록 북돋운다. 2010년 공인인력개발연구소Chartered Institute of Personnel and Development(CIPD)가 제공한 자료표factsheet에서, 참여를 다음과 같이 정의한다.

> 조직과 조직의 가치에 대한 헌신과 동료들을 돕겠다는 의지(조직 시민권). 그것은 단순한 동기부여가 아니라 직업 만족을 넘어서는 것이다. 참여는 직원이 제공해야 하는 것이 아니다. 참여는 고용 계약 일부로 요구될 수 없다(CIPD 2010a: 1).

이것은 직원이 선택권을 가지고 있다는 것을 인정하는 것이다. 직원이 고용주에게 제공할 참여 수준을 결정할 수 있다. 그렇지만 킹스턴 경영대학원이 실시한 조사에서, 참여적 직원들이 사업 성과를 향상한다는 증거도 있다. 또 연구에 따르면 참여는 정서적 요인이 있어서, 참여하는 직원들은 '업무를 수행하는 동안 기꺼이 지적 노력을 하며, 긍정적 정서를 경험하고 다른 사람들과 의미 있는 관계를 맺음으로써 긍정적으로 존재'한다(CIPD 2010b: 5).

제임스는 코칭을 통해 직원들이 회사의 목표를 수용하길 바란다. 이 코칭은 별도의 예산 낭비 없이 진행하고자 한다. 팀원 가운데 한 명인 헬레나는 새롭고 유행하는 라인을 많이 구입한다. 제임스는 헬레나가 회사 정책에 맞추길 바란다. 즉 예산 범위 내에서 기존의 란제리를 개선하길 원한다. 헬레나는 패션에 관련 학위가 있지만, 그녀가 직업을 가진 것은 이번이 처음이다. 그래서인지 예산 따위는 신경 쓰지 않고, 새로운 아이디어에만 매우 열성적인 편이다.

참여 코칭은 개인적인 발전이 없는 직원의 개선이라는 점에서 성과 코칭과 몇 가지 공통점이 있다. 이를 달성하기 위해 제임스는 일차적 공감primary empathy을 하는 코칭을 해야 한다. 일차적 공감은 직원들이 회사의 요구를 받아들이지 않을 때와 대안적인 설득 방법을 적용해야 할 때 사용한다.

이러한 접근방식은 주로 조직의 직속 상사들이 사용한다. 이상하게 들릴지도 모르지만 실제로는 매우 괜찮은 코칭 방법이다. 많은 직원은 그들이 해야 할 일에 대해 스스로 평가할 수 있다. 코칭 목표를 자신의 요구와 욕망과 비교한다. 이것을 조직의 목표와 관련지을 수 있다. 일차적 공감대를 포함하는 코칭 접근법은 직원들 자신의 감정, 희망, 두려움뿐만 아니라 조직의 감정도 인정한다. 이런 방식의 코칭 능력을 갖춘 직속 상사가 직원의 참여를 유도할 수 있다.

참여 코칭 접근방식(제임스와 헬레나)

킹스턴 경영대학원의 연구는 관리자들의 행동 방식이 참여에 크게 영향을 미친다는 사실을 밝혀냈다. 최근 국립보건임상연구소 National Institute for Health and Care Excellence(NICE) 보고서에 따르면 관리자의 행동이 직원 복지에 기여하는 것을 확인할 수 있다(NICE 2009). 참여 코칭은 질문하기 전에 일차적 공감을 포함해야 한다. 공감이 이루어지기 전에 거슬리는 질문은 직원의 참여하고자 하는 작은 불씨도 꺼버린다.

제임스가 헬레나를 설득하려면 어떻게 코칭해야 할까?

> 제임스는 직원들에게 무엇을 해야 할지 지시하기보다는 질문하도록 코칭받았다. 헬레나가 제임스에게 최근 주문에 관해 말하러 왔다. 헬레나는 이렇게 말한다: "제임스, 태국에서 그 멋진 세트들을 겨우 찾아냈어요. 바로 당신이 디자인 단계에서 본 것들이에요." 그녀는 그 구매가 불행히도 예산을 초과했다고 덧붙였다. 제임스는 열린 질문으로 코칭을 시작한다. "헬레나는 예산 범위 내에서 구매가 잘 되었다고 확신하나요?" 그러자 헬레나는

이렇게 대답한다. "제임스, 내 아이디어가 필요한가요? 필요 없나요?"

제임스의 질문은 변화에 관해서 관념 요소를 다뤘다. 그러나 강력하게 영향을 미치는 감정적 요인은 다루지 않았다.

그러나 만약 제임스가 질문하기 전에, 일차적 공감 수준에서 "헬레나는 이 새로운 라인에 대해 정말 흥분했었고, 당신이 예산을 초과했다는 것을 알았었군요."라고 말하면서 공감을 표한다면. "오, 이런, 헬레나에게는 약간 실망스럽기도 하겠네요. 우리는 헬레나의 새로운 아이디어를 얻게 되어 행운입니다. 우리가 어떻게 예산 범위 내에서 유지하고, 잘 사용할 수 있는지 살펴봐야 합니다."라고 할 수도 있다. 그러면 헬레나는 눈에 띄게 긴장을 풀고, 이해할 것이다. 또 그녀는 문제를 해결할 준비를 하게 된다. 제임스의 질문이 뒤따를 것이고 무엇을 할지 토론하여 합의할 것이다. 제임스는 헬레나의 느낌과 경험을 인정하면서 동시에 조직의 목표에 초점을 맞추고 있다.

참여 코칭에서의 질문

참여 코칭에서는 질문하기와 공감을 사용한다. 이 둘은 흔히 잘못된 순서로 사용되는 두 가지 기술이기도 하다. 질문으로 이어 나가는 공감은 직원이나 고객과의 계약관계를 잘 형성하는 좋은 방법이다. 일부 코칭 훈련은 설득을 잘하기 위해 공감을 장려한다. 어떻게 해야 하는지는 조언하지 않는다. 참여 코칭 코치로서 당신은 고객의 감정에 반응하여 일차적 공감을 제공하기를 원한다. 어떤 감정인지 식별하기 어려울 때, '그것이 당신을 어떻게 느끼게 하나요?HDTMYF?=How does that make you feel'라는 질문 또는 그보다 더 나쁜 질문인 '당신은 어떻게 느끼나요?HFYF?=how do you feel?'을 제기하고 싶은 유혹을 조심해야 한다.

'HDTMYF?' 또는 'HDYF' 질문은 개방형 질문이다. 질문에 응답하는 데 필요한 공감 능력이 있다고 가정하고 진행해야 한다. 이것은 절망, 우울, 분노와 슬픔, 또는 자살 충동에 대한 감정에 대응할 수 있어야 한다는 것을 의미한다. 당신은 코치가 다룰 능력이 없다고 느끼는 주제에 관해 고객이 감정을 표현한다는 것을 알게 될 것이다.

제임스가 헬레나의 감정을 확인할 수 없을 때, 그는 '헬레나는 어떻게 느끼나요?HDYF?'에 의존했다. 그러다 그녀가 울음을 터뜨릴 때 공포심을 느꼈다. 그녀는 남들이 보는 앞에서 비난을 받는 게 매우 견디기 어렵다고 했다. 또 부모님에게 말하지 못한 임신중절 수술을 해서 회복 중에 있다고 겨우 입을 뗀다. 제임스는 그가 미처 훈련받지 않은 코칭 문맥 때문에 실수했다고 깨닫는다. 그리고 헬레나를 HR에서 추가적인 도움을 받도록 한다.

기업에서 일하는 사람들은 자신의 감정을 인식하지 않도록 배웠다. 만약 감정을 인식하더라도 겉으로 표현하도록 격려받지는 않았다. HDTMYF?와 HDYF? 위 두 가지 질문은 당신이 능력이 없다고 느끼는 부분에 관해 거부하거나 폭로할 수 있다. 우리는 8장에서 이 둘을 어떻게 다룰지 논의한다.

공감은 참여를 촉진하기 위해 열린 질문보다 선행되어야 한다. 공감은 일차적이어야 한다. 일차적 공감은 직원이 그들의 목표에 대해 선택의 여지가 없으므로 참여 코칭에 적합하다. 직원의 깊은 감정을 추스르는 것은 무의미한 행위이다. 심지어 괴로움을 초래할 수도 있다. 코칭이 더 깊은 감정을 탐구하기보다 문제와 어떠한 변화가 일어날 것인가에 초점을 맞추고 있다는 것을 의미한다.

성과 코칭과 참여 코칭은 조직의 효율성과 성과 개선을 지원한다. 둘

다 오늘날의 사업에는 중요하다. 그렇지만 조직들은 사업의 이익을 위해 특정한 인재 개발을 원하므로 외부 코치들을 회사에 초대할 수 있다. 그들은 자주 개발 코칭을 사용하여 특정한 인재들과 함께 일한다.

개발 코칭

개발 코칭은 전문 코치가 개인과 협력한다. 개인들의 잠재력을 실현하는 것이 목표다. 변화를 개발 과제로 코칭하는 것은 관련 개인에게 혁명을 일으킬 가능성이 있다. 코치는 내부 또는 외부 코치일 수 있다. 어느 경우든 비밀이 보장되어야 한다. 즉 코칭 정보를 조직에 주지 않겠다는 뜻이다.

코칭은 고객 자신에게서 변화 욕구가 나올 때만 변혁적인 발전을 이끌 것이다. 고객의 목표는 조직의 목표와 일치하거나 일치하지 않을 수 있다. 스털링은행 경영자들이 도입한 코칭 프로그램을 예로 들고자 한다. 고객에 대한 금융 서비스 판매를 포함하자고 제안하기 위해 코칭을 도입하였다. 전통적인 은행 경영자들은 영업 사원이 아니라 지원 사원이다. 자기 역할을 스스로 전문적인 고용인으로 규정한다. 그래서 그들의 목표를 조직의 목표와 동일시 할 수 없었다. 코칭 때문에 많은 사람이 앞다퉈 회사를 그만두었다. 관리자들은 코칭을 받으면서 자기 개인 목표에만 집중했기 때문이다. 즉 회사를 떠나는 데 초점을 맞췄다(스털링은행에 대한 자세한 정보는 우리 책 『코칭, 멘토링 및 수퍼비전에서 성찰적 학습 촉진하기 Facilitating Reflective Learning in Coaching, Mentoring and Supervision』(2012, 2판)에서 제공한다).

개발 코칭은 고객이 자기 목표를 정의한다고 가정한다. 고객 스스로가 코칭 목표를 결정할 때 코칭 목표를 달성할 가능성이 크다는 연구결과가 나왔다. 조직에서는 이런 유형의 코칭에 '임원코칭'이라는 용어를 사용한다.

개발 목표

존 John

존은 대형 소매점의 총괄관리자 general manager이다. 이 소매점은 주간 이직률이 높다. 그는 졸업 후 바로 어시스턴트로 입사해서 성장했다. 그는 전통적인 경영 스타일이라서 팀을 과도하게 관리하는 편이다. 소매업에 종사하는 시간이 길어지면서 스트레스를 많이 받는다. 그러나 그는 성공했고, 회사는 그의 발전을 격려한다. 그의 지역 관리자는 존이 아직 그의 잠재력을 충분히 깨닫지 못했다고 믿는다. 그래서 그에게 외부 임원코치가 하는 코칭 세션을 제공한다. 존의 지역 관리자는 존의 경영 방식에 대해 이미 눈치를 채고 있었다. 그런데도 코칭 예산을 사용하기로 선택했다. 그를 지원하기 위해 위코치닷컴 wecoach.com의 외부 코치인 캐서린을 선택했다. 존은 이 코칭을 통해 회사의 목표와 일치하거나 반대일 수도 있는 자기 목표를 발견할 것이다.

코칭 목표는 주로 존의 것이다. 회사는 목표를 제시하지는 않은 채 그의 개발에 기꺼이 투자한다. 그리고 존의 자기계발이 궁극적으로 회사에 도움이 될 것으로 믿는다.

개발 코칭의 변화

개발 코칭의 변화는 고객이 주도한다. 대인관계 기술, 일과 삶의 균형, 위임, 갈등 대처, 성차별과 인종차별, 직업, 관계, 가치관 등과 같은 개인적이고 전문적인 문제를 포함한다.

존은 총괄관리자이다. 그는 전문적이고 개인적인 발전을 위해 코칭을 활용하기로 한다. 예를 들어, 업무를 할당하는 능력, 동료들에 대한 대응 능력, 일과 삶의 균형을 위해 코칭받기로 한다. 위 목표들은 회사에 이익이 될 가능성이 있지만 강제적이지는 않다. 그래서 잠재적 변혁과 함께 변화가 가능하다.

고객은 그들이 스스로 목적을 정하고 성취할 힘을 가질 때 행동뿐만 아니라 태도와 신념에 변화가 일어난다. 그래서 공감을 통해 다른 사람들과 연결되는 것이 필요하다. 따라서 개발 코칭에서 일어나는 변화는 개인적이고 전문적이라고 할 수 있다. 공감은 직업적인 문제와 개인적인 문제 모두에서 작용해야 한다. 코치로서 캐서린은 코칭 접근법에서 공감을 보여줌으로써 존에게 중요한 모델을 제시한다.

개발 코칭 접근법
개발 코칭의 경우, 당신은 고객의 경험에서 출발하는 우회적인 접근법을 사용한다. 초기 개발 코칭에서는 공감이 가장 중요한 특징이다. 질문, 피드백, 도전은 그다음이다. 당신과 고객 사이에 있는 두터운 관계는 그들의 태도, 믿음, 행동을 변화시키는 변화를 예측하게 한다. 일차적 공감과 고급 공감 모두 다른 코칭 기술과 결합할 수 있다. 이는 고객을 그들의 세계와 잠재적 변혁에 대한 새로운 시각으로 이끌어 준다.

> 존은 캐서린 코치를 만났다. 그들의 첫 번째 세션은 관계를 형성하고, 잠재적인 목표를 논의하는 것이다. 존은 "코칭이 무엇인지 잘 모르겠습니다."라고 말하고, 캐서린은 "당신은 이것에 대해 확신이 없군요."라고 하면서 관계를 형성하기 위해 공감을 사용한다.
> 존은 "네, 저는 그렇습니다. 그게 카운슬링이랑 비슷한가요?" 캐서린은 그에게 코칭에 대해 강의하고 싶은 유혹을 떨쳐낸다. 그대신 "존은 조금 서두르는 것처럼 보이네요. 당신의 업무에 관해 말씀해 주시겠어요?"라고 말한다. "할 일이 너무 많아요. 가끔은 어디서부터 시작해야 할지 모르겠

어요." 캐서린이 말한다. "좀 부담스러운 것 같네요. 더 자세히 말씀해 주세요." 결국 존은 업무를 분담하는 데 어려움이 있으며, 스트레스를 받고 있다고 인정한다. 그는 가장 먼저 업무 분담 문제가 일과 삶의 균형과 스트레스까지 연결되어 있다는 데에 초점을 맞췄다.

존은 자기 팀을 어떻게 운영하는지 설명한다. 그는 업무를 담당하는 직원이 실수하면 자신이 비난받을 것이라고 덧붙인다. 그는 걱정스러운 표정으로 말한다: "만약 스티브가 실수하면 어떡하죠? 저는 그의 실수에 대한 책임을 져야 합니다."

캐서린은 존의 표정과 그의 말에 기초하여 그에게 일차적 공감을 제공한다. "스티브가 실수하면 존이 책임을 질 수도 있겠네요." 존은 "그래요, 맞아요, 내가 조심하는 게 당연하네요." 캐서린은 이렇게 말한다. "존, 당신은 높은 기준을 가지고 있고, 함께 일하는 사람들도 그 기준에 맞추길 원하는군요. 그들이 당신의 기준에 미치지 못할 때는 힘들어 할 것 같아요."

존이 자신의 스타일을 바꾸지 못하게 방해하는 것을 탐색하려고 할 때, 캐서린은 고급 공감을 이용하여 이렇게 말한다. "아마도 당신이 직원에게 일을 맡길 때 불안함을 느낄 것 같아요." 이것이 존이 만들고자 하는 변화에 대한 감정적인 반응(그의 최고 비밀 파일 가운데 일부)을 공감으로 처리하는 방법이다. 존은 대답한다: "그래요, 스티브의 실패는 내 실패이고, 나는 실패하기 싫어서 불안합니다." 캐서린은 존에게 첫 번째 열린 질문을 던진다: "만약 실패한다면 어떻게 될까요?"

그 다음 세션에서는 다가올 실패에 대한 존의 감정적인 반응을 다루었다. 대부분 원인은 그의 가정교육에서 비롯되었다. 그것이 타인에게 업무를 위임하는 것을 방해하고 있었다.

개발 코칭 또는 임원코칭

개발 코칭은 숙련된 사내 관리자와 함께 조직 내에서 진행한다. 또는 외부 임원코치가 있는 조직 내부 또는 외부에서 이루어진다. 개발 코칭을 하면서 당신은 고객의 실제 세계를 인식하고 존중해야 한다. 이 인식과 존중은 고객이 그들의 코칭 목적을 만들도록 도와준다.

개발 코칭 코치로서 당신은 고객의 경험을 존중해야 한다. 당신은 고급 공감을 사용한다. 그들이 잠재적 변혁으로 나아가도록 해야 한다. 개발 코칭은 일반적으로 임원코칭이라고 부른다. 고객에게 그들의 환경에서 당연하게 받아들이는 것tfg을 식별하고, 이에 도전하도록 한다. 이 과정에서 고객에게 일차적 공감과 고급 공감을 제공하면서 도전과 변혁의 가능성을 끌어낸다. 고급 공감을 포함하는 개발 코칭은 변화와 변혁을 이끌 잠재력이 있다. 임원코치가 직원의 계발을 목표로 하는 동안 조직이 참여를 요구하면 문제가 발생할 수도 있다. 임원코치로서 코칭 세션을 계약한다는 것은 코칭 시 기업이 어떤 것을 진행하거나 진행하지 않을 것인지에 대해 이해하도록 돕는 과정이다.

개발 코칭은 개인을 위한 변혁적 변화를 목표로 한다. 코칭은 고객이 자발적으로 선택한 것이다. 조직에서 강요하는 것이 아니다. 고객은 일차적이고 고급 공감대를 제공받을 수 있다. 그 관계는 발전과 변화의 열쇠가 된다. 고객은 어떤 변화를 선택하든 도전하고 지지받아야 한다.

코칭에 대한 기대: 현실성 유지하기

코칭이 고객의 모든 요구를 충족할 수 있다는 생각은 코치, 고객, 스폰서, 관리자에게 비현실적인 기대를 초래할 수 있다. 비현실적인 기대를 한다는 것은 모든 코칭이 늘 성과 향상과 적극적 참여를 끌어낸다고 생각하는 것이다. 또 개인적이고 전문적 발전을 이끌 수 있다는 것이다. 따라서 코칭의 구체적인 목적을 알면 비현실적 기대를 줄일 수 있다.

직원들은 성과 관리의 일환으로 코칭을 경험한다. 관리자가 이를 위해 다른 스타일을 사용한다면, 직원들은 코칭 목적이 직원의 개인적 발전이라고 생각할 수 있다. 그렇지만 원하는 변화는 개선된 성과이다. 관리자들은 성과 관리 상황에서 개발 코칭을 적용하면 안 된다. 이러한 변화는 개인 발전이 아닌 매출 증대에 따른 개선된 성과이기 때문이다. 그렇지만 많은 관리자와 직원은 코칭이 개발 변화를 가져올 것이라고 상상할 수도 있다. 전기통신 회사의 선임 관리자이자 전문 코치의 코멘트에 이러한 사실이 나타나 있다.

> 대부분 기업은 성과에 집착하느라 코칭 효과를 제대로 보지 못한다. 직원들이 스스로 해결책을 모색할 여유가 없기 때문이다. 그래서 관리자가 직원들에게 무엇을 해야 하는지 지시한다. 직원들을 적절하게 코칭할 수 있는 양질의 시간을 찾기 위해 노력한다.
>
> 그뿐만 아니라, 고압적인 환경 때문에, 코칭 세션에서 직원의 코칭 스타일을 탐구하고 고려할 시간이 없다. 토론은 대체로 '사실의 문제'와 해결책에 초점을 맞춘다. 결과적으로 관리자와 직원들 모두 실망하고 스트레스를 받는다.
>
> (Brockbank & Mcgill, 2012)

코칭이 성과 관리 목적으로 사용될 때, 관리자와 직원들은 코칭 목표를 알고 있어야 한다. 관리자들은 코칭이 직원 개인의 목표 달성을 고려하지 않음을 분명히 알려줘야 한다. 이때 코칭은 직원들의 업무 수행 능력을 향상하기 위한 것이다. 참여 코칭을 진행할 때 직원들은 개인의 발전이 코칭의 목표라고 생각할 수도 있다. 비현실적인 기대가 작용할 수도 있으니 조심해야 한다. 코칭 스폰서, 고객 및 조직은 성과나 참여 코칭이 발전과 변화를 가져온다고 생각한다. 비록 고객이 그들의 목표를 회사의 목표와 일치시킨다 하더라도 그 코칭 목표는 여전히 조직이 정할 수 있다. 따라서 이러한 변화는 개선으로만 끝날 수 있다. 물론 코칭 과정 자체가 발전을 위한 개입으로 이끌 수도 있다. 고객들이 공감을 경험할 때, 더 많은 변화와 발전을 위한 동기부여를 받을 수 있다.

외부 코치로서 당신은 비현실적인 기대 가능성을 고려해야 한다. 전문 코치로서 당신은 계약자, HR 관리자, 실제 고객 사이의 차이점을 알게 될 것이다. 그러므로 진행 전에 3자 회의를 하는 것이 좋다.

로라Laura

로라는 HR 관리자이다. 로라는 위에 언급한 소매 회사에 코칭을 제공하는 코치스coaches.inc에서 말콤이라는 외부 코치를 고용했다. 그녀는 말콤 코치가 제임스를 코칭해주길 원한다. 제임스는 다소 전통적이고 가부장적 경영 스타일을 가졌다. 제임스는 젊고 재능 있는 여성 후배 구매자들과 잘 어울리지 못한다. 회사의 목표는 혁신적인 디자인을 만들면서 예산 규율을 준수하는 것이다. 이 코칭은 조직 목표를 달성하기 위한 것이다. 제임스는 그의 경영 스타일을 바꾸라는 요구를 받는다. HR과 코치와의 미팅에서 제임스는 코칭 목표가 무엇인지 이해하면서 코칭에 동의한다.

제임스는 수준 높은 코칭을 경험한다. 제임스는 회사에서 스스로 저평가되었다고 느낀다. 말콤은 이런 상태의 제임스와 금세 좋은 관계를 형성한다. 제임스는 새로운 기술을 사용하는 데 어려움을 겪고 있으며 팀원들과는 형식적으로만 관계할 뿐이라고 말한다. 말콤은 제임스에게 다음과 같이 말하면서 조금 더 고급 공감을 제공한다. "당신은 젊은 직원들이 그들의 생각을 밀어붙이는 것을 위협적으로 느끼는군요." 제임스도 이 공감에 동의한다. 코칭을 통해 말콤은 제임스가 여자 팀원들에게 "진정하세요Calm down dear."란 말을 하지 않도록 코칭한다. 제임스에게 그 변화는 변혁적이다. 나아가 그의 사생활과 가족 구성원들과의 관계에까지 영향을 미친다.

시스템 코칭

코칭 매트릭스coaching matrix 부분에서 조직을 이끄는 사람들은 자신이 변하기를 원한다. 조직의 효과적인 변혁을 위한 경로는 [그림 2.5]와 같다.

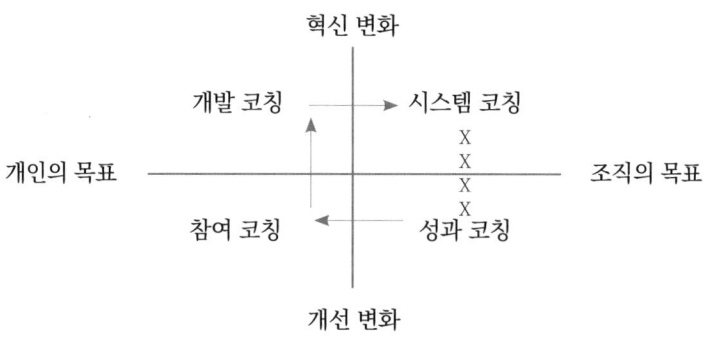

[그림 2.5] 조직의 효과적인 변혁을 위한 경로

  성과 관리 영역에서 코칭은 개인의 성과를 향상하는 데 중요하지만 개인을 변혁으로 이끌 것 같지는 않다. 성과 코칭은 사업상의 이익을 위해 직원들에게 회사 목표를 강요하기 때문이다. 기업 목표를 달성하는 것은 중요하다. 다만 조직 내에서 성과 코칭으로 조직을 변화시키기는 어렵다. 그러나 효과적인 개선을 가능하게 할 수는 있다. 도표에서 XXXX는 시스템적 변화를 보여준다. 그렇지만 성과 코칭이 조직 안에서 위와 같이 이상적으로 이끌기는 어렵다.

  개발 코칭이 도입되면 직원들은 자발적으로 움직인다. 자신의 목표를 조직의 목표와 일치시키려고 한다. 코칭 목표는 여전히 조직의 목표이다. 최종 목표는 개선이다.

  성과 관리가 제일 먼저 와야 한다. 공통의 목표를 갖고 직원이 참여해야 한다. 개개인의 목표를 달성하기 위한 변혁이 뒤이어 와야 한다. 그러면 최종적으로 [그림 2.5]와 같이 조직의 변혁으로 나아갈 수 있다.

이 경로는 조직 변경과 관련이 있는 직원의 육성만을 가리킨다. 개발에 대한 관심이 부족하다고 평가받는 많은 직원은 업무 밖에서 개별적으로 개발 활동을 추구한다. 톰 피터스Tom Peters(Peters & Waterman, 1982)는 30년 전에 이것에 주목했다. 예를들어, 헬레나(N&T의 후임 구매원)는 지역의 자원봉사 청년 리더로서 청소년들을 위한 예술 단체 세션을 운영한다. 변혁은 직원 또는 조직(또는 둘 다)이 변화하는 것임을 시사한다.

변혁을 달성하기 위해서는 업무 환경에서 당연하게 받아들이는 것에 도전해야 한다. 예를 들어, 동등하게 기회를 주는 새로운 정책을 대상으로 시험하는 것이다. 개별적 변혁을 위해 개발 코칭은 고객이 작업하는 당연함을 식별해야 한다. 그 영향을 고려하면서 동시에 기여도까지 고려해야 한다. 예를 들어, 존은 자신의 직업 전망을 재고할 수 있다. 회사에서 그렇게 한 최초의 흑인 직원이 될 수도 있다. 용기 있는 모습 덕분에 지역 관리자가 될 수도 있다.

조직에서의 코칭 순서는 아래와 같다. 성과 관리-가장 중요한 효율성에 집중-합의된 목표 설정 후 참여 코칭-일대일 개발 코칭이다. 일대일 개발 코칭은 개인이 자신의 신념과 감정을 가지고 변혁이 될 수 있도록 한다. 시간이 쌓이면서 개인은 더 큰 변화된 시스템의 일부가 된다.

시스템 코칭의 목표
시스템 코칭 프로그램의 목표는 조직 내에 코칭 문화를 만드는 것이다. 내부 코치나 외부 실무자의 개발 코칭뿐 아니라 사내 성과 코칭과 참여 코칭 등을 통해 시스템상의 변신을 꾀한다. 이 프로그램들은 전략적인 팀 코칭을 지원한다.

N&T는 코칭 문화 조성을 목표로 한다. 부서장들은 단기 코칭 훈련 과정 intensive을 거쳤다. 중간 관리자들이 코칭 스킬을 사용하도록 설계하였다. 이 코칭은 성과 관리의 일부이다. 이 코칭 프로그램의 또 다른 목적은 직원들의 참여를 향상하는 것이다. HR 책임자는 외부 코치를 기용하여 모든 고위 경영자와 이사진에게 코칭 프로그램을 제공한다.

조직이 시스템적으로 변모하기 위해서는 개별적인 목표와 조직의 목표가 이상적으로 융합되어야 한다. 혁신적 변화 기준은 목표의 소유권, 감정에 대한 접근권, 강력한 관계를 형성하는 접근법을 포함한다. 그러기 때문에 성과 코칭을 통해 조직을 직접 혁신하려는 시도는 실패할 수 있다.

조, 제임스, 존은 코칭 문화의 세 부분이다. 이 조직은 좋은 관행을 촉진하고, 실적을 향상한다. 매출을 늘리고, 직원을 양성한다. 경쟁 환경에서 번영에 필요한 변화를 촉진하기 위해 코칭을 사용한다. 이 조직은 회사를 변화시킬 잠재력이 있다.

성과와 참여 모두 성과 향상을 목표로 한다. 갤럽 연구(2010)에서, 적극적으로 참여하는 직원들이 금융, 사회, 경제적 측면에서 조직에 혜택을 준다는 결과가 있다. 이와 관련 있는 직원들은 발전의 당사자가 될 가능성이 크다. 참여 코칭은 특히 코칭 관계에서 성장을 향해 나아간다. 여기서 우리는 코칭의 새로운 목표, 원하는 변화, 코칭 진행 과정을 고려하여 계약을 다시 협상할 것을 권한다.

시스템 코칭 프로그램을 통한 변화

조가 승진했을 때였다. '일선 관리자를 위한 코칭'은 그녀가 처음 참여했던 과정이었다. 그녀는 공감이 질문과 함께 코칭의 일부라는 것을 깨닫고 놀랐다. 그 과정에서 그녀는 'Listen And Wait'라는 LAW 규칙을 배웠다. 경청하고 나서 감정이 표현되기를 기다린다는 뜻이다. 그녀는 성과와 관련 있는 감정에만 초점을 맞추어 간단하게 부분적 공감을 제공하는 방법을 배웠다. 팀장인 안젤라는 조의 공감 태도를 자기 팀에 활용했다.

외부 코치인 캐서린이 존을 코칭할 때이다. 캐서린은 존에게 실패의 두려움에 대해 더 고급 공감을 제공한다. 각 세션은 코칭 문화 조성을 위한 것이다. 그래서 할당된 예산으로 지역 관리자를 대상으로 코칭비를 지급한다. 존은 캐서린에게 공감 코칭을 받고서, 자신의 변화가 생각했던 것만큼 이상적이지 않다는 것을 깨닫는다. 존은 학습과 변화에서 작용하는 감정의 역할이 흥미롭다고 느낀다. 그래서 로라의 사내 코칭 훈련에 등록했다.

제임스는 헬레나에게 일차적 공감을 제공했다. 이로 인해 조직에 대한 헬레나의 헌신이 향상되었다.

HR 관리자로서, 로라는 헬레나에게 일주일간의 휴가를 제안한다. 헬레나의 직원들을 위해 회사에서 제공하는 외부 상담자를 만나도록 한다. 로라는 제임스와 팀원 사이의 어려움에 대해 듣는다. 로라가 제임스에게 헬레나의 휴가일을 확인하러 갔을 때, 팀이 어떻게 하고 있는지 물어본다. 제임스가 팀 운영이 어렵다는 것을 인정한다. 로라는 제임스에게 임원 전문 코치인 말콤과의 코칭 세션을 제안한다. 담당 코치가 제임스에게 소매업 경험이 있냐고 질문했을 때, 로라는 코치가 모든 것을 알 필요는 없다고 대답한다. 제임스는 이 부분에서 많이 놀란다. 로라는 코칭은 조언하는 것이 아니라 고객의 목표를 위해 일하기 때문이란 이유를 덧붙였다. 제임스의 코칭 세션은 회사의 프로그램인 '코칭 문화 창조'의 일환이다. 코칭비는 회사 예산으로 지급될 것이다.

시스템 코칭 접근법

코칭 문화 창출을 통해 조직은 어떻게 변모하는가? 체계적인 변화를 위해서는 다음과 같은 몇 가지 계획이 필요하다.

- 성과 코칭을 진행하는 관리자에게 강력한 성과 관리 시스템을 지원해야 한다.

- 참여 코칭에 의해 참여를 촉진한다.
- 개발 코칭은 리더십 역할에서 특정 개인에게 자주 제공한다. 그러나 항상 제공하는 것은 아니다.
- 팀에게 코칭을 제공한다.

코칭 문화를 만들 때, 피터 호킨스Peter Hawkins는 직원에게 코칭이 어떻게 변혁으로 이어지는지를 설명해야 한다고 말한다(Hawkins & Smith, 2006). 왜냐하면 이후의 변혁이 조직을 붕괴시킬 수도 있기 때문이다. 이 이유는 합리적으로 보인다. 리더는 강력하고, 우수하며, 남보다 우월하다고 인식한다. 리더의 개념은 흔히 조직의 직급과 관련이 있다. 리더는 보통의 남자이자 비전과 추진력 그리고 야망이 있다고 평가받는다. 그러나 갤럽의 조사 결과에서 팔로워들에게 리더의 가치에 관해 질문했을 때 이런 특징들은 전혀 언급되지 않는다. 신뢰, 동정심, 정직, 존경을 리더의 주요 특징으로 답했다. 공감하는 리더들은 〈어프렌티스 앤 드래곤즈 덴Apprentice and Dragons' den〉역자 주10)의 텔레비전 리더들과는 달리 신뢰, 동정심, 정직, 존경 등의 특징을 드러낸다. 공감은 신뢰, 연민, 그리고 인간관계에 대한 존중을 낳는다. 이것은 다른 모든 곳뿐만 아니라 직장에서도 적용할 수 있다. 마리 미야시로Marie Miyashiro의 책, 『The Empathy Factor』에서 공감을 리더십과 조직 안의 효과성에서 누락된 요소로 정의한다. 그녀는 '공감은 가치 있는 통화입니다'라고 말한다. 공감은 우리에게 신뢰의 유대를 형성하게 한다. 다른 사람들이 무엇을 느끼고 생각하는지 통찰하도록 한다. 우리가 어떤 결정을 해야 할지를 알려준다. 마리 미야시로는 또

역자 주10) 성공한 CEO들이 예비 사업가를 길러내는 리얼리티 쇼

한 효과적인 리더들은 신뢰, 공감, 진정한 의사소통 등 부드러운 리더십 기술과 조직이 존속하는 데 필요한 강력한 기술을 잘 혼합한다고 말한다(Miyashiro, 2011: 24).

조직의 체계적인 변화를 위해 구성원들은 강하고 책임감 있게 자신과 조직의 시스템을 함께 바꿀 준비를 해야 한다. 예를 들어, 훈련 담당 관리자들이 부분적 공감을 갖고 코칭을 한다면 탁월한 성과 관리를 끌어낼 수 있다. 직속 상사에게 초과업무를 한다는 스트레스를 주지 않고도 가능하다. 고위 관리자들이 기초적인 공감을 적용해 이끄는 참여 코칭은 핵심 직원을 발굴할 수 있게 한다. 책임 있는 역할을 하는 사람들을 위한 일차적 공감과 고급 공감을 제공하는 개발 코칭은 조직을 변혁하는 데 필요한 시스템 변화를 가능하게 한다.

요약

이 장에서 우리는 네 가지 다른 유형의 코칭을 살펴보았다. 이에 대한 세 가지 맥락, 즉 시스템적 조직 변혁을 위한 경로를 제시하였다. 부분적, 일차적 공감을 포함한 성과 코칭과 참여 코칭은 기업과 비즈니스 성공을 위해 필요하다. 그러나 조직 변혁을 위해서는 개인에게 개인과 직업 생활을 변화시킬 수 있는 코칭 기회를 제공하는 개발 코칭이 있어야 한다. 공감은 기폭제trigger이다. 이는 고객에게 제공되는 공감 수준에 정비례하는 변화를 끌어낸다.

부분적 공감은 성과 코칭에 적합하다. 일차적 공감은 참여 코칭을 지원한다. 고급 공감은 변화를 위한 개발을 지원한다. 시스템 코칭의 경우, 조직 자체가 이해관계자stakeholders의 말을 듣고 이해하는 공감적 스타일을 개발할 수 있다. 시스템 코칭 프로그램은 기업, 조직 또는 사회 내 기관의 변혁을 촉진하는 것을 목표로 한다. 구조조정이나 사내문화를 변화시키기 위한 프로그램을 통해 이루어진다. 조직을 혁신하는 것을 목표로 한다. 위와 같은 많은 프로그램에서, 변화는 이성적인 논쟁과 설득을 통해 추구할 수 있다. 다음 장에서 우리는 왜 많은 사람이 이성적인 접근을 하는데도 (코칭에서) 실패하는지 설명할 것이다.

3장
신경과학과 공감

이 장에서 우리는 공감과 애착 패턴에 대해서 신경과학적인 증거를 제시한다. 이를 위해 드라마 삼각형과 방어기제에 관해 자세히 요약했다. 신경과학은 뇌와 연결된 신경계에 관해 연구한다. 천성nature과 양육nurture 둘 다 뇌의 발달에 영향을 미친다. 뇌는 학습의 결과로써 끊임없이 변화한다. 평생 '형태를 만들기 쉬운 상태plastic'로 남아 있다. 그러나 2011년 발간된 왕립학회 보고서인 '브레인 웨이브Brain Waves'는 아래와 같이 경고한다. '해석과 공감에 바탕을 둔 문명 생활에 대한 전체적인 이해holistic understanding를 축소하면서 지나치게 뇌의 기능만을 강조한다.'

이 책을 통해 공감하는 것은 코치의 능력을 향상하는 기술이라는 것을 강조하고 싶다; 그 기술은 고객의 코칭 목적을 달성하기 위해 필수적이다. 코칭이 성과, 참여, 개발을 위한 것이든 아니든 공감을 적용할 수 있다. 공감할 수 있다는 것은 상대방의 입장을 정확하게 이해하는 것이다. 또 '그들이 어느 지점에 있는지'를 식별할 수 있다. 그렇게 함으로써 고객도 그들의 생각과 감정이 들리고, 인정되고, 존중됐기에 가치 있게 평가받는다고 느낀다. 공감은 고객이 잠재적 변화를 다룰 때 도움을 준다.

신경과학자인 사이먼 바론-코헨Simon Baron-Cohen 역자 주11)은 2011년 출간된 자신의 저서 『공감 제로Zero Degrees of Empathy』 역자 주12)에서 뇌 활동 측정을 통해 공감의 스펙트럼을 탐구했다. 그는 공감을 조금만 하거나 전혀 공감하지 못하는 사람들부터 놀라운 효과를 내는 공감 기술을 사용할 수 있는 사람들까지를 망라한 결과를 보고한다. 그의 데이터는 우리에게 익숙한 종 모양의 곡선을 보여준다. 이는 0부터 높은 공감을 나타낸다. 이 범위는 뇌의 공감 메커니즘에 의해 결정된다. 공감을 자세히 측정하기 위해 코헨은 공감지수 설문지를 작성했다.

사이먼 바론-코헨에 의해 고안된 공감지수 설문지에는 공감적 행동에 관한 자세한 설명이 나와 있다.

두 번째 목록에 있는 항목들이 특정 유명인사를 떠올리게 한다면, 왜

공감적 행동 설문지

1. 나는 쉽게 역지사지할 수 있다.
2. 나는 동의할 수 없는 경우에도 상대방의 견해를 이해할 수 있다.
3. 나는 누군가가 어색해하거나 불편해할 때 재빨리 알아차린다.
4. 나는 다른 사람의 기분을 이해하는 데 능숙하다.
5. 친구들은 내가 잘 이해한다고 말하며, 늘 자신들의 문제를 이야기한다.

역자 주11) 1958년 영국 태생의 임상심리학자이자 케임브리지 대학의 발달정신병리 교수
역자 주12) 다른 사람의 마음을 전혀 읽지도, 감정을 느끼지도 못해서 타인을 살아 있는 존재가 아닌 물건으로 취급해 버리며 어떠한 후회도 없이 폭행과 고문, 강간, 살인 등을 일삼는 사람들도 존재한다. 공감 능력이 완전히 바닥나버린 사람들, 공감 회로가 영원히 작동을 중지해버린 사람들, 바로 우리가 악마라 부르는, 공감 제로에 놓인 사람들이다.

6. 나는 누가 내가 말하는 것에 관심이 있는지 쉽게 알 수 있다.

7. 나는 직감으로 누가 어떻게 느끼는지를 빠르게 알 수 있다.

8. 나는 다른 사람이 말하고 싶어 하는 것을 쉽게 알아낼 수 있다.

9. 누가 앞뒤가 안 맞는 말을 할 때 빨리 잡아낼 수 있다.

10. 나는 누가 진심을 숨기는지 아닌지를 알 수 있다.

비공감적 행동 설문지

1. 나는 내가 쉽게 이해한 것들을 다른 사람들에게 설명하기가 어렵다.

2. 사람들은 내가 토론할 때 자주 본질에서 벗어난다고 말한다.

3. 나는 왜 사람들이 그런 일들로 화가 나는지 잘 모르겠다.

4. 사람들이 운다고 나까지 속상하지는 않다.

5. 내가 말한 것 때문에 누군가 불쾌했다면, 그건 그 사람의 문제라고 생각한다.

6. 나는 매우 무뚝뚝하다. 내가 의도하지는 않았지만 어떤 사람들은 무례하다고 여긴다.

7. 나는 누가, 왜, 어떤 말에 불쾌해했는지 모르겠다.

8. 나는 다른 사람의 감정과는 상관없이 결정할 수 있다.

9. 이유를 모르겠지만, 사람들은 항상 내가 둔하다고 말한다.

조직들이 공감에 관해 이야기하면서도 실행에 옮기지 않는지 알 수 있다. 이 무공감은 승진과 때론 기사 작위를 받음으로써 보상받을 수도 있다.

전체 질문은 『공감 제로』라는 책에서 찾을 수 있다.

최근에 신경과학자들은 공감을 포함한 우리의 감정이 뇌의 기능에 어떠한 기반을 두고 있는지에 관해 연구한다. 사실 뇌에 관한 대부분 지식은 자기 공명 영상magnetic resonance imaging(MRI) 덕분에 가능했다. 자기 공명 영상은 우리가 공감할 때 중추적인 역할을 하는 뇌 부위의 명확한 사진을 보여주는 우수한 기능이 있다.

신경과학의 발견

펜필드의 탐침조사

와일더 펜필드Wilder Penfield 박사는 1950년대에 연구를 했다. 그때는 윤리위원회가 지금처럼 막강하지 않았다. 의식이 있는 동안에 환자의 뇌를 전자 탐침으로 자극하는 것이 허용되었던 때다(다행인 것은 이 뇌 자극은 어떠한 고통도 주지는 않는다). 펜필드 박사는 뇌의 특정 부분을 건드렸고 실험체는 과거의 특정 사건에 대한 자신의 감정을 '기억'해냈다. 펜필드 박사의 연구결과는 에릭 번Eric Berne의 이론을 뒷받침했다. 에릭의 이론은 교류분석transactional analysis(TA)으로 알려진 코칭과 경영 개발에 사용되었다. 1964년에 처음 출판된 그의 저서인 『심리게임Games People Play』은 인생 게임, 부부 게임, 파티 게임, 성적인 게임 등에 대해 매우 유익한 부분을 포함하고 있다. 교류분석 시스템은 인간이 초기 경험의 메시지를 보관하는데 이 메시지가 성인이 된 후의 행동에까지 영향을 준다는 것을 증명해 주었다.

1950년대의 다소 조잡한 방법의 뇌 검사는 1970년대에 와서 극적으로 개선되었다. 환자가 컴퓨터 단층 촬영computed tomography(CT)나 기능적 자기 공명 영상functional magnetic resonance imaging(fMRI) 스캐너 안에 누워 있으면 뇌의 여러 이미지를 생성하는 뇌 스캔 기법을 사용하여 자세히 볼 수 있었다. 스캐닝은 신경 활동과 관련된 뇌의 혈류 변화 영역을 식별한다. 이 방법은 계속 개선하고 있고 새로운 기술들이 이용 가능해지고 있다.

세 개의 뇌

뇌 스캐닝을 통해 수백만 년 동안 진화해 온 우리의 머릿속에서 무슨 일이 일어나는지 훨씬 더 잘 이해할 수 있다. 과학자들이 추측했던 뇌의 세부사항 가운데 일부를 스캐닝을 통해 확인할 수 있었다. 뇌에 대한 간단한 도표는 [그림 3.1]과 같다.

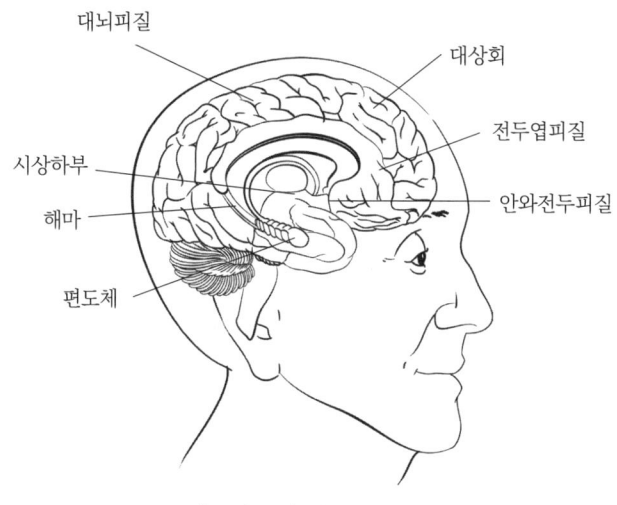

[그림 3.1] 인간 두뇌

뇌에서 가장 먼저 발달하는 부위는 뇌간brain stem(중뇌midbrain, 뇌교pons, 연수medulla oblongata로 구성)이다. 이 부위를 통해 혼수상태에 빠진 사람이 의학적으로 죽었는지를 검사할 수 있다. 뇌간에서 아무런 반응이 없으면 환자는 죽은 것으로 본다. 뇌간은 생명을 유지하기 위해 최선을 다한다. 즉 호흡, 심박 수 등과 같은 신체의 자동 시스템을 유지한다. 뇌간은 신체와 뇌의 다른 부분과 직접 접촉하면서 각 방향으로 메시지를 보낸다.

뇌간을 감싸고 있는 두 번째 뇌는 변연계limbic system이다. 이는 뇌의 가장 바깥쪽 층인 피질과 내부 테두리의 일부를 구성한다. 변연계는 경계선을 의미한다. 이는 포유류 진화의 단계에 속해 있다. 감정, 기억, 관계에 대해 기능한다. 개구리나 금붕어는 당신과 친밀한 관계를 맺고 있지 않지만 개나 고양이는 그 기능이 더 발달해 있어서 인간과 친밀한 관계를 유지할 수 있다. 초기에 발달하는 변연계는 편도체amygdala, 시상하부hypothalamus, 해마hippocampus 등 세 부분으로 나누어진다. 일부 출처에서는 시상thalamus도 포함한다.

편도체는 감정 신호를 주고받을 수 있는 아몬드 모양의 세포군이다. 편도체는 관계를 관장한다. 모든 사람은 이 두 개의 중요한 기관을 귀 바로 뒤에 갖고 있다. 당신의 눈 앞쪽과 귀를 가로질러 가상의 선을 그어 보라. 그 두 선이 교차하는 곳이 편도체가 있는 곳이다. 편도체는 감정, 행동, 그리고 장기 기억을 포함한 다양한 기능을 지원한다. 당신의 편도체는 시상하부 자극을 포함한 다양한 방향의 화학적 메시지를 발사하면서 두렵거나 불확실한 상황에 대응한다.

시상하부hypothalamus(hi-po-thal-a-moss)는 호르몬을 생성하는 체내의 분비선에 메시지를 보낸다. 이를 통해 스트레스를 처리한다. 당신이 두려워하거나 스트레스를 받을 때, 시상하부는 신경 자극을 보낸다. 위험에 대해 매우 필요한 아드레날린adrenalin을 생성하기 위해서이다. 복잡한 신경화학은 코르티솔 수치cortisol levels역자 주13)를 증가시키는 결과를 가져온다. 이것은 흥분하거나 겁먹거나 스트레스를 받을 때 침에서 쉽게 측정할 수 있다. 이 상태는 스트레스 반응으로 알려져 있다. 위험할 때, 스트레스 반응은 투쟁fight, 도피flight(때로는 동결freeze)라는 지시를 통해 당신이 살아남도록 한다. 지속적인 스트레스 상황으로 인체에 코르티솔이 과하게 분비될 때, 너무 많은 것이 몸에 해로운 영향을 미친다. 면역 체계, 식욕, 수면 패턴을 손상하기 때문에 인체가 '부식되는' 것으로 묘사한다. 이보다 더 나쁜 것은 지속해서 코르티솔 수치가 높을 때 호르몬 수치를 조절하는 해마에 미치는 영향이다.

해마^{역자 주14)}는 뇌의 민감한 부분이다. 초년기의 사랑과 보살핌의 경험에 따라서 편도체와 함께 발달한다. 루마니아 고아들Romanian orphans^{역자 주15)}은 편도체, 해마, 그리고 피질 일부분이 덜 발달한 것으로 밝혀졌다. 해마는 너무 많은 코르티솔에 의해 손상될 수 있다. 그러면 호르몬 수치를 감시하는 임무를 중단하게 된다. 이렇게 되면 해마는 시상하부에 코르티솔이 충분하다는 것을 알리지 못한다. 시상하부는 차례로 '꺼짐' 스위치를 사용하지 못하고 스트레스 반응은 지속한다. 해마는 기억력에서 중요한 역할을 한다. 그래서 알츠하이머로 망가지는 첫 번째 영역 가운데 하나이다. 해마가 손상되면 제3 뇌와의 연계가 영향을 받아 심각한 인지 결핍을 초래한다.

세 번째 뇌는 변연계 주위를 감싸고 사회적 상호작용에 반응하여 발달하는 대뇌피질cerebral cortex이다. 대뇌피질은 영장류가 되면서 함께 발달하였다. 이마 바로 뒤에 있는 전두엽피질의 발달로 인해 완전한 인간의 뇌가 되었다. 오직 포유류에만 이 뇌가 있다. 우리가 감정을 표현하고, 추상적으로 생각하고, 뉴런을 통해 뇌의 다른 두 부분에 연결할 수 있게 한다. 그래서 전두엽피질은 뇌가 지금 알고 있는 것과 이미 알고 있는 다른 모

역자 주13) 부신피질에서 생성되는 스테로이드 호르몬의 일종으로, 신체가 최대의 에너지를 만들어 낼 수 있도록 하는 과정에서 혈압과 포도당 수치를 높이기도 한다.
역자 주14) 스트레스에 많이 취약한 부분.
역자 주15) 사회적 결핍이 뇌 구조를 변화시킨다는 연구결과임. 킹스칼리지, 런던대 등 영국 연구진은 생후 1년 동안 다른 이의 품에 안긴 적이 없던 루마니아 고아들 67명의 뇌를 자기공명영상(MRI)으로 관찰. 그 결과 일반 입양아들에 비해 루마니아 고아원 입양아들의 뇌 부피가 약 8.6% 작은 것으로 나타남. 심지어 고아원에서 보낸 시간이 1개월 길수록 뇌의 부피는 0.27% 더 감소함. 출처: 대학지성 In&Out(http://www.unipress.co.kr)

든 것을 이해한다. 이것은 당신이 고객에게 공감하는 반응을 할 때 거울뉴런mirror neurons역자 주16)이 발사되는 곳이다. 어떤 사람이 특정한 감정을 보고할 때 발사되기 때문에 거울뉴런이라고 불린다. 눈 바로 뒤 편도체에서 가장 가까운 안와전두피질orbito-frontal cortex은 다른 사람과 민감하게 공감할 수 있다. 즉 공감을 위한 중요한 부위이다. 충격적인 연구가 있는데, 온종일 요람에 갇혀 관계를 맺지 못한 루마니아 고아들은 그들의 안와전두피질이 있어야 할 곳에 가상의 블랙홀을 가지고 있었다(Chugani et al., 2001).

뇌의 각 부분은 나름대로 강력한 힘이 있다. 당신을 해로운 것에서 보호하는 역할을 한다. 투쟁이나 도피 반응역자 주17)은 위의 감정적인 뇌가 당신의 팔다리에 에너지를 주기 위해 아드레날린을 방출하도록 지시한다.

감정적인 뇌emotional brain는 당신이 삶에서 만나는 것과 기억과 감정에 의존한다. 낯선 사람들의 유혹을 이겨내고 잘 지나가게 하려고 뇌의 운동 중심부에 메시지를 전달한다. 전두엽피질pre-frontal cortex은 학습을 돕고, 집으로 가는 안전한 길을 찾아낸다. 다음번에는 친구와 가야겠다는 결정을 하도록 돕는다. 안와전두피질orbito-frontal cortex은 감정을 정직하게 표현하고 다른 사람들에게 공감하며 반응하도록 한다.

이 세 개의 뇌는 뇌 밑바닥에 깔린 기본적인 도구basic tool로 생각할 수 있는데, 그 위에 감성계가 발달한다. 그 너머에는 감정적 경험이 처리되고 행동의 대안적 과정을 고려하는 전두엽피질과 대상피질cingulate역자 주18)이 있다.

역자 주16) 뇌의 여러 곳에 분포함. 관찰 혹은 다른 간접경험만으로도 마치 내가 그 일을 직접 하는 것처럼 반응함
역자 주17) 스트레스 유발요인에 대처하여 생리적, 신체적 변화를 일으킬 때 평형을 유지하려는 특징이 있음. 이 과정을 적과의 싸움에서 투쟁 아니면 도피할 때 나타나는 반응과 동일한 것으로 비유함
역자 주18) 호두 모양의 뇌 속에 있는 둘레계통의 겉질

공감 회로empathy circuit: 정리

스캐닝한 결과를 보면 공감 회로가 뇌에서 최소 10개 영역으로 이루어져 있다는 것을 알 수 있다. 첫째, 전두엽피질은 자신의 관점을 다른 사람의 관점과 비교하고 다른 사람의 생각과 감정을 고려한다. 안와전두피질은 흥분과 감정을 판단하고 행동하기 위해 전두엽피질 바로 옆에 있다. 공감 회로의 언어 센터는 당신이 감정에 대해 말하도록 한다; 이랑gyrus 역자 주19)과 대상피질은 당신이 다른 사람의 감정 상태를 인식할 수 있게 한다. 대뇌피질의 더 많은 부분에서 자신의 인식을 확인하고, 다른 사람들의 감정이나 의도를 추측한다. 시선을 감시하며, 접촉에 반응하게 한다. 다른 사람과 같은 일을 할 때를 예로 들겠다. 누군가의 시선을 흉내 내거나 따라할 때, 반사하는 거울뉴런이 있다. 공감 회로의 가장 매력적인 부분은 편도체이다. 감정 학습이 이루어지는 곳이다. 이곳에는 많은 경험과 자극적인 체험이 기록되어 있다. 편도체 전문가로 꼽히는 신경과학자 조셉 르두Joseph Le Doux역자 주20)는 눈이 감정의 실마리를 제공하기 때문에 눈맞춤eye contact의 중요성을 확고히 했다. 조셉 르두는 편도체를 너무나 좋아해서 아미그달로이드라는 밴드까지 결성했다! 그가 사이코패스 뇌를 스캔한 걸 보면 편도체가 특히 영향을 받아 공감 회로에 이상이 있음을 알 수 있다.

두 개의 반구로 이루어진 뇌

뇌는 축구공처럼 둥그렇게 보인다. 그렇지만 우반구와 좌반구, 2개의 반

역자 주19) 피질 주름에서 밭이랑처럼 솟아오른 부분
역자 주20) 미국의 신경심리학자로 정서, 기억과 관련된 뇌의 기전, 특히 공포, 불안에 관한 연구를 진행함

구로 나뉘어 있다. 오직 뇌가 두 부류로 나뉜다고 아는 사람들, 즉 논리와 이성이 모든 것의 해답임을 믿고 교육받은 사람들은 이 두 개의 반구가 각기 다른 역할을 하고 있음을 먼저 이해해야 한다. 우뇌는 유아가 감정은 느끼지만 말은 못 하는 이른 시기에 발달한다. 이처럼 아이들은 말을 하기도 전에 그림을 그리고 노래를 부른다. 수 게르하르트Sue Gerhardt는 그녀의 책, 『왜 사랑이 중요한가Why Love Matters』(2004)에서 유아들은 오른쪽 안와전두피질이 왼쪽보다 크고 애착 과정을 통해 이 부분을 형성한다는 증거를 제시한다. 게르하르트는 어머니나 아버지가 짓는 미소의 힘이 실제로 뇌가 감정적인 근육을 단련하는 데 도움을 주는 것으로 설명한다. 우리가 고객의 표정에서 감정을 감지할 수 있는 이유를 제시한다. 좌뇌는 나중에서야 발달한다. 한 문장을 이해하기 위해 언어와 논리에 집중해야 한다. 다음의 운동을 하면서 당신의 두 반구가 얼마나 발달해 있는지를

> 편히 누워라. 오른쪽 발가락부터 시작하여 점차로 머리 꼭대기까지 올라가면서 차례대로 몸의 각 부분을 인식한다. 몸의 각 부위의 감각에 주목해야 한다. 이 과정은 왼쪽 뇌를 의식의 먼 곳으로 향하게 한다. 이제 같은 과정을 왼쪽 부위에 적용하여 반복한다. 약간의 차이가 있을 수 있다. 다음으로 내장의 감각(우뇌가 관심을 끌 것으로 생각함)에 연결하라. 왼쪽에 적용하기가 어렵다면 우뇌는 당신의 왼쪽만큼 발달하지 않은 것이다. 이 운동이 능력을 발달시킬 수 있으므로 여러분의 몸 안에서 어떤 감정이 '느껴지는지' 알아내는 것은 우뇌를 훈련하는 또 다른 방법이 될 것이다.

테스트해 보자.

위의 세 개의 두뇌와 좌뇌, 우뇌 사용을 어떻게 공감 코칭에 적용할 수 있을까?

위에서 언급했듯이, 우리의 감정과 관련된 뇌의 중요한 부분은 편도체이다. 편도체는 급성 스트레스가 발생할 때 뇌의 경보 시스템을 저장한다. 위협받았을 때 활동을 시작한다. 위험하거나 어려운 상황에 직면했을 때 편도체가 활성화된다는 뜻이다.

편도체는 태어나면서부터 감정을 배운다. 그래서 어린 시절의 기억이 영원히 지속하며 우리의 삶에 계속 영향을 미친다.

데이비드 David

데이비드는 영국군으로서 세계를 여행한 군인 부모 사이에서 태어났다. 여러 나라의 다른 보모들에게 보살핌을 받았다. 그러던 중 다섯 살 때 영국의 기숙학교에 보내졌다. 어린 데이비드는 어머니를 끔찍이 그리워하며 자주 울었다. 그 때문에 따돌림과 조롱을 당해야 했다. 그의 부모님이 데이비드를 방문했을 때, 데이비드는 부모에게 말하려고 했지만 하지 못했다. 부모는 데이비드가 쾌활하게 생활하길 바랐고, 데이비드의 분리에 대한 두려움을 이해할 수 없었다. 데이비드의 편도체는 갑작스러운 변화가 고통스럽다는 것을 알게 되었다. 이것은 그의 행복을 위협했다. 그래서 그의 최고 비밀 파일은 이 기억을 영원히 붙잡고 있다.

유기 abandonment는 아주 어린 시절에 일어날 수 있으므로 그 효과는 강력하고 위협적이며 부정적이다. 이 충격적인 사건에 대한 의식적인 기억은 잊힌다. 그렇지만 편도체의 무의식적인 기억 속에는 남아 있을 것이다. 변화에 대한 데이비드의 반응에는 이 기억이 들어있다. 지금은 덜하지만, 병원 실습을 진행하면서 많은 경우를 보았다. 선진국에서 자란 많은 아이가 질병 때문에 어머니나 보호자의 부재를 경험한 것이 그 예이다. 반면에 다른 문화권에서는 대가족 가운데 할머니나 고모가 임시로 보호자가 되어 모성 분리의 영향을 줄일 수 있다.

편도체가 활성화되면 어떻게 되는가?

이와 같은 사건의 기억은 나중에 연애하다가 이별을 통보 당하거나 직장을 잃는 것과 같은 유사한 사건이 일어날 때 자극될 수 있다. 거의 모든 변화가 초민감인 편도체를 자극^{trigger}할 수 있다. 오직 전두엽피질만이 편도체의 자극을 중단할 수 있다. 다만 코르티솔이 너무 많으면 이 중단하는 능력에 영향을 미칠 수 있다. 그러한 사건의 위협이 개인에게 잠깐 모든 것을 멈추게 하거나, 일어날 수 있는 삶의 변화에 직면하지 않게 할 수 있다. 위험하거나 어려운 상황에 직면했을 때, 투쟁, 도피, 동결을 초래할 수 있다.

위협과 행복한 시간 모두에 대해 편도체의 기억에 접근하면 코칭에 도움이 될 것이다. 발표를 두려워하는 브라이언에 대해 함께 살펴보겠다.

브라이언 Brian

성공한 임원이지만, 브라이언(1장에 소개됨)은 프레젠테이션하는 것을 두려워한다. 마르티나가 "당신의 프레젠테이션에 대해 말해주세요."라고 말하자, 그는 "끔찍해요, 저는 그냥 말라 죽을 것 같아요."라고 말한다. 그는 아픔을 느끼며 땀을 흘린다. 마르티나는 그의 창백함과 땀을 볼 수 있다. 그녀가 말한다. "당신은 정말 창백하고 겁먹은 것 같네요." 브라이언은 실제로 공포를 경험하고 얼어붙은 듯한 느낌을 받는다고 설명한다. 그는 프레젠테이션 훈련에 참여했지만 어떤 성과도 얻지 못했다고 덧붙인다.

마르티나는 브라이언에게 좀 더 구체적으로 그의 마지막 프레젠테이션을 설명해 달라고 요청한다. 그는 너무 기분이 나빠서 발표 전에는 잘 먹지도 잘 수도 없다고 답한다.

브라이언은 마르티나에게 실제 사건에 대해 말할 때, 살짝 흥분하면서 마르티나가 이해하도록 미니 프레젠테이션을 보여준다. 마르티나는 브라이언의 열정적인 표현에 대해 이렇게 답한다. "당신은 정말 이 부분에 대해 열정적으로 느끼고 있군요, 그렇지 않나요?" 무엇이 어려운지에 대해 그들이 분석할 때, 브라이언은 관객과 발표가 그를 두렵게 하고 학교보다 끔찍하다고 말한다. 물어보니, 역시나 브라이언은 학교에 다닐 때 다른 학생들 앞에서 수치심을 경험했다. 그는 성공적인 경력을 가지고 있지만 항상 이류라는 느낌을 받았고 이 상황에서도 여전히 위축되어 있다. 브라이언은 동료들이나 청중들에게 프레젠테이션하는데 그때마다 그는 말을 더듬거리며 자신감이 없는 예전 학교의 어린 소년으로 돌아간 듯 느낀다.

마르티나는 브라이언에게 동료들이 어떤 기분인지 상상해보라고 요청한다. 브라이언은 동료들이 관심을 가지도록 자신이 무엇을 해야 하는지 알지 못한다고 답한다. 동료들은 흥미가 없으면 자신의 프레젠테이션에 오지 않을 것이라고 설명한다. 브라이언은 동료들 대부분이 자신을 유능하고 동기부여해주는 임원으로 알고 있다는 것을 깨닫는다. 마르티나는 프레젠테이션을 중심으로 브라이언의 감정 범위를 넓히려고 시도한다. 여기에 흥분, 자신감, 희망이 들어있다. 브라이언은 자신의 팀과 함께 시도를 해보겠다고 한다.

마르티나는 브라이언이 경험하는 부정적 감정을 피하지 않고 브라이언의 최고 비밀 파일에서 원인을 찾아낸다. 마르티나는 또한 브라이언의 프레젠테이션에 대한 흥분과 열정에 공감하는 반응을 보였다. 브라이언이 모방할 수 있도록 본보기를 제시해주었다. 비져닝$^{Visioning\ 역자\ 주21)}$은 강한 감정과 자원이 풍부한 태도$^{resourceful\ attitude}$로 무장한 브라이언을 미래의 상태로 옮겨 놓았다.

역자 주21) 상상력, 직감력, 통찰력, 미래상, 미래의 전망, 선견지명을 미리 생각해 보는 것

애착 및 안전 기반

어린 시절의 경험은 어른이 되어 다른 사람들과 어떻게 관계를 맺는지에 관한 애착 패턴에 영향을 미칠 수 있다. 이러한 사실은 아동심리학자인 존 볼비John Bowlby역자 주22)와 메리 에인스워스Mary Ainsworth에 의해 처음으로 확인이 되었다. 어머니, 보호자, 낯선 이에게 양육되는 상황을 연구하였다(Ainsworth et al., 1978). 그 이후 '낯선 상황 실험strange-situation procedure역자 주23)'은 여러 차례 반복되었고(어머니는 어머니나 보호자를 의미), 그 결과는 다음과 같다.

- **안정**secure attachment: 아이는 불안감 없이 탐구한다. 엄마가 떠나는 것을 보고는 잠깐 울다가 놀이에 쉽게 정신이 팔린다. (낯선 사람을 끌어들이지 않고) 엄마가 돌아오면 다시 반긴다. 이 패턴은 안전은 물론 탐구와 개발까지 가능해 '안전 베이스'로 불린다. 일부 심리학 연구자들에 따르면, 엄마가 늘 준비되어 있으며 즉각적으로 반응하고 적절한 방식으로 아이의 요구를 충족할 수 있을 때 아이가 안전한 애착을 갖게 된다. 어머니와 보내는 시간의 양은 관련이 없다.
- **불안-양가**insecure attachment. ambivalent: 이 아이는 너무 불안하다. 엄마에게 집착해서 탐구할 수 없다. 엄마가 있을 때도 낯선 사람을 경계한

역자 주22) 영국 정신의학자이자 정신분석가. 애착 이론attachment theory으로 유명해짐. 볼비의 제자인 메리 에인스워스는 볼비의 이론을 더욱 확장하여 볼비가 제시한 애착 양식을 증명함. [네이버 지식백과] 볼비John Bowlby(상담학 사전, 2016. 01. 15., 김춘경, 이수연, 이윤주, 정종진, 최웅용)

역자 주23) 아동과 주 양육자 사이의 정서적 애착에 관하여 연구함. 낯선 상황 분류Strange Situation Classification(SSC)라는 측정 도구를 개발하였으며, 이후에도 관련 연구를 지속하여 안정, 불안정, 회피 애착으로 애착 유형을 분류함. [네이버 지식백과] 메리 에인스워스Mary Ainsworth(두산백과)

다. 엄마가 떠나면 아이는 매우 괴로워한다. 아이는 엄마에게 가까이 있고 싶지만 원망스러운 생각이 떠올라서 아이를 데리러 가면 저항하는 양가 반응^{역자 주24)}을 보인다. 일부 심리학자들에 따르면, 이 형태는 관계는 잘 맺었으나 예측할 수 없는 모성애 스타일에서 발달한다고 한다. 즉 엄마는 아이의 요구를 무시하고, 아이가 다른 활동을 끝낼 때까지 기다려 주지 않는다. 아이가 원해서가 아니라 부모의 필요에 따라 관심이 발생하는 경우이다.

- **불안-회피** insecure attachment. avoidant: 아이는 엄마를 피하거나 무시한다 – 엄마가 떠나거나 돌아올 때 거의 감정을 드러내지 않는다. 아이는 엄마가 다가오면 도망치고, 찾으러 왔을 때 다시 다가가려 하지 않는다. 그 아이는 누가 옆에 있든 신경 쓰지 않고, 별로 탐색하려고 하지 않는다. 낯선 사람을 어머니와 비슷하게 대할 것이다. 방에 누가 함께 있거나 아무도 없더라도 감정에 변화가 별로 없다. 이러한 애착 패턴은 자유방임적 양육 유형에서 더 강화된다. 아이의 욕구가 자주 충족되지 않으면 아이는 자기 감정과 욕구 표현이 보호자에게 아무런 영향을 미치지 않는다고 믿게 된다.

- **혼란스러운 애착** disorganized attachment이라고 알려진 추가 범주는 방치되거나 학대당한 어린이들에게서 찾을 수 있다.

이러한 패턴이 성인 고객들에게 어떤 영향을 미칠까?

지나치게 보호받으며 어린 시절을 보낸 제이슨(1장에 소개된 회계사

역자 주24) 불안-양가형 전략은 예상치 못한 반응을 보여준 양육에 대한 반응이며, 아이가 되돌아온 양육자에게 보이는 분노 표출(양가적인 저항성) 또는 무기력(양가적인 수동성)은 상호관계 통제권을 선점함으로써 양육자의 이용 가능성을 유지하기 위한 조건적 전략으로 볼 수 있다.

에게서 불안-양가 애착을 볼 수 있다.

제이슨의 어머니는 지나치게 불안해하는 경향이 있었다. 어머니는 아버지가 없을 때, 홀로 아이를 부양하려고 애썼다. 제이슨의 어머니는 위험을 제한했다. 제이슨의 안전을 보장하면서 생계를 유지해야 했기에 간헐적으로만 관심을 보였다. 제이슨은 자기 어머니를 예측할 수 없는 사람으로 여긴다. 그녀는 아주 잠깐만 제이슨을 위해 시간을 냈고, 그런 다음에는 자기 할 일을 했다. 그래서 제이슨의 애착 패턴은 불안정하고 양가적이다. 이것은 수백만 명의 사람이 겪은 그다지 특이하지 않은 유년시절 경험이기도 하다. 제이슨은 꽤 진지한 청년으로 성장했다. 제이슨은 성인이 되어 직장 생활뿐만 아니라 사생활 관계에서도 사람들과 거리를 둔다. 그는 고객과 접촉을 최소화하는 직업을 선택했다. 자신의 진지하고 내성적인 스타일과는 대조적인 신입 회계팀원들을 경박하고 무심하다고 여긴다. 제이슨이 어떻게 공감을 통해 안전한 애착(안정)을 찾는지 6장에서 알아본다.

불안정한 회피성 애착은 존에게서 찾아볼 수 있다(2장에서 N&T 매장 관리자로 소개했다).

존은 양친이 함께 일하는 대가족의 노동자 계급에서 성장했다. 그는 양친에게서 책임과 명예라는 강한 가치관을 배웠다. 장남으로서의 다양한 경험을 할 수 있었다. 어린 시절 어머니와의 애착 형성은 제한적이었다. 어머니가 다른 형제들에게 신경 쓰거나 일했기 때문이다. 존은 어린 나이에 자신을 돌보는 법을 스스로 익혔다. 존은 자신의 의견이나 감정을 표현하도록 격려받지 못했다. 의견이나 감정을 '잊는' 방법을 배웠다. 존은 학교에서 좋은 성적을 거두었고 졸업하자마자 곧장 N&T에 입사했다. 존은 능력을 인정받아 빠르게 승진했다. 현재 그의 직위는 대형 소매점의 총지배인이다. 그는 부하직원들이 경험할 수 있는 모든 어려움과 감정에는 거리를 둔다. 부하 직원들이 실수할 때만 관여한다.

안전한 애착(안정)은 제임스에게서 살펴볼 수 있다(2장에서 N&T의 구매원으로 소개했다).

제임스는 가족이 성공적으로 의상실 사업을 운영했으므로 편안한 생활을 했다. 어머니가 일하지 않았으므로 일관된 모성애를 경험할 수 있었다. 비록 완벽한 어머니는 아니었지만, 자녀들이 모험과 탐험을 할 수 있도록 격려했다. 제임스는 다소 내성적이기는 하지만(불안 애착의 표시가 꼭 내성적인 특성을 갖진 않는다), 교육도 잘 받았고 자신감도 있다. 제임스는 배우고 성장하고, 변화에 개방적이며, 자기 일에 흥미를 갖고 있다. 제임스가 인생 경험의 일부로서 안전한 애착(안정)을 갖는 것은 행운이다.

혼란스러운 애착은 중간 관리자인 론Ron에게서 살펴보겠다.

론의 부모는 매우 엄격하게 론을 길렀다. 실제로 론의 아버지는 공격적이었다. 특히 학교 성적이 좋지 않을 때 '론이 잘되라고' 아들을 때렸다. 그럴 때마다 론은 맞지 않으려고 찬장에 숨기곤 했다. 론은 내면의 심한 상처와 외로운 감정을 숨기면서 거친 인격과 폭력적 외면을 갖추고 있다. 성인이 된 론은 강압적이고 남을 무시하는 성향을 갖고 있다. 특히 여성 동료들에게 공격적이다. 론의 회사는 그의 이런 행동에 대처해야 한다. 아니면 론은 다른 직원들의 괴롭힘을 감수해야 한다.

이러한 감정들이 잠겨 있는 트렁크에 있을 가능성이 크므로 론은 상담이나 치료가 필요할 수도 있다(8장 참조).

방어기제 defence mechanisms

방어기제는 생명보존을 위한 건강하고 자연스러운 인간 존재의 일부라는 것을 깨닫는 것이 중요하다. 그러나, 방어기제는 고객을 살피는 데 방해가 될 수도 있다. 개개인의 무의식적이고 접근이 어려운 어떤 부분은 고객과 의논을 한다거나 당신이 나서야 할 사항이 아닐지도 모른다. 무의식은 자아상을 유지하는 데 효과가 있다. 이 자아상은 고객이 스스로 받아들일 수 있는 자신의 모습이다. 무의식은 방어기제를 사용하여 자아상을 제자리에 유지한다. 사람들의 심리적 건강을 유지하는 역할을 한다. 일부 의사들은 프로이드의 방어기제를 난해하다고 생각하지만, 대부분 의료 업계가 능동적 무의식을 받아들였다.

방어적 행동은 대개 과거에 뿌리가 있다. 불안감을 유발하는 현재의 사건에 의해 발생한다. 불안은 다음과 같은 '자기 대화'의 형태를 취할 수 있다: '내가 받아들일 수 있을까? 나를 원할까? 나를 좋아할까? 무슨 일이 일어나고 있는지 내가 이해할 수 있을까? 내가 필요한 일을 할 수 있을까?' 이러한 메시지들은 과거 괴로움의 메아리로서 거부당하거나 압도당할까 봐 두려워하는 데서 온다. 방어적 행동은 누구에게나 실제로 존재한다. 당신은 무의식적이기 때문에 자기 방어기제를 볼 수 없다. 방어기제는 다음과 같다.

- **속죄**atonement: 사회적으로 공인된 행위를 함으로써 이전의 잘못을 보충하는 것, 예를 들어, 낮 동안 게으른 것을 보충하기 위해 늦게까지 남아 있는 직원
- **보상**compensation: 한 분야의 불안은 다른 분야의 성취에 의해 균형을 이루는데, 예를 들어, 승진을 못 하면 과도한 사교활동이나 강박적인 가정생활로 보상을 받음
- **부정**denial: 고통스러운 현실로부터 보호. 예를 들어, 보고서 마감 시한

이나 최종 경고가 있을 때 스스로 직장에서 잘하고 있다고 믿음
- **환치** displacement: 불안감을 줄이기 위해 다른 사람에게 감정이나 행동을 전가하는 것, 예를 들어, 고객이 직장에서 누군가에게 화가 나는데, 그것을 코치에게 전가할 수도 있음
- **환상** fantasy: 원하는 목표를 충족하기 위해 상상의 세계를 창조하는 것, 예를 들어, 어떤 상황이 실제보다 낫다는 고객의 믿음
- **동일시** identification: 옷과 언어를 흉내 내며 존경받는 사람이 되려고 노력함. 예를 들어, 고객이 당신의 말이나 제스처를 따라 하기 시작할 것임
- **주지화** intellectualization: 직원들이 무리 지어 나가는데도 전략회의처럼 지적이고 무심하게 토론함으로써 불안감을 감추는 것
- **내사** introjection: 다른 사람의 신념이나 태도를 채택하는 것. 예를 들어, 당신의 고객은 강압적인 부모에게 그렇게 들었으므로 어떤 것이 좋지 않다고 믿음
- **투사** projection: 원치 않는 감정을 다른 사람에게 전달하는 경우. 예를 들어, 고객이 화가 났지만 다른 직원이 화가 난 것처럼 행동하는 경우
- **전이** transference: 예를 들어, 숭배 또는 반항과 같이, 고객이 부모와의 관계를 당신에게 전달하는 특별한 종류의 투영
- **합리화** rationalization: 자기 행동에 대해 합리적이지만 비현실적인 이유를 만들어 내는 고객. 예를 들어, 자신의 동기부여 부족을 경영진 탓으로 돌리는 직원
- **반동 형성** reaction formation: 실제 감정이나 태도에 반대되는 행동으로 위장하는 것. 예를 들어, 고객은 누군가의 행동에 대해 혐오감을 표현하면서도 그것에 대해 험담을 즐기는 것

- **퇴행**regression: 이것은 당신의 고객이 성질을 내거나 과도한 스트레스로 잠을 많이 자는 등 발전의 초기 단계로 되돌아가는 것
- **억압**repression: 고통 불안이나 죄책감을 예방하기 위해 과거의 기억과 감정을 무의식적으로 배제하는 것, 예를 들어, 자신이 학대당한 것을 잊었다는 사람들. 이것은 1장에서 설명한 고객의 잠긴 트렁크 내용이다.
- **억제**suppression: 과거의 기억과 감정을 의식적으로 배제하여 고통, 불안, 죄책감을 예방하는 것. 예를 들어, 학교에서 괴롭힘 당한 것을 '잊었다'는 고객

다음은 1장에서 설명한 고객의 최고 비밀 파일의 내용이다.

코치로서 당신의 역할은 고객의 무의식적 방어기제를 들춰내는 것은 아니지만, 숙련된 코치라면 투사와 전이 현상을 알아차려야 한다.

어떻게 방어기제를 찾아낼 수 있을까? 프로이트의 말실수Freudian slips(은연중에 속마음을 드러내는 실수)는 방어기제가 존재한다는 단서이다. 예를 들어, 동료의 승진에 대한 분노를 부정하는 사람은 '나는 그를 때릴 수 있어서 너무 기뻐요(부정)'라고 말할 수 있다. 방어기제의 다른 예시들은 거짓 미소, 사지를 비틀거나 비꼬는 말투와 같은 비언어적 행동이다. 고객의 진술이 과장되거나 일반화되면 방어기제가 잠복해 있을 가능성이 크다. 고객이 자신보다 타인에 관해 말하는 경향이 있다면, 이것은 또 다른 단서가 될 수도 있다. 예를 들어, '팀원들이 우리의 새로운 프로젝트에 만족하지 않습니다'라는 것은 환치, 환상, 투사의 한 예일 수 있다.

방어기제에 의해 가장 감추어질 것 같은 감정은 수치심, 분노, 불안감, 상처이다. 비록 방아쇠trigger는 현재에 있지만, 그 감정은 과거에 숨겨져

있다. 일부는 (고객의 최고 비밀 파일에 있다) 코칭에서 찾아내기 어렵고 일부는 (잠긴 트렁크에 있다) 심리치료에서 찾을 수 있다. 고객의 의식 속으로 더 깊은 감정을 끌어내려면 고객이 매우 안전하다고 느껴야 한다. 전문적인 도움을 추천받는 것이 좋다. 이에 우리는 아래 몇 가지를 확인하려고 한다.

투사

고객은 자신의 감정을 다른 사람에게 '투사'할 수 있는데, 특히 분노나 슬픔과 같은 불편한 감정이라면 더욱 그렇다. 이것은 고객이 스스로 느끼지 않고 다른 누군가에게 그 느낌을 전달하는 것이다.

> 고객은 위협적이고 받아들일 수 없는 감정이 자신에게는 없고, 다른 사람에게만 존재하는 것처럼 행동하면서 방어기제를 보인다(McLeod 1998: 43).

예를 들어, 당신의 고객인 안젤라는 화를 내서는 안 된다고 무의식적으로 생각한다. 그러면서 동료 바바라에게 그 화를 투사한다. 바바라는 그 감정을 다른 이들에게 표현한다. 이 상황에서 바바라는 어떻게 되는가?

바바라가 무언가에 대해 화 난 것을 발견했을 때 안젤라가 냉정함을 유지한다. 이것이 투사일 수도 있다. 바바라가 투사된 감정이 '들어올' 때, 무의식적으로 받아들여서 일부가 되는데 이것을 투사적 동일시projective identification라고 부른다.

투사적 동일시

투사적 동일시는 두 사람 사이의 무의식적인 거래이다. 즉 한 사람이 느끼는 것을 다른 사람도 느끼는 것이다.

안젤라 Angela

안젤라는 해고 예정인 직원을 대신해서 일하게 되었다. 경영 브리핑에서 그녀는 상사에 대한 분노를 동료이자 가까운 친구인 바바라에게 투사한다. 그런데도 격한 감정은 표현하지 않고 차분하게 말한다. 안젤라는 화가 난 감정을 가지면 안 된다는 것을 무의식적으로 알게 되었다. 그것을 밀어내면서 타인의 속에 있는 분노를 바라본다. 이것은 그녀의 분노가 자신의 일부라는 것을 의식하지 않는다는 것을 보여준다. 과거에 배운 대로 '화내지 않는다'가 '좋은 것'이다.

바바라는 무의식적으로 자신에게 투사된 분노의 감정을 받아들인 뒤, 그것을 현실처럼 여긴다. 추가 근무로 화난 마음을 표현하고 싶은 충동을 느낄지도 모른다. 따라서 바바라가 그 순간에 느끼는 것은 안젤라의 일부이다. 그렇지만 두 사람에게는 바바라의 일부로만 나타난다.

투사적 동일시는 감정과 충동이 투사되는 사람이 실제로 이러한 감정과 충동을 가졌다고 믿도록 조종할 때 일어난다(McLeod, 1998: 43)(예: 위에서처럼 분노를 느끼는 바바라 또는 자신이 무적이라고 믿는 CEO).

안젤라가 바바라에게 분노를 투사함으로써 얻는 이득은 무엇인가? 바바라에게 표현하라고 하는 부분은 어떠한가?

안젤라는 바바라가 분노를 못마땅해하는 것을 용납한다. 바바라에게 강하게 반응할지도 모른다. 여기서 단서는 안젤라가 가진 강한 감정이다. 지금 바바라에게서 인지하는 일부분이 자신에게도 있음을 안다. 이론상으로는 이것이 분노한 자아에 대해 실제로 느끼는 것이다. 투사에 저항하는 모습을 보여준다. 이러한 이유로 투사된 것을 되돌리는 것은 놀랍도록 명쾌하다. 바바라가 인식한 부분은, 안젤라가 화내는 것, 너무 강하게 반응하는 것을 통해 안젤라에게 분노는 분명히 중요한 것임을 알 수 있다. 이것이 바로 투사법이 예전부터 선물이라고 불리던 이유이다. 당신의 자아에 대한 실마리를 상대방에 대한 반응에서 찾을 수 있기 때문이다. 코칭에서, 바바라의 강한 감정은 안젤라의 투사를 무심코 드러낼 것이다. 숙련된 코치는 추가로 업무를 받은 안젤라의 감정을 더 깊이 살펴볼 수 있다. 바바라는 또한 코칭을 통해 자신이 느끼는 분노가 자신의 것이 아니라 투사적 동일시라는 것을 인식할 수도 있다.

코치는 투사의 근본에 있는 무서운 성질을 과소평가해서는 안 된다. 고객이 자신의 것으로 인정할 경우 겪게 될 고통이나 두려움을 줄이기 위해 투사를 사용한다. 따라서 코칭에서 투사법을 확인하려면 세심한 주의가 필요하다. 숙련된 코치로서 당신은 고객들이 이러한 방어의 실마리를 풀도록 투사암시projections implicit를 예측하면서 도울 수 있다. 예를 들어, 안젤라가 직장에서 업무처리에 대해 화가 나 있지만, 그것에 화를 내는 것은 다른 사람이라는 것을 언급해주면 된다. 안젤라가 왜 이런 일이 일어났는지, 자신에게 화가 난 것을 인정하면 어떤 변화가 생길지를 탐색하게 하는 것도 좋다.

전이

투사의 또 다른 형태는 전이라고 알려진 방어기제이다. 과거에 경험했던 감정이 무의식적으로 현재로 '이전'되는 경우, 전이라는 용어를 사용한다. 이러한 감정은 단순한 추억이 아니라 여전히 남아 있어서 현재의 관계에 깊은 영향을 미칠 수 있다.

전이는 어릴 때 부모에게 경험했던 사랑, 공격성이나 좌절감을 반복하는 것이다. 그렇지만 그 모두가 부정적인 것은 아닐 수도 있다. 원초적인 감탄이나 적개심 형태를 보일 수도 있다. 감정과 느낌은 원래의 감정과 어우러져서 반복된다. 전이는 어떤 관계에서나 매우 정상적인 사건으로 볼 수 있다. 어린 시절의 내용, 즉 이상화된 아버지나 완벽한 어머니일 수도 있다. 만약 이것이 허황한 생각처럼 보인다면, 전이에 대한 생각은 로버트 드 보드Robert de Board의 매우 재미있는 『토드를 위한 심리상담Counselling for Toads』(1997)에서 일상생활에 적용한 것을 볼 수 있다. 두꺼비가 상담하러 가는 이야기에서 두꺼비는 오소리와 왜가리에게 자신의 감정을 옮긴다. 예를 들어, 고객이 광범위한 경험을 바탕으로, 코치에게 조언을 요청할 때를 생각하면 된다. 고객은 매우 존경하는 감정을 코치에게 '전이'할 수도 있다. 반면에, 전달된 감정은 특히 성과 코칭performance coaching에서 원망이나 적개심일 수 있다.

역전이|counter-transference

이것은 전이에 대한 무의식적 반응이다. 코치로서, 당신은 미리 준비한 대본대로 고정된 역할이 있거나 어떤 방향으로 코칭을 몰고 가다 역전이를 경험할 수도 있다. 비록 모든 사람이 그것에 동의하는 것은 아니다. 그 생각은 투사된 감정과 일치하도록 느낀다는 것이다. 위와 같이 고객의 과잉 존중, 당신을 신처럼 여기거나, 모든 강력한 감정을 당신에게서 느낄 수도 있다. 원망은 고객의 '어린이 같은 행동'에 대해 조바심을 불러일으킬 수 있다. 고객들이 내부의 상처받은 아이로부터 원망이나 분노 감정을 드러내는 경우, 당신은 벌을 주는 반응을 보이고 싶은 유혹을 뿌리쳐야 한다. 마찬가지로 당신은 몇몇 고객들의 원초적인 감탄에 사로잡히지 말고 빈틈을 드러내서는 안 된다.

전이와 역전이의 경우, 코치의 과제는 고객에 의해 무의식적으로 전달되는 감정과 코치 자신의 감정을 분리하는 것이다. 예를 들어, 당신이 고객을 구출하고 싶은 충동을 느끼는 경우, 어른들 사이의 적절한 감정이 아닌 것 같은 경각심을 느낄 수도 있다. 당신은 고객의 무력감에 대해 구조하고 싶은 충동을 느낀다. 이것은 고객의 동료들에게도 일어날 수 있다. 당신은 '구하고자 하는' 느낌을 설명해 주고 고객의 상황에 이것이 적합한지를 논의해야 한다.

이러한 아이디어들은 코칭할 때 유용한 정보와 고급 공감을 위한 자료를 제공할 수 있다.

우리는 위에 언급된 다른 방어기제에 대해 어떻게 공감하며 대응해야 할까?

- **속죄**: 사회적으로 용인되는 행위를 함으로써 이전의 실수를 보완하는 것, 예를 들어, 낮에 게으름을 보충하기 위해 늦게까지 일하는 직원.
  (반성과 고급 공감: 아마도 당신은 당신의 시간 외 근무가 게으름을 보충했기 때문에 만족감을 느낄 것이다.)
- **보상**: 한 분야의 불안은 다른 분야의 성과에 의해 균형을 이루는데, 예를 들어, 승진을 못 했을 때 광란의 파티로 보상받을 수 있다.
  (고급 공감: 당신은 정신없이 노는 게 정당하다고 느꼈던 것 같아

요. 실망한 듯 보이네요.)
- **부정**: 고통스러운 현실을 인정하기를 거부하면서 보호하기. 예를 들어, 고객이 보고서 마감 시한이나 최종 경고를 받았는데도 직장에서 정상적으로 업무를 수행한다고 믿는다.

    (고급 공감 + 도전: 당신은 당신이 받을 평가에 대해 확신이 있군요…. 아까 당신이 앞에서 언급한 경고에 대해 궁금합니다.)
- **환치**: 불안감을 줄이기 위해 다른 사람에게 감정이나 행동을 전달한다. 예를 들어, 고객이 직장에서 누군가에게 화가 난 경우, 그 또는 그녀는 감정을 당신에게 옮겨 놓을 수 있다.

    (고급 공감: 오늘, 당신은 저에게 화가 나 보이네요.)
- **환상**: 원하는 목표를 충족하기 위한 상상의 세계를 창조한다. 예를 들어, 고객은 어떤 상황이 실제보다 낫다고 믿는다.

    (고급 공감 + 직면: 당신은 신난 것 같습니다. 정말 좋군요! 더 자세한 얘기를 듣고 싶어요.)
- **동일시**: 복장과 언어를 흉내 내며 존경받는 사람이 되려고 한다. 고객은 당신의 말이나 몸짓을 따라하기 시작할 것이다.

    (도전: 우리는 또 같은 색깔의 옷을 입고 있는 것 같아요.)
- **주지화**: 지적이고 독단적인 토론으로 불안감을 감추는 행위이다. 예를 들어, 직원들이 무리 지어 떠나는데도 전략회의처럼 지적이고 무심하게 토론함으로써 불안감을 감추는 것

    (고급 공감: 당신은 직원 잔존율을 걱정해야 합니다.)
- **내사**: 다른 사람의 신념이나 태도를 채택하는 것이다. 예를 들어, 고객은 강압적인 부모에게 그렇게 들었으므로 그 사람이 좋지 않다고

믿는다.

　　(고급 공감: 이 일에 대해 확신하시는 것 같은데 좀 더 자세히 말씀해 주시겠어요?)
- **투사**: 다른 사람에게 부적합한 감정을 보내는 것이다. 예를 들어, A 직원이 화가 났을 때 B 직원이 화가 난 것처럼 행동하는 것.

　　(도전적인 고급 공감: 업무를 추가로 받아서 짜증이 났겠어요.)
- **전이**: 고객이 부모 또는 보호자와의 관계를 당신에게 전달하는 특별한 종류의 투영. 예를 들어, 숭배 또는 반항이 있다.

　　(도전적인 고급 공감: 당신은 이곳에 있는 것이 불만스러워 보이네요.)
- **합리화**: 고객이 자신의 행동에 대해 합리적이지만 비현실적인 이유를 만들어 낸다. 예를 들어, 동기부여가 부족하다고 경영진을 비난하는 직원이다.

　　(고급 공감 + 직면: 당신은 이것에 대해 전적으로 기뻐하는 것 같지 않네요.)
- **반동 형성**: 반대되는 행동으로 실제 감정이나 태도를 위장하는 행위이다. 예를 들어, 고객이 누군가의 행동에 대해 혐오감을 나타내면서도 그것에 대해 험담을 즐기는 경우이다.

　　(고급 공감 + 직면: 사실 당신은 그녀의 행동에 기쁜 것 같은데요.)
- **퇴행**: 이것은 초기의 발달 단계로 돌아가는 것이다. 예를 들어, 당신의 고객이 분노로 발작을 일으키거나 스트레스를 많이 받아 잠을 많이 자는 것이다(8장 참조).
- **억압**: 고통 불안이나 죄책감을 막기 위해 과거의 기억과 감정을 무의식적으로 배제하는 것이다. 예를 들어, 자신이 학대당한 것을 '잊은' 사

람의 경우이다. 1장에 설명한 고객의 잠긴 트렁크 내용이다(8장 참조).
- **억제**: 고통 불안, 죄책감을 막기 위해 과거의 기억과 감정을 의식적으로 배제하는 것. 예를 들어, 학교에서 괴롭힘을 당한 사실을 '잊어버리는' 것이다. 1장에서 설명한 고객의 최고 비밀 파일의 내용이다.

    (고급 공감 + 직면: 당신의 학교 경험에 대해 모호한 것 같네요.)

때때로 업무 관계에서, 몇 가지 방어기제가 동시에 작용할 수도 있고 사람들이 서로 결탁할 때 더 잘 일어나기도 한다. 공모 방어기제collusive defence mechanisms를 다루는 데 유용한 모델은 드라마 삼각형drama triangle이다.

드라마 삼각형^{역자 주25)}

이 요약은 스티븐 카프먼Stephen Karpman(2006)의 작품에 근거를 둔다. 드라마 삼각형은 어느 인간관계에서나 나타날 수 있는 무의식적인 게임이다. 위에서 언급했듯이, 에릭 번은 게임의 개념이 일상에서 어떻게 적용되는지를 개발했다. 코치들에게 게임 개념은 업무 관계에서 나타날 가능성이 가장 크다. 이 게임은 적어도 세 명의 선수가 참가하며 누구든지 그것을 하는 자신을 발견할 수 있다. 게임의 간단한 3인용 버전이 [그림 3.2]에 설명되어 있다.

역자 주25) 심리적 게임을 시작한 사람은 어떤 게임을 하든지 '박해자persecutor', '구원자rescuer', '희생자victim'라는 세 가지 각본 역할 중 하나를 맡게 된다. 박해자는 상대방을 not-Ok로 보면서 누르고 얕잡아 보는 사람이다. 구원자 역시 상대방을 not-Ok로 보지만 박해자와는 달리 상대방을 도우려고 한다. 희생자는 자신을 not-Ok로 생각하고 자기 자신을 무시한다. 희생자는 자신을 억누를 박해자를 찾기도 하고, 자신을 도와 '나 스스로는 할 수 없다'라는 자신의 신념을 확인시켜 줄 구원자를 찾기도 한다. [네이버 지식백과] 드라마 삼각형drama triangle, -三角形(상담학 사전, 2016. 01. 15., 김춘경, 이수연, 이윤주, 정종진, 최웅용)

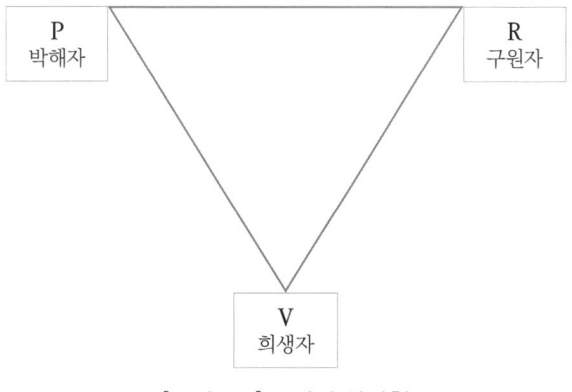

[그림 3.2] 드라마 삼각형

 드라마 삼각형은 박해자, 구원자, 희생자 등 3명으로 구성되어 있다. 그 역할은 건전한 관계에서 거의 존재하지 않거나 실질적인 성과를 끌어내기도 한다. 그 역할은 아래에 설명되어 있다.

구원자
구원자는 다른 사람의 불안감이 불편해서 요청을 받지 않았는데도 흔히 구조하려 한다. 구원자들은 희생자가 자신의 문제를 해결할 수 없다는 가정 아래 박해자의 공격에서 희생자를 '살릴' 때 가장 편안해한다. 구원자가 얻는 보상은 희생자보다 우월하다고 느끼는 데 있다. 끊임없이 다른 사람들을 구조함으로써, 구원자들은 자기 문제와 이슈 다루기를 회피할 수 있다. 희생자와 구원자 사이에 결탁이 있는 경우가 많은데, 이를 통해 박해자의 따돌림 전술에 맞서 힘을 합칠 수 있다. 구원자는 감정 관리, 사고, 문제 해결에 있어 구원자가 본래 해야 할 몫 이상으로 더 많은 일을 한다.
 이 과정은 양 당사자가 극과 극에 있을 때만 존재한다. 이 게임의 일부로서, 선수들은 언제든지 다른 역할로 '변경'할 수 있다. 구원자는 그들이 불행한 결과로 비난받았을 때 상처받는다. 그때는 희생자 역할로 바뀔 수 있다.

희생자

드라마 삼각형에서 희생자 역할은 스스로 자신을 돌볼 수 없다는 핑계를 댄다. 이러한 입장은 흔히 유년기에 학습된 무력감의 결과물이다. 희생자는 무력하고 절망적이며 우울하고 억압받는다고 느낀다. 희생자는 그들을 구조할 사람을 찾는 것, 즉 희생자들을 위해 결정을 내리고 박해자들에게서 방어할 사람을 찾는 법을 배운다. 이 입장에 대한 보상은 희생자가 의사결정을 회피해도 되고, 구원자가 가진 자주적인 문제 해결 기술을 배우지 않아도 된다는 것이다. 박해자의 행동을 받는 쪽에 있는 사람은 자주 위협받고, 불안하다고 느끼면서 도전에 지나치게 예민하게 반응할 수 있다. 희생자는 구원자가 자신을 실망하게 할 경우 쉽게 박해자로 전환할 수 있다.

박해자

박해자의 역할은 비난하고, 비판하고, 판단하고, 공공연하게 통제하는 것이다. 박해자들은 희생자가 스스로 문제를 해결할 수 있다고 생각하지 않는다. 희생자의 노력을 무시하는 경향이 있다. 박해자는 흔히 경직되고 권위주의적인 인상을 준다. 정의로운 것에 이끌린다. 박해자들의 초점은 관계 중심적이기보다는 더 과업 중심적이다. 희생자에게 자신의 해결책을 강요한다. 일이 잘못되어 박해자가 책임져야 할 때, 박해자들은 희생자의 역할로 바꿀 수 있다.

드라마 삼각형은 직장에서 어떻게 나타날까?

안젤라와 바바라(위에서 언급했다)가 좋은 예다. 이 시점에서 안젤라는 피해자 모드로 바바라에게 자신이 받은 추가 작업과 세부적인 것을 이야기한다. 안젤라는 상황에 대해 어떤 것도 할 수 없다는 인상을 주고, 바바라는 그 상황에 전혀 관여하지 않았어도 안젤라를 대신해서 점점 더 화가 난다. 이 상황에서 박해자는 그들의 관리자인 그레이엄인데, 그는 과거부터 안젤라의 소심한 모습에 익숙해져 있어서 안젤라에게 상의도 하지 않고 과업을 할당해 왔다. 안젤라와 바바라는 그레이엄을 비판하면서 결탁하게 되고, 바바라는 안젤라의 설명을 사실로 받아들인다. 안젤라가 직접 대처할 수 없다고 믿고, 그레이엄과 맞서면서 책임을 떠맡는다. 그레이엄은 박해자로서 자신이 옳다고 확신하고 다소 공격적으로 자신의 의견을 반복하며 노조 회의를 통해 상황을 촉발한다.

그 뒤, 안젤라가 피해자 역할을 하는 동안 그레이엄도 피해자 역할을 맡았고, 바바라는 동료들을 박해자 역할로 이끈다. 때가 무르익어 안젤라가 보너스를 받지 못했을 때, 안젤라는 자신의 박해자 역할에 걸맞게 피해자 역할로 전환한 바바라를 탓한다. 이 사이클은 무한히 계속될 수 있다.

당신은 여기서 작동하는 방어기제를 식별하고 싶을 것이다.

해결책 삼각형

[그림 3.3]에서 드라마 삼각형을 벗어나는 방법을 제시한다.

해결책 삼각형은 드라마 삼각형의 대안을 제시한다. 선수들은 존경을 나타내고 공감하는 자세로 경기에 응하는 쪽을 택한다.

이 버전은 또한 각 플레이어가 명확한 경계를 설정하고 다른 플레이어와 확실하게 관계 맺는 법을 배워야 한다. 코칭은 각 선수가 필요한 변경을 하도록 도울 수 있다. 드라마 삼각형에서 자유를 얻기 위해서는 각 선수가 다음과 같은 변화를 꾀해야 한다.

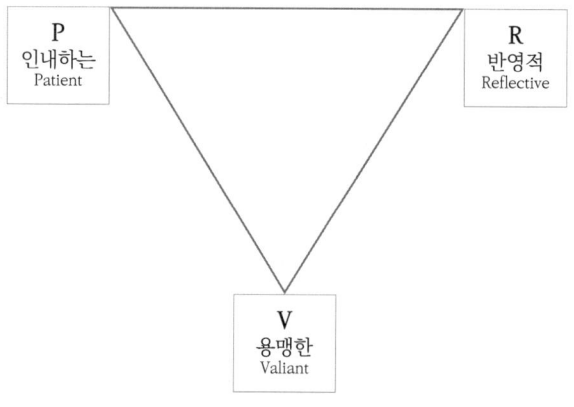

[그림 3.3] 해결책 삼각형

구조자는 반영적으로 변한다.

구조자는 자기 비용으로 다른 사람들을 양육해야 하는 욕구를 반영한다. 구조자는 어떤 감정이 자신의 것이며 어떤 감정이 다른 사람들에게서 투사되는지를 확인해야 한다. 구조자들은 갈등 상황에서 자기 감정이 아닌 것에 지나치게 반응하는 경향이 있다는 것을 알아야 한다. 피해자보다 우월감을 느끼지 않아야 구조자가 더 직접적이고 정직하게 피해자를 돌보는 과정을 배울 수 있다.

희생자는 용맹해진다.

희생자는 희생된 자신의 역할과 이 역할을 유지함으로써 얻는 것을 알아차려야 한다. 희생자는 강해질 준비가 되어있어야 하고 분쟁 상황에서 자기를 주장해야 한다. 희생자들은 그들이 느끼는 것에 마음을 더 열어야 하는데 이것은 숙련된 자기 주장을 표현하는 의사소통의 일부이다. 자기 주장을 더 강하게 하고 필요한 자기 관리기술을 배우므로, 피해자는 독립적이며 자족적으로 될 수 있다.

박해자는 인내하게 된다.
다른 두 선수가 자기 감정을 표현하는 동안 들어야 한다. 박해자는 갈등을 학습하는 기회로 받아들인다. 또 박해자는 다른 사람들에 비해 우월하고 강력하다고 느끼는 형태로 얻은 이득을 기꺼이 포기할 수 있어야 한다. 그런 다음에야 박해자는 다른 사람들과 더 평등하고 진정한 상호작용을 경험할 수 있다.

위의 3인방이 어떻게 해결책 삼각형을 사용하고 결말을 바꾸는지 생각할 수 있는가?

요약

이 장에서 우리는 신경과학자들의 감정과 공감에 관한 정보를 요약했다. 스캔 기술은 사람들이 감정을 느끼거나 공감할 때 활성화되는 뇌의 여러 부분을 식별해냈다. 감정의 성격에 따라 뇌는 주변 부위에 지시를 내린다. 고객이 변화에 직면하거나 변화를 선택할 때, 이러한 영역이 촉발되어 아드레날린과 같은 호르몬을 분비한다. 고객들은 흔히 그들이 어렸을 때 처음 느꼈고 자신의 최고 비밀 파일이나 심지어 잠긴 트렁크에 숨겨져 있을지도 모르는 감정들을 다시 살려낸다. 고객의 애착 행동은 숨겨진 자료 일부에 대한 단서를 제공하고 방어 메커니즘은 억압된 감정을 나타낼 수 있다. 코치로서 당신은 고객이 그러한 반응을 유발할 경우 변화 가능성에 대해 걱정하는 것을 알게 될 것이다. (치료사로서) 과거에서 비롯된 사건을 다루지는 않지만, 코치로서 당신은 현재의 사건을 다룰 수 있다. 그 사건의 장은 방어기제와 드라마 삼각형 여행으로 완성된다.

4장
한 번 더 감정으로

이 장에서는 감정을 어떻게 관리하는지를 논의한다. 그런 다음 고객의 감정에 어떻게 공감적으로 반응할 수 있는지 살펴본다. 왜 코치의 감정과 고객이 관련이 있을까? 첫째, 이 감정은 코치의 감정적 어휘가 시작되는 곳이기 때문이다. 둘째, 코치가 자기 감정을 알지 못할 때, 다른 사람들에게 온갖 행위를 할 수도 있기 때문이다.

   자신의 감정을 인식할 수 있을 때, 다른 사람의 감정을 알아보는 것이 더 쉽다. 또 말로 표현하지 않은 강한 감정이 있다면, 그 강한 감정들은 비언어적으로 새어나가 다른 사람들에게만 보이게 되는 고약한 습관nasty habit이 될 수 있다. 코칭 상황에서 진짜 코칭을 한다는 것은 고객의 변화를 끌어내는 것이다. 즉 칼 로저스Carl Rogers역자 주26)가 추구하는 조건 가운데 하나이다. 그래서 코치 자신의 감정을 관리하는 것은 능력 있는 코치가 되는 데 영향을 미친다.

역자 주26) 미국의 심리학자. 내담자 중심의 상담요법 또는 비지시적 카운슬링의 창시자. 치료자 자신의 자기 일치, 환자에 대해 무조건적인 긍정적 관심, 일치된 공감적 이해를 중시했다. [네이버 지식백과] 칼 로저스Carl Ransom Rogers(두산백과)

이 장에서는 고객의 감정을 확인하는 방법과 감정이 표현되는 경로를 포함한 공감의 기본을 설명한다. 우리는 감정적 어휘 목록뿐만 아니라 공감의 다양한 정도degrees와 방법의 예를 제공한다.

감정 관리: 자기와 타인

인간은 감정적인 존재이다. 어릴 때부터 쉽게 감정을 표현하고 성장한 뒤에는 감정의 표현을 통제한다. 이러한 통제 가운데 일부는 책임감 있는 성인 생활에 꼭 필요하고 적절하기 때문이다.

양육 방식은 정서 인식의 발달에 영향을 미친다. 예를 들어, 어렸을 때 슬프거나, 눈물이 나거나, 화가 나거나, 심지어 어떤 일에 흥분한 것 때문에 벌을 받았다면, 여러분은 이러한 감정 표현을 억제하는 법을 배우게 된다. 시간이 흐르면서, 당신은 억누른 감정의 끈을 놓치게 된다. 즉 그 감정들을 기억하게 할 수 없게 된다. 그 훈육은 전통적인 방식이거나 체벌이 아닐 수도 있다. 사랑하는 부모의 거절, 반대, 또는 무언의 비난 등은 자라나는 아이에게 강렬한 영향을 주는 메시지이다.

이러한 인생 경험은 용납되지 않는 감정을 억압한다. 그래서 당신의 자아상self-image에 영향을 미친다 – 억압은 일종의 망각이다. 어렸을 때 인지하지 못했겠지만, 당신은 어떤 것이 수용되었고, 또 거부되었는지 알고 있었다. [그림 4.1] a), b), c) 및 d)의 일부 메시지를 식별할 수 있다.

[그림 4.1] a) 축 탄생!, b) 오 저런!, c) 잘 했구나, d) 으르렁!!

이 메시지들의 영향은 성인기까지 지속할 수 있다. 성장하면서 부모와 선생님 같은 중요한 사람들에게서 더 많은 메시지를 받는다. 이것은 자기 이미지에 영향을 미치고, 따라서 자존심에도 영향을 미친다. 예를 들어, 당신은 수줍음, 몽상, 진지함, 비실용적, 영리함, 배우는 속도가 느린 것 등을 믿으면서 자랄 수도 있다. 마찬가지로 당신은 정당한 좌절, 분노 또는 적절한 슬픔을 표현하기가 어렵다는 것을 알 수 있다.

어떤 사람들은 인간이 성격을 가지고 태어난다고 믿는다. 유전적인 성격에는 식별 가능한 측면이 있다. 이것이 본성nature이다. 그렇지만 우리가 성숙하는 데 양육이 큰 역할을 한다는 증거는 얼마든지 찾을 수 있다. 본성/양육 논쟁은 계속되고 있다. 우리가 태어날 때 모든 것이 고정되어 있다면 훈련이나 생애 전환기 코칭은 의미가 없다는 것이 현실적 의견이다.

청소년은 부모나 교사에게서 가치 있는 메시지 가운데 일부를 흡수하며, 사실로 받아들인다. 이것들은 부정적일 뿐만 아니라 긍정적일 수 있다. 예를 들어, 우리가 예술적이고, 지적이고, 실용적이며, 제한적이고, 멍청하고, 장난꾸러기 등이라고 믿을 수 있다. 강력한 메시지는 어린이를 놀라게 할 수 있다. 이러한 메시지에는 '울지 마, 겁먹지 마, 약해 보이지 마'가 포함될 수 있다. 어떤 감정은 용납될 수 없으며 이러한 감정은 우리의 최고 비밀 파일을 형성할 것이다. 어떤 감정들은 너무 고통스러워서 부정할 수도 있다. 예를 들면, 무력감, 분노, 울기, 성적인 감정 등이 포함될 수 있다. 이러한 메시지들은 우리의 잠긴 트렁크에 저장되어 있다. 자

[그림 4.2] 최고 비밀 파일과 잠긴 트렁크

물쇠가 너무 강해서 우리는 그 감정을 인식할 수 없을지도 모른다. 이러한 거부된 감정이 촉발되면 우리는 고통을 경험할 수 있고 치료를 통해 도움을 구할 수도 있다.

인생 후반에는 건강한 자아상이 형성되도록 그 삶에 대해 의문을 제기하고 수정할 수 있다. 건강한 자아상은 교사, 친구, 연인, 직장 동료, 코치, 멘토 등을 통해 삶을 긍정적으로 경험하는 과정에서 성장한다.

클레어 Claire

클레어는 국가 자선단체가 운영하는 지역 레저 센터에서 관리자로 일한다. 클레어는 장녀인데 아버지가 떠나버리면서 동생들을 돌봐야 했다. 클레어의 어머니는 늘 건강이 좋지 않아서 클레어는 학교에 다니면서 집안일도 꾸려야 했다. 클레어가 피곤하거나 짜증을 내면, 클레어의 어머니는 아프다고 하면서 눈물을 흘렸다. 클레어는 자신의 무력감과 외로운 마음을 그녀의 최고 비밀 파일에 숨겨야 했다. 어머니의 질병과 가사 일이 클레어의 직장 생활을 방해한다는 것을 알았지만 그녀는 도움을 청할 수 없었다. 그녀는 강한 지략가가 되기로 했다. 스스로도 궁핍함에 대한 그녀의 강한 감정을 알아차리지 못한다. 클레어는 아버지가 격렬하게 말다툼하고 나서 떠나버린 뒤, 어머니의 건강이 지극히 나빠진 데서 오는 깊은 분노 감정에 대해서도 알지 못한다. 이것은 클레어의 잠긴 트렁크에 있다. 그녀가 자각할 수 없게 숨어 있다가 심리치료 과정에서 나타날지도 모른다.

만약 클레어가 고객이 된다면, 클레어는 무력한 감정을 표현할 수도 있다. 자신의 요구를 충족하고 직장에서 성공할 방법을 찾는 일을 선택할 수도 있다, 가족들에게 자기가 삶에서 원하는 것이 무엇인지 말할지도 모른다. 공감을 사용하여 코칭하는 것은 클레어의 최고 비밀 파일을 다루는 일이다. 클레어 스스로가 도움을 요청할 권리를 인정함으로써 그녀의 자아상을 향상할 수 있다.

클레어의 양육에는 폭력과 분노 경험이 포함되어 있다. 이것에 대한 두려움이 화가 나는 상황을 피하거나 회피하도록 한다. 클레어의 잠긴 트렁크에는 이런 두려움이 포함될 수 있다. 그렇지만 클레어는 사람들에게 이렇게 말한다. '나는 화를 내지 않는 것이 좋습니다. 화를 내는 것은 결코 어떤 것도 해결하지 못합니다.' 예를 들어, 거부된 감정들은 흔히 다른 방식으로 다른 사람들에게 옮겨지거나 투사된다. 직장이나 관계에서 어려움을 초래할 수 있다. 잠긴 트렁크 이론은 코칭보다는 심리치료에 더 적합하다.

당신의 최고 비밀 파일에 무엇이 있는지 고려하는 것이 좋을지도 모른다. 이것이 당신의 코칭에 영향을 미치기 때문이다. 예를 들어, 분노에 대해 숨겨진 두려움은 고객이 두려움을 인식하지 못하게 할 수도 있다. 나약함에 대해 숨겨진 두려움은 눈물을 흘리는 고객에게 울지 말라고 말하는 것을 의미할 수 있다.

제임스(2장의 선임 구매원)가 팀과 코칭을 시작할 때 제임스의 감정은 코칭에 영향을 미칠 수도 있다. 예를 들어, 헬레나가 울음을 터뜨릴 때 제임스는 소름이 돋는 그의 반응을 숨길 수가 없다. 팀원들 가운데 한 명이 코칭 세션에서 농담하고 낄낄거릴 때, 제임스는 몹시 짜증을 느낀다. 이러한 반응은 최고 비밀 파일의 일부분이다. 제임스가 흐느끼는 이성을 상대하는 데 준비되지 않거나, 어떤 것에서 소외감을 느낄 때, 사람들이 즐겁게 노는 것을 참을 수 없는 성향 등이다.

제임스는 수퍼바이저 코치와 자신의 감정을 상의한다. 제임스와 수퍼바이저 코치는 제임스가 눈물을 어떻게 처리할 수 있는지를 탐색한다. 누군가 속상해할 때 그냥 듣고서 "당신은 ~ 때문에 속상하군요…."라고 공감하며 말하는 법을 배웠다.

수퍼비전에서 제임스는 상처받은 감정을 '묶어두는' 법을 배운다. 그러나 제임스가 진짜로 꾸짖지 않고 고객과 자신의 짜증을 공유할 수 있다면,

제임스는 실제로도 고객의 행동 결과에 대해 피드백을 줄 수 있다. 제임스는 '마일스, 이 코칭 세션은 당신을 위한 것인데 당신은 전혀 가치 있게 여기지 않는 것 같아서 짜증이 납니다'라고 말한다. 제임스가 이렇게 할 때, 제임스의 후임 구매원들은 제임스에 대해 조금 더 존경심을 갖게 된다.

우리가 받는 가치에 대한 메시지는 남성과 여성에게 다르게 인식된다. 자아상이 성별에 의해 영향을 받는다는 증거가 많이 있다. 대부분 문화에서, 소년과 소녀들은 감정을 다르게 표현하도록 길러진다. 이성적이고 비감정적인 남성, 감정적이고 이성적이지 않은 여성에 대한 서구적 규범은 남녀 모두에게 직장에서 겪을 수 있는 시초가 된다. 이것은 필립 호슨Philip Hodson이「감정적인 남성」(Hodson, 1984)에 대한 조사에서 남성들을 위한 '치명적인 역할'로 묘사했다. 남자들의 건강은 자연스러운 감정에 대한 억압이나 부정의 영향을 받는다. 21세기의 새로운 남자와 힘 있는 여자의 등장은 이러한 선입견을 변화시키고 있다. 그렇지만 그 변화는 회의실보다는 소셜 네트워크 서비스SNS에서 더 많이 표출되고 있다. 어떤 감정은 여러 문화에서 다르게 표현되므로 당신은 코치로서 문화 간의 차이를 알아야 한다.

의사결정도 감정의 영향을 받는다. 감정은 의사결정할 때 합리적인 분석보다 더 강력하다. 사고력이 지배하고, 고객이 '생각으로 숨이 막힐' 때, 효과적인 결정을 내릴 가능성은 작다. 신경과학자이자 인문학자인 조나 레러Jonah Lehrer 박사는 자신의 획기적인 저서 『결정적 순간The Decisive Moment』에서 우리가 감정 없이는 어떤 결정도 할 수 없다는 것을 보여주었다(Lehrer, 2009). 변연계에서 오는 충동에 저항하며, 결정을 내리기 위해 몸부림치는 전두엽피질과의 뇌 논쟁이 일어나고 있음을 의미한다. 이

성적 자아가 분명하게 말할 수 없는 감정적 이유에 근거를 둘 가능성이 있다. 예를 들어, 이미징은 소비자들이 항상 합리적인 이유로만 구매하지는 않음을 보여준다. 기업이나 제품에 대한 부정적 사실이 알려졌을 때도 구매 충성심은 지속한다는 것이다. 일련의 뇌영상 실험을 예로 들겠다. 변연계가 손상되었을 때, 실험자들은 이성적인 피질이 있는데도 결정을 내릴 수 없었다. 이것은 팀 골웨이Tim Gallwey의 책『테니스 이너 게임The Inner Game of Tennis』(1974)과『작업 이너 게임The Inner Game of Work』(2000)에 잘 설명되어 있다.

자아상이 형성되는 방식 때문에, 감정 중 일부는 억압되거나 대체될 수도 있다. 따라서 코치로서 감정을 직접 표현하기보다는 감정이 '새어나갈' 가능성을 경계해야 한다. 예를 들어, 당신은 목소리의 높낮이, 어조 또는 속도에 의해 고객에게 무심코 인내심 없는 상태를 전달할 수 있다. 이 음성 채널은 우리가 확신할 수 있는 감정이 가장 많이 새어나가는 채널인데 부정적으로 말하지 않았다 해도 모든 것은 목소리에 이미 담겨 있다.

요컨대 인간의 기본적 특징으로서의 감정은 좋지도 나쁘지도 않고, 옳지도 그르지도 않다. 학습된 행동 양식으로서, 우리는 감정 일부는 보여주고 어떤 것들은 보여주지 않는다. 예를 들어, 이것은 상처, 분노, 성 사회화 과정이다. 우리는 다른 사람들의 감정을 다루지 못할 수도 있다. 이것은 고객이 감정을 표현할 때 코치에게 영향을 미친다. 예를 들어, 고객이 눈물을 흘리면, 당신은 그것이 일어나지 않은 것처럼 행동할 수 있다. 아니면 지나치게 동정적인 태도로 그 상황을 처리하다가 당혹감을 느낄 수 있다. 숙련된 코치라면 개입하지 않고 고객이 자연스럽게 감정을 표현하도록 허용할 것이다. 훌륭한 수퍼바이저 코치는 고객에게 감정을 표현하기에 적절하고 유용한 음향 기판이 될 수 있다. 당신의 코칭이 자신을 곤란하게 하고 자신의 잠긴 트렁크에 있는 원인에서 깊은 감정을 유발할 때가 있다. 이때 수퍼바이저 코치는 당신에게 치료받으라고 권할 것이다.

감정 전달하기

당신에게 감동을 주고 영향을 준 연설들을 생각해보자. 당신은 무엇을 기억하나? 많은 사람은 링컨 기념관 발코니에서 했던 마틴 루터 킹 목사의 연설을 꼽는다. 그가 진심으로 자신의 감정과 꿈에 관해 이야기했기 때문이다. 냉전 시대the Cold War에 미국 대통령 존 F. 케네디가 연설에서 했던 '나는 베를린 시민입니다Ich bin ein Berliner'역자 주27)라는 말은 감정을 이야기했기 때문에 큰 영향을 미쳤다.

가장 강력한 발표자는 발표 중에 효과적이고 적절하게 감정을 표현한다. 그들은 자신의 임무에 위축감을 느낀다는 것을 인정한다; 그들은 자신의 삶과 관련된 감정적인 부분을 드러낼 수도 있다; 그들은 자신이 말하는 주제에 대해 열정과 열의를 표현한다. 그래서 다양한 감정을 전달할 수 있는 발표자presenter들은 유능한 연설가effective speakers이다. 실제로 발표자를 대중 연설가로 훈련하는 사람들은 이것을 발표자들의 교육 프로그램에 사용하기도 한다.

무엇이 적절한 감정 표현인가? 우리가 감정을 표현할 때, 자신의 중요한 부분을 드러낸다. 이로 인해 감정을 과도하게 드러낸다. 때로는 어떤

역자 주27) 1963년 6월 26일, 서베를린 방문 당시에 미국과 대치 중이던 동유럽 국가를 겨냥하며 했던 말. 연설 중 여러 차례 '나는 베를린 시민입니다'라고 표현

상황에서 어떠한 방식으로 그렇게 표현하고 드러내는 것은 부적절할 수 있다. 적절한 것은 그 감정이 적절한 깊이right depth, 길이length, 목표target, 시간time과 장소place에서 표현되는 것을 의미한다. 사람들이 붐비는 통근 열차 안을 상상해 보라. 우리는 모두 생전 처음 보는 사람이 의학용어를 쓰며 자신이 집도한 수술을 설명하는 동료 승객을 만나본 적이 있다. 반면에, 당신의 절친한 친구는 퇴근 후를 선택해서 전에 만났던 조용한 카페에서 당신에게 심각한 문제를 털어놓을 수도 있다.

정서 채널emotional channels

우리는 언어적, 비언어적, 음성적인 세 가지 채널을 통해 감정을 표현한다. 어떤 감정이 받아들여지지 않는다면 언어로 나오지 않는다. 이것은 비언어 채널을 통해 '유출leak'된다. 이것이 통제된 곳에서는 결국 음성만으로 나온다. 많은 여성이 분노를 외부로 표출하는 데 어려움을 느낀다. 이상적인 여성은 화를 내면 안 된다는 사회 규범 때문이다. 이상적인 것은 그녀가 눈물을 흘릴 수 있게 해주는 것이다. 이것은 분노가 표출되고 있음을 의미할 수 있다. 서구 세계에서 이상적인 남성은 이성적이고 비감정적이다. 매우 구체적인 상황을 제외하고는 많은 남성이 공공장소에서 우는 것을 허용하지 않는다.

당신의 문화 규범에서 남자들이 언제 공공장소에서 우는 것이 괜찮은지 알아내고 싶을지도 모른다. 여자들이 공공연히 사람들 앞에서 화를 내도 괜찮을 때는 언제인가? 왜 이것이 중요한가?

만약 당신이 고객의 감정 세계에 접근하고 싶다면, 그들의 억압된 감정이 고객에게 미칠 영향을 미리 인지하고 있어야 한다. 그러므로 잠재적인 유출에 대해 알아야 한다. 고객이 다음과 같은 말로 이것을 표현할 수 있다: '나에게 무슨 일이 일어났는지 모르겠어요', '이해할 수 없습니다', '나 자신도 놀랐습니다' 등. 또 코칭 세션에서 코치들이 자기 감정을 유출하고 있는 때를 살펴보고 싶을 수도 있다.

우리는 세 개의 채널을 살펴볼 것이다.

언어 채널verbal channel: 정서적 언어emotional language

양육과 교육 여건에 따라, 정서적인 어휘를 얻게 된다. '긍정적'이거나 '부정적'으로 생각할 수 있는 모든 감정적인 단어들을 열거하라. 이 방법을 통해 감정적인 단어들이 얼마나 균형을 이루고 있는지를 파악할 수 있다.

서구 세계 사람들 대부분은 긍정적 단어보다 부정적 단어를 더 많이 가지고 있다. 당신은 아래의 운동을 이용하여 감정 어휘를 더 세분화할 수 있다.

우리는 이 장의 뒷부분 [표 4.1]에서 몇 개의 정서 어휘와 은유 샘플 목록을 제공한다. 감정이 억제될 때, 사람들은 비감정에 의지해 자신을 표현한다. 이것들 가운데 하나는 은유이다. 우리는 '공감의 기본'이라는 제목의 섹션에서 아래의 비감정에 대해 논한다.

> **내 정서 어휘**
>
> 페이지 상단에 'MAD BAD SAD GLAD'라는 제목을 달아라. 그리고 즉시 떠오르는 느낌의 단어 밑에 글을 쓴다. 그 제목들과 자유롭게 생각을 이어 본다. 생각이나 말을 포함하지 않도록 주의하라. 되도록 오래 지속하면서 이 연습에 대해 단어만 느껴 본다. 아이디어가 부족할 때, 당신의 리스트를 비교해 본다. 어떤 칸이 가장 길고 어떤 칸이 가장 짧은지 확인하라. 그러면 당신의 정서적 어휘에 균형감각을 갖게 된다. [표 4.1]은 정서적 어휘 균형감각에 대한 예시이다.

언어 채널은 특별한 의미를 지닌 신체의 표현을 통해 감정을 전달할 수 있다. 예를 들어, 고객은 다음과 같이 말할 수 있다: '나는 시간을 대충 때우고 있었습니다I was dossing'는 여인숙doss-house에 머문다기보다는 '나는 일을 안 하고 있었습니다I was avoiding work'를 의미할 수도 있다. 또는 '우리는 브랜드를 구울 것이다We will bake the brand'와 '발자국footprint'은 요리나 걷기가 아닌 다른 의미로 사용된다('bake'는 브랜드 아이디어 개발을 위한 인터넷 언어, 'footprint'은 전기 신호를 수신하는 공간을 의미한다). 여기서 잘 알려진 재표기 방법re-statement은 어떤 이슈에 대해 당신과 고객이 동일하게 이해할 수 있게 한다. 기술적으로 재표기 방법에 관한 세부 내용은 브록뱅크Brockbank와 맥길McGill(2012)에게서 찾을 수 있다.

왜 언어 채널이 중요한가? 고객이 정서를 비언어적이거나 목소리로 표현하고 있을 때, 그들에게 공감을 제공해야 하기 때문이다. 당신이 보거나 듣는 것뿐만 아니라 그 느낌을 묘사하는 단어를 찾아야 한다. 이것은 22

쪽에서 설명한 대로 고객이 어떤 식으로 표현한 정서에 당신이 반응하는 일차적 공감을 가리킨다. 당신이 고객과 함께 실재하기를 원할 때, 표현하는 정서는 고객 수준에 정확하게 맞춰져 있어야 한다. 코치가 짜증이 나거나 참을성이 없을 때 '나는 화가 납니다'라고 말하지 않아도 된다. 결코 조급하거나 짜증을 느끼지 않는 코치들에게 이 책은 필요하지 않다.

고객은 아마도 그들의 정서를 표현하기 위해 은유법metaphors을 사용할 수도 있다. '그것이 차가운 소나기 같았습니다'라고 말할 수도 있다. 코치는 이러한 단어들을 공감에 사용할 수도 있다. '당신은 낙담했습니다'와 같이 이미 말한 것들과 연결할 수도 있다.

비언어 채널

비언어 채널은 말이 아닌 다른 모든 것이다. 얼굴과 몸을 통해 전달하는 것이다. 정서는 [그림 4.3]과 같이 미소, 얼굴을 찌푸리거나 눈을 마주치는 것, 또는 정서를 덜 표현하는 표정에서도 볼 수 있다.

표정과 감정의 연관성은 문화마다 비슷하다. 얼굴에서 누출된 정서를 찾아낼 수 있다. 연구자들은 이 표현이 마이크로 초 단위로 발생해도 표정을 보는 사람은 전에 그것을 본 적이 없지만 금세 '알아'채고 반응할 수 있다는 것을 증명했다. 고객들은 그들의 얼굴, 눈, 입을 손으로 가리면서 받아들이기 어려운 정서를 숨길 수도 있다. 이것은 가정교육을 통해 길러진 것이다. 특정한 감정을 가릴 수 있으므로 슬픈 사건을 묘사하면서 웃는 사람들을 볼 수 있다. 코치로서 당신이 강한 정서를 숨길 수 없다면 진짜 정서를 표현할 것을 추천한다.

a) 눈을 마주치지 않은 채 미소를 짓습니다.

b) 눈을 마주치며 미소를 짓습니다.

c) 눈을 마주치고 눈살을 찌푸리고, 미소를 짓지 않습니다.

d) 눈을 마주치지 않고, 인상을 찌푸리며 미소를 짓지 않습니다.

[그림 4.3] 비언어 채널: 표정

정서를 전달하는 몸짓에는 닫힌 자세, 열린 자세와 움직임을 포함한다. 림프 운동은 [그림 4.4]와 같이 손, 다리 또는 발을 떠는 것과 같은 느낌을 줄 수 있다.

고객들은 용납할 수 없는 정서를 억누르거나 부정하는 법을 이미 배웠다. 이런 정서들은 손을 쥐어짜거나 발을 두드리거나, 다리를 튕기거나, 팔짱을 끼거나 머리를 축 늘어뜨리는 등 다양한 방식으로 표현할 수 있다.

a) 비언어 채널: 신체 닫기

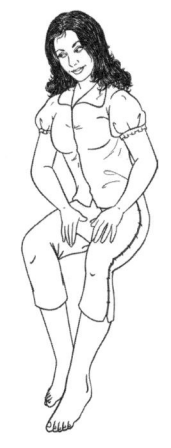
b) 비언어 채널: 신체 열기

c) 비언어 채널: 팔짱 끼기

d) 비언어 채널: 발 또는 다리 떨기

[그림 4.4] 비언어 채널

문화에 따라 어떤 신체 위치는 사람 사이의 거리처럼 다르다. 예를 들어, 절을 하는 것은 어떤 문화에서는 인사하는 것이다. 다른 문화에서는 인사하는 것이 아니다. 누군가에게 너무 가까이 서 있는 것은 거의 모든 문화적 맥락에서 무례한 것으로 여긴다. 특히 붐비는 기차나 엘리베이터에서 눈을 마주치지 않아야 무례하지 않다.

음성 채널 vocal channel

이것은 간과되는 채널이지만 흔히 강력한 정서를 동반한다. 특히 고객이 공개적인 정서 표현을 억제할 때 나타난다. 음성 채널은 고객이 거짓말을 할 수 없는 곳이다. 이 채널은 어조tone, 높낮이pitch, 음량volume, 속도pace와 스타일style 등으로 고객의 감정을 전달할 수 있다.

예를 들면, 누군가가 비꼴 때, 모든 메시지는 음성 채널에 의해 전달된다. 예를 들어, '잘 됐네요' 또는 '그것 참 좋은 행동입니다!'와 같이 언어 채널이 의사소통하는 것을 부정하기 때문이다. 정서 표현의 예로는 음량, 높낮이, 속도, 그리고 '준언어paralanguage'라고 알려진 것이 있다. 이것은 속어, 망설임, 더듬거림, 반복 그리고 프로이트의 실언Freudian slips을 사용한다. 예를 들어, 만약 고객이 '내가 그녀를 죽일 수 있어서 너무 운이 좋습니다'라고 말한다면, 당신은 실언에 숨겨진 감정을 추측할 수 있다. 그래서 고객은 소리치거나 속삭인다. 또 두려움이나 놀라움으로 꽥꽥거린다. 꾸중이나 수동적인 어조를 표현하거나 자신의 이야기를 재빠르게 전한다.

자신의 정서 상태 알아차리기

자신의 정서 상태를 알아차리는 것은 코치들에게 중요한 능력이다. 자신이 느끼는 것과 그 이유를 말로 분명하게 표현할 수 있을 때, 다른 사람의 감정 표현에도 자신감을 얻게 된다. 당신은 어떤 감정을 표현하거나 간접적으로 표현하는 데 어려움을 겪을 수 있다. 예를 들어, 좌절감을 느끼거나 조급해할 수 있다. 말로 표현하지 않으면 목소리나 보디랭귀지에 이런 감정이 누출될 수 있다. 당신은 고객이 연장자라서 또 고객의 권력에 위축될 수도 있다. 이것을 표현하는 것이 감정을 누출하는 것보다 더 낫다. 한편, 당신은 그 감정을 '묶어두어야parked' 한다고 판단할 수도 있다. 우리는 이것에 대해 논의한다.

이것은 조직 개발 교수로 잘 알려진 제라드 에간Gerard Egan의 도표를 바탕으로 한다. [그림 4.5]에서 어려운/쉬운 연속체를 언급한다. [그림 4.5]는 우리가 우리 자신에게나 다른 사람에게 표현하는 정서를 얼마나 어색하게 생각하는지를 보여준다. 예를 들어, 지금 눈앞에 있는 상대에게서 긍정적 정서를 표현하거나 받아들이는 것이 가장 어렵다. 일부 관리자들이 직설적으로 칭찬하지 못하는 이유가 여기에 있다. 가장 쉬운 상황은 자리에 없는 사람에 대해 부정적 정서를 표현하는 것이다 - 이것은 뒷담화gossip이다. 이 연속성continuum에 대한 이해는 코치로서 고객에게 일어나는 일을 예상하도록 도울 것이다.

참고: 어떤 감정이 긍정적이거나 부정적이라고 설명할 때, 우리가 정서를 어떻게 판단하는지를 의미하는 것이다 - 정서 그 자체는 옳지도 그르지도 않다.

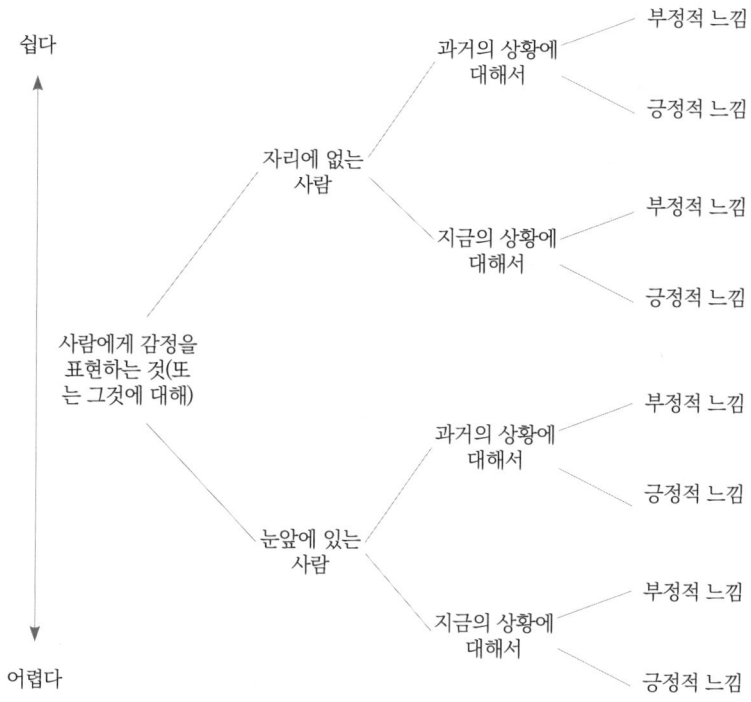

[그림 4.5] 감정표현: 어렵고-쉬운 연속체
(이건 1977:81에서 차용, 브록뱅크와 맥길, 1998)

도표를 보면 (서양에서는) 부정적 감정을 표현하기가 더 쉽다는 것을 알 수 있다. 이것은 긍정적 감정보다 부정적 감정을 더 많이 통합하는 경향 때문이다. 그것은 우리의 편협한 감정 어휘에 의해 도출되므로 코치로서 당신은 긍정적 정서 어휘를 더 개발해야 한다. 대면할 때보다 부재 시에 사람들에 대한 정서를 더 쉽게 표현한다. 그래서 코치나 고객은 그 자리에서 감정 표현을 하지 않도록 해야 한다.

우리는 왜 감정을 표현해야 하나? - 그냥 무시할 수는 없나?

저장하기 또는 묶어두기 storing or parking

정서를 저장하거나 묶어 두는 것은 일반적으로 도움이 되지 않는다. 왜냐하면 결국 감정이 한 번 터지면 폭발하기 때문이다. 이것은 윌리엄 블레이크의 시를 보면 잘 알 수 있다.

> 나는 내 친구에게 화가 났고,
> 내 분노를 말하자 내 분노는 끝났다,
> 나는 내 적에게 화가 났다,
> 나는 말하지 않았기에 내 분노는 더 커졌다.
> (The Poison Tree by william Blake, 1756-1827)

일상에서 우리는 정서 표현이 위와 같이 적절한지 판단하고 싶다.

- 내가 누구에게 그 느낌을 표현하고 있는가?
- 어느 정도의 길이가 충분한가?
- 이 사람과는 어디까지 이야기할 수 있는가?
- 지금이 적절한 때인가?

대화 상대자가 내 감정을 잘 받아들일 수 있는지 무의식적으로 판단할 수 있다. 예를 들어, 공식적인 회의는 당신이 동료에 대한 좌절감을 표현하기에 최적의 장소가 아니다. 그래서 이후의 적절한 시점을 맞추기 위해 그 감정을 묶어두는 것이 낫다고 결정한다. 나중에 그녀를 만났을 때, 그녀가 불안해한다는 것을 알 수 있다. 당신은 되도록 짜증 난 표정을 덜 보이려고 한다. 당신이 그녀에게 어떻게 영향받는지 간단하게 설명하기로 한다.

보통은 부정적인 것이라도 올라오는 감정을 표현하는 것이 더 좋다. 다만, 숙련된 코치로서 여러분은 그 감정을 묶어두거나 나중에 끌어내 수퍼바이저 코치에게 알릴 수도 있다. 반면에, 만약 고객이 적절하게 감정을 표현하기 위해 고군분투한다면, 그들을 위한 모델을 제공할 수 있다. 예를 들어, 다음과 같이 말할 수 있다: '조금 혼란스럽네요. 제가 뭔가를 놓쳤나요?' 당신은 그 느낌에 책임감을 느끼면서 고객에게 위험요소를 뺀 절제된 정서low-key emotion를 표현할 수 있다.

다른 사람들의 정서

다른 사람의 정서 표현은 불안감을 주거나, 흔히 부정적 반응을 유발할 수 있다. 이런 것들은 어려서부터 학습될 수 있다. 이것은 '지나치게 강요하거나'나 화내는 여성, 그리고 나약하거나 눈물을 흘리는 남자들에 대한 거부를 나타낼 수 있다. 눈물을 흘리며 직원들을 데리고 나온 관리자들은 이것이 어렵다는 것을 잘 보여준다. 수동적인 남성 팀원들은 무시당한다. 여성의 적극적인 행동은 공격적으로 보일 수도 있다. 이러한 반응들 가운데 많은 것을 우리 가족, 동료 그리고 친구들이 공통적으로 갖고 있다.

당신이 특정한 정서에 어떻게 반응하는가는 다른 사람들이 표현하는 같은 정서에 어떻게 반응하는지에 영향을 미친다. 좋은 소식은, 이것은 학습된 것이며 당신에게 도움이 잘 안 된다면 선택적으로 배우지 않을 수도 있다. 책임감 있는 코치는 자신의 최고 비밀 파일(그리고 가장 이상적인 것은 잠긴 트렁크에 있는 일부)에 무엇이 있는지 알아야 한다. 우리 가운데 많은 사람이 건강한 자기 이미지를 가질 수 없다는 것을 명심해야 한다. 수퍼비전을 통해 코치로서 당신의 최고 비밀 파일과 (필요하다면) 잠긴 파일의 내용까지 알고 있는지를 정기적으로 확인할 수 있다.

자신의 정서 세계에 대한 이해인 효과적인 공감은 당신이 본능적인 반응을 '묶어두고', 고객을 돌볼 수 있게 해줄 것이다. 이것은 당신의 감정이 기각된다는 것을 의미하지 않는다 - 그 감정들은 단지 일시적으로 묶여 있을 뿐이다. 이것을 설명하는 것은 두 가지 마음을 품는 것이다. 즉 하나의 마음만으로 생각하지 않고, 자기 자신뿐만 아니라 다른 사람을 배려하는 것이다. 당신의 관심이 한쪽으로 쏠릴 때, 당신은 오직 자신만 돌보므로 공감 스위치는 꺼지게 된다.

이 상황에서 대답하기 어려운 질문은 다음과 같다. 어떤 감정이 코치에 의해 묶여야 한다고 생각하나? 고객이 무슨 감정을 표현하든지 어떻게 공감으로 반응할 수 있을까?

공감의 기본

1장에서 언급한 바와 같이 공감이란 무엇인가에 대해 많은 사람이 어리둥절하여 동정이나 연민으로 혼동한다. 우리의 훈련 경험으로 미루어 볼 때 의도적인 공감deliberate empathy이 처음에는 이상하게 느껴질 수 있다. 코칭에서 적용하는 코치들도 당황스럽게 생각하곤 한다.

공감의 정의

16쪽에서 공감을 다음과 같이 정의했다.

> 공감은 다른 사람의 관점에서 세상을 이해하는 것, 그들의 감정, 경험과 행동, 그리고 상대방을 완전히 이해하는 의사소통이다.

따라서 코치로서 공감의 정의는 다음과 같다.

- 고객이 느끼고 있거나 이미 느꼈거나, 느낄 수 있는 것(고객의 단어 또는 비언어적 행동으로 표현된다),
- 그러한 느낌의 근원이 되는 경험 및/또는 행동(고객이 이미 말한 것에 의해 드러난다),
- 그러한 정보의 완전한 전달로 가능해지는 것.

고객에게 공감을 주기 위해서는 고객의 감정, 즉 그 감정의 근원을 파악해야 한다. 감정과 감정의 근원 두 가지를 모두 언어로 소통해야 한다. 효과적이고 능숙한 공감을 위해서는 감정이입을 작동해야 한다. 즉 감정이입을 표현해야 한다. 어떻게 사용하든 고객에게 전달되어야 한다.

감정 식별하기

감정은 사람들의 성별, 나이, 인종, 사회 계급, 교육, 지위, 문화적 배경뿐만 아니라 인간으로서의 발전 단계(성숙도와 관련은 없다)에 따라 고객마다 다르게 표현될 수 있다.

성별은 감정을 어떻게 다르게 표현할 수 있는지를 보여주는 전형적인 예이다. 서구 사회에서 남성의 역할은 '치명적인' 것으로 묘사된다. 남성 특유의 감정 억제와 건강과 행복에 미치는 부정적 영향 때문이다. 나이와 성숙도는 성별 효과를 극대화한다. 전통적으로 양육된 나이 든 일부 여성은 비정서적 행동을 계속하는 경향이 있다. 관계 치료나 효과적인 코칭을 경험하고 감정 세계에 접근할 수 있을 만큼 운이 좋은 사람들은 예외이다. 현대의 직장여성들은 남성 중심 직업에서 성공하기 위해 감정을 억제할 수 있다. 반면에 대다수 여성들은 감정 표현을 해도 괜찮은 곳에서 다른 사람을 돌보는 직업을 택한다. 인종 인식 훈련을 보면 흑인이 백인보다 더 감정적으로 표현하는 것으로 식별한다. 물론 이것은 부정적으로 여겨진다. 고객의 사회적 계급이나 사회적 지위는 그들의 감정을 표현하는 정도에 영향을 미칠 수도 있다.

놀랍게도, 교육은 정서 표현에 부정적 상관관계가 있다. 서유럽에서 제공되는 교육은 자유로운 감정 표현자로 태어난 아이들을 완전히 갇힌 성인으로 성장시킨다! 학계는 11세기 이후 위대한 사상가들인 토마스 아퀴나스와 르네 데카르트가 주도한 독점적인 사고에만 초점을 맞추었다.

제임스 헤밍James Hemming(1909~2007) 박사는 영국인 인도주의 협회의 회장이자 차기 부주석이었다. 그는 헌신적인 교사 겸 심리학자였으며 모든 아이를 소중하게 여기고 격려하는 교육 제도의 열렬한 옹호자였다. 그의 저서 『젊음의 배신The Betrayal of Youth』(1980)에서 정서를 포함한 교육을 열정적으로 주장한다. 교육에 관한 그의 다양한 생각은 오늘날의 교육과도 많은 연결점이 있다. 그는 주로 측정 가능한 결과를 도출하기 위해 고안된 교육 시스템을 비판하면서 학생들이 정신적인 부분만큼 그들의 모든 자원, 사회, 정서 등을 끌어오고, 스스로를 유능하다고 보도록 장려하는 교육과정을 제안했다. 심리치료사인 수지 오바흐Susie Orbach는 모든 분야의 정책 입안자들에게 직장 생활에서 고통의 정도를 다루기 위해 정서적으로 읽고 쓰는 능력을 우선시할 것을 촉구했다.

한쪽에는 가정과 부모의 사랑(기숙학교boarding school)을 포함한 어린 시절의 경험이 있고, 또 다른 쪽에는 극도의 가난이나 학대로 인해 어린 시절의 경험에 제한을 받았던 사람들이 있다.

데이빗David

데이빗은 어릴 때 영국에 있는 기숙학교에 다녀야 했다. 그의 부모는 해외에서 일했다. 돈은 많았지만 데이빗은 무자비하게 괴롭힘을 당했다. 그가 울거나 애원할 때 괴롭힘은 더 심해졌다. 그래서 데이빗은 자신의 고통을 숨기는 법을 배웠다. 데이빗의 부모님이 그를 방문했을 때, 절대로 감상적인 부분은 언급하지 않았다. 데이빗의 아버지는 기숙사를 떠날 때 '할아버지 같구나. 고개를 들어라'라고 말하곤 했는데 데이빗은 포옹해주지 않는 부모님에 대한 아쉬움을 숨기는 법을 배웠다.

론Ron

론은 두 자녀 중 장남이었고 유일한 아들이었다. 론의 아버지는 공격적이었고, 어렸을 때 '론이 잘 크라고' 론을 때렸다. 론은 아버지의 폭력을 피하려고 장롱에 숨곤 했다. 론은 자신의 진짜 상처와 깊은 고독감을 숨기려고 거친 성격persona과 폭력배처럼 외모를 꾸몄다. 성인이 되어 론은 강압적이고 남을 무시하고 공격적이었는데, 특히 여성 동료들에게 그러했다.

위와 같은 고객들은 자신들에게 그러한 감정이 전혀 없다고 확신하고 있으므로 감정에 관해 질문할 때 주의해야 한다. 공감을 이용한 코칭 작업을 통해 고객들은 자신의 감정을 발견할 수도 있다. 데이빗은 자기 자신의 버림받은 감정에 대해 스스로 견딜 수 없어서 업무를 힘들어하는 직원들을 참아내지 못한다. 론은 자신의 상처를 남성적인macho 외관에 잘 가려놓고, 직원들의 나약한 행동은 용납하지 않는다. 코칭에서 데이빗의 최고 비밀 파일을 다룰 수 있다. 그러나 위와 같이 직원에 대한 격렬한 감정 폭발에는 아마도 심리치료가 더 적합할 것이다. 심리치료 전문가에게 의뢰하는 지침은 8장에서 찾을 수 있다.

마지막으로, 고객의 문화적 배경은 그들이 얼마나 정서를 자유롭게 표현할 수 있는가에 영향을 미칠 수 있다. 예를 들어, 어떤 문화는 분노 표현을 억제하고, 어떤 문화는 고통이나 열정 표시를 억제한다. 그래서 코치들은 고객의 삶에 있는 문화적 규범을 잘 알고 있어야 한다.

언어 채널은 고객이 정서를 말로 표현하거나 말로 표현하지 않을 가능성이 큰 곳이다. 이것은 무엇을 의미하는가? 고객은 '느껴지는 감정'으로 시작할 수도 있지만, 그들의 솔직한 감정을 표현하기보다는 의견, 생각, 판단, 비판 또는 평가로 옮겨갈 수도 있다. 예를 들어, 'I feel'은 'like', 'as if', 'you', 'he', 'she', 'they', 'that', 'it' 같은 단어들이 뒤에 따라 나올 수 있으며, 이 단어 뒤에는 어떤 감정도 뒤따르지 않을 것이다. 그 뒤에는 어떤 생각이나 의견이 뒤따를 것이다. 이 예를 주의 깊게 따라가면 그들의 감정 표현이 얼마나 솔직하지 않은지 알게 될 것이다.

- 나는 항상 내가 잘못되었다고 느낀다(판단).
- 당번표를 바꾸는 것은 불공평하다고 느낀다(의견).
- 나는 그녀가 모임에서 다소 우위에 있다고 느낀다(비난인가 칭찬인가?).
- 나는 그가 회의에서 자신을 옹호하지 않았다고 느낀다(비난인가 칭찬인가?).
- 나를 무시한 것 같다(판단).
- 나는 그게 효과적이지 않다고 느낀다(평가).
- 나는 그들이 역할을 제대로 하지 않는다고 느낀다(의견).
- 나는 이 팀에서 내가 중요하지 않다고 느낀다(생각).

그리고 요즘 가장 흔한….

- 나는 …라고 느낀다.

'그것'이라는 말을 듣는 순간, 당신은 느낌이 아닌 생각/신념/의견을 듣게 될 것을 안다.

당신은 이 진술들 뒤에 숨겨진 실제 감정을 추측하고자 한다면 아래 실행 연습에서 그것들을 적용할 수 있다.

정서를 표현하는 또 다른 방법은 감정의 과거형 표현이다. PP는 past

participle로 동사의 과거 형태를 의미하며, 목적 지향적인 테크닉을 사용하는 코치에게 친숙하다. 당신은 고객에게 다음과 같은 과거(목록에서 굵은 글씨로 표시)의 관점에서 그들의 목표를 진술하도록 요구할 것이다.

- ~까지 **마무리된** 보고서
- ~까지 **줄어든** 몸무게
- ~까지 **올라간** 고객 평가점수

PP의 단서는 '과거형^{ed}'으로 끝맺는다.

감정을 표현하기 위해 어떻게 과거형을 사용하는가? 그들은 이렇게 말할지도 모른다:

나는 겁에 질렸다.

이것은 고객을 위협하는 누군가가 있다는 것을 암시하므로 코치로서 당신은 이 상황에서 고급 공감을 사용해야 하고 또한 매우 신중해야 한다. 아래에 이것에 관한 힌트가 있다.

위에서 언급한 바와 같이, 정서의 직접적 표현을 피하는 데 가장 많이 사용하는 방법은 '나는 ~라고 느낀다^{I feel that~}'의 사용인데, '나는 느낀다^{I feel…}'와는 어떻게 다른가?

나는 느낀다^{I feel…}(고객의 감정을 설명하는 말)
나는 (항상 생각, 의견 또는 신념)이라고 느낀다^{I feel that…}.

첫째, 고객이 그들의 감정을 마주하면 당신은 고객의 말을 사용하여 공감적으로 반응할 수 있다. 그렇지만 고객의 정서적인 어휘는 제한적이어서 고객은 이렇게 말할 수 있다: '나는 …라고 느낀다', 그것은 오늘날 대화에서 점점 더 인기 있는 표현이다. '나는 …라고 느낀다' 구절은 결코 감정을 표현할 수 없고 오직 생각이나 의견만을 표현할 수 있다. 실제 감정은 아래 예의 괄호 안에 있다.

- 방이 너무 많이 데워진 것 같다(난 너무 덥다 - 쉬운 단계).
- 당신이 나를 실망하게 했다고 느낀다(나는 실망했다 - 화가 나거나 슬플 수 있다).
- 지금 시급하게 결정해야 한다고 느낀다(나는 불안하거나 조급한가?).
- 그가 무슨 말을 해야 했다고 생각한다(나는 짜증이 나고 실망했는가?).
- 직원들이 이것을 너무 심각하게 받아들인 것 같다(나는 … 놀란 건가?).
- 이벤트가 충분히 잘 진행되었다고 느낀다(나는 기쁘거나 만족했나?).

'나는 …라고 느낀다'의 어려움은 감정을 표현할 수 없다는 것이다. 자신에게 직접 시험해보자. 'I feel that…' 다음에 느낌을 설명하는 단어를 배치하고, 그 문구가 적절한지 확인해보라.

- 나는 (짜증 난다고) 느낀다.
- 나는 (걱정을) 느낀다.
- 나는 (화가 남을) 느낀다.
- 나는 (행복하다고) 느낀다.

- 나는 (확신이 없다고) 느낀다.
- 나는 (신난다고) 느낀다.

고객이 코치에게 '나는 ~을 느낀다'라는 표현을 자주 쓸 것이므로 정서를 읽기에는 명확하지 않다. 사람들은 왜 '나는 느낀다'라고 말하고는 감정을 분명히 말하지 않는가?

이유는 명확하다. 고객의 표현이 수용되기를 원하기 때문이다. 가장 좋은 방법은 감정으로 표현하는 것인데, 그 이유는 감정에 반대하기는 어렵기 때문이다. 명확한 의견 표명, 신념 또는 생각은 의견의 불일치와 나아가 논쟁의 여지도 있지만, 감정은 단지 그 안에 존재할 뿐이고 화자의 개인적인 것이기 때문이다. '나는 …라고 느낀다'가 실제로 판단력이 있거나 편견을 가진 진술일 수 있는 것을 부드럽게 만드는 또 다른 이유가 있다. 예를 들어, '외국인 노동자들이 우리가 해야 할 모든 일을 한다고 느낀다'라고 말하는 것이 '나는 이민자들에게 화가 나고, 이민자들이 무섭게 느껴져'라고 말하는 것보다 더 쉬울 수 있기 때문이다.

고객이 '나는 …라고 느낀다'를 사용해서 감정을 직접 표현하지 않을 때, 고객은 그것을 비언어적이거나 목소리로 표현하고 있을 가능성이 크다. 즉 고객의 얼굴, 몸, 목소리는 감정을 전달한다. 여기서 코치는 위의 예에서 고객이 사용한 말을 바탕으로 이민자들에 대한 분노나 협박하는 감정을 짐작할 수 있기에 더 신중해야 한다. 오직 방 안의 코치만이 그들의 고객에게서 누출된 감정을 볼 것이다. 예를 들어, 고객이 붉어진 얼굴로, 소리를 지르고, 허공을 때리고, 더 빠른 말이나 어떤 단어에 비틀거리는 것을 본다면, 이것들은 분노나 두려움의 표현이다.

비언어 채널은 위와 같이 표정, 몸의 움직임과 자세 또는 팔다리나 머리 또는 몸통의 위치를 통해 감정을 나타낼 것이다. 음성 채널은 소리를 지르고, 속삭이고, 매우 빠르거나 느리게 말하는 등의 감정을 표현할 것이다.

코치는 이제 고객의 감정과 그 이유가 확인되었으므로 공감하면서 대응할 준비가 되었다.

공감 수준

공감 수준은 0부터 3까지 다양하며 상황에 따라 어느 수준을 사용할지 판단하는 것은 코치의 몫이다.

0 무공감: 질문, 판단, 조언 등은 아래 리스트를 참조한다.
1 부분적 공감: 2개 이상의 감정에서 식별한 1개의 감정.
2 일차적 공감: 언어적 또는 비언어적 감정 표현에 기초한다.
3 고급 공감: 느낌이나 감정에 대한 추측 또는 '느낀felt' 감각.

무공감

무공감은 말 그대로 '공감하지 않음'이다. 코치는 공감하는 대신에 다른 많은 반응을 제공할 수 있다. 이 선택에 대한 타당한 이유가 있을 것이다. 일부 대안은 아래 예에 열거하였다.

고객이 양손을 펼치면서, 나는 재고품이 잘못 놓여 있는 것에 진저리가 난다. 우리는 더 나은 시스템이 필요하다. 나는 결국 비난 받을 것이다. 저 관리자는 날 못 잡아먹어서 안달이다.

위 문구는 다음과 같은 여러 가지 다른 응답으로 해석할 수도 있다.

- 진부함
- 질문
- 해석
- 다른 언어
- 조언
- 평가
- 판단
- 도전

당신은 '나는 당신이 말하는 것을 듣고 있다' 또는 '나는 이해한다'와 같은 진부한 말로 응답할 수 있는데, 그 자체로는 고객에게 아무런 도움이 되지 않는다. 그러한 진술은 고객에게 그들이 이해되었다는 것을 전달하지 않는다. 고객은 자신에 대한 코치의 반응에 감정이 들어있지 않으므로 자신의 메시지가 잘 받아들여지지 않았다고 말할 것이다.

고객의 진술에 대해 **질문하는**questioning 답변은 '어떤 식으로 비난받나요?'와 같은 것이다. 이 질문은 관련이 있을지는 모르나 고객의 의견을 어떻게 그리고 진짜 이해하고 있는지에 대한 공감적 지원을 전달하진 않는다.

코치가 고객의 말을 **해석하는 것**interpreting은 고객이 고백한 사실에 암시된 것을 추측하려고 할 때 발생한다. 예를 들면, '비난을 받는다는 것이 무슨 뜻인가요?'라고 할 수 있다.

코치의 반응은 '당신은 일이 진행되는 방식이 만족스럽지 않군요'처럼 **부정확할**inaccurate 수 있다.

코치는 고객과 **매우 다른**very different 언어를 사용할 수도 있다. 코치가 사용하는 언어가 고객에게 진정성이 있다면, 코치는 고객이 사용하는 언어에 맞춰 유사한 언어를 사용하면서 라포를 형성할 수 있다. 그러면 코치는 고객과 합을 맞추고 있다는 것을 전달할 수 있다. 이와 관련한 자세한 내용은 5장을 참조하라.

예를 들어, 코치는 '오 이런, 걱정하지 마세요, 당신이 상품판매 분석표에 따른다면 괜찮을 겁니다'와 같은 말을 사용하여 **조언으로**giving advice 답할 수 있다.

화자의 말을 판단하는judging 것은, 예를 들어 '비난받는다는 소리에 정말 화가 나는군요'와 같은 것이다.

또는 '비난받는다는 걸 어떻게 알 수 있습니까?'라고 말하는 것은 화자에게 도전하는 것처럼 보일 수 있다.

부분적 공감

부분적 공감은 일차적 공감의 한 형태이며, 고객이 표현한 감정에 반응하는 것이다. 코치가 놓쳤거나, 뒤로 미뤄놓은 다른 감정이 있을 수도 있다.

고객이 양손을 펼치면서, 나는 재고품이 잘못 놓여 있는 것에 진저리가 난다. 우리는 더 나은 시스템이 필요하다. 나는 결국 비난받을 것이다. 저 관리자는 나를 못 잡아먹어서 안달이다.

부분적 공감 반응은 다음과 같다: '당신은 재고품의 위치가 잘못되어 있는 것에 진저리가 났고, 더 나은 시스템을 원하시는군요'이다. 이것은 고객에게 진저리가 난다는 감정, 이유, 그리고 양쪽 모두의 의사소통을 인식하며 표현하는 것이다. 이것은 감정이입의 세 가지 요소를 충족하지만, 고객이 손을 벌리며 표현하는 정서나 관리자에 대한 감정을 포함하지 않으므로 부분적이다. 그래서 부분적 공감은 좋지만, 개발 코칭에는 충분하지 않다. 그런데도 부분적 공감은 성과 코칭에 아주 적합하다.

일차적 공감

일차적 공감에는 고객이 표현하는 모든 감정의 소통, 이러한 감정의 이유, 그리고 그것을 정확하게 식별하는 반응을 포함한다. 예를 들어, 위의 고객에 대한 반응은 '당신은 현재의 재고 시스템에 싫증이 났고, 더 참을 수가 없어서 더 나은 시스템을 원하시는군요'이다.
   그렇지만 고객이 그들의 감정을 부인한다면 어쩌겠는가?
   일차적 공감의 중요한 요소는 증거이다. 보고 들은 것을 설명하면서 반응을 뒷받침해야 한다. 이 경우, 코치는 고객이 두 손을 벌려 조급함을 보인 것을 알아차렸다. 특히 고객이 받아들일 수 없는 경우에는 여전히 자신의 감정을 부인할 수 있다. 흔히 코치가 고객의 정서를 잘 이해하면 신뢰와 안전을 촉진하므로 고객은 그 감정을 받아들일 수 있다.

고급 공감

고급 공감은 고객에게 있을 법한 감정에 대한 확신이 충분하지 않거나, 코치가 오해할지도 모를 때 보일 수 있는 반응이다.

이것은 때때로 '느껴진 감각felt sense'으로 설명한다. 예를 들어, 위의 고객에게 관리자에 대한 고객의 의견을 표현하기 위한 반응은 다음과 같다: '당신은 그 부분에 책임이 있어서 비난받는다고 느끼시나 봅니다. 당신은 오히려 관리자를 경계하는 것 같네요.' 고객이 과거시제로 정서를 표현할 때, 공감을 위한 조언은 다음과 같이 '왜냐하면'을 사용하는 것이다.

　　당신은 … 때문에 비난받는다고 느끼는군요.

미완성된 문장은 고객이 그렇게 하기로 했다면 채울 수 있도록 공간을 남겨둔다. 과거시제 응답의 다른 예는 다음과 같다.

　　당신은 … 때문에 겁을 먹었군요.
　　당신은 … 때문에 신났군요.

당신이 그것을 짐작했다면 이유까지 제시할 수 있을 것이다.

고급 공감은 고객의 신체와 얼굴, 목소리, 몸가짐을 관찰하며 듣는 경청 기술에 달려 있다. 또 고객에게서 많은 것을 추가로 들을 수 있는데, 이는 코치의 추측에 도움이 된다. 코치가 고객에게 진심으로 코칭을 진행하면 고급 공감을 제공할 수 있다.

고객은 열 번 가운데 아홉 번은 코치의 추측에 동의하지 않을 수도 있다. 그렇지만 이것은 중요하지 않다. 코치에게 자신의 진짜 감정이 무엇인지 말할 것이다. 예를 들어, 위의 직원은 '아니요, 나는 경계하지 않습니다. 나는 화가 납니다'라고 말할 수도 있다.

고급 공감의 중요한 요소는 증거 부족이므로 코치의 반응은 잠정적이어야 한다. '제가 추측하건대 …', '아마도', '저는 …가 궁금합니다', '당신은 … 할 것 같습니다', '아마도 이럴 것 같습니다'와 같은 수식어구를 사용하면 코치의 잠정적 반응을 나타낼 수 있다. 여기에 고객이 동의하거나 동의하지 않을 수도 있고, 명확하게 표현하거나 진짜 속마음을 설명할 수도 있다. 그때 코치는 일차적 공감을 보여야 한다.

공감의 방식 Modes of empathy

고객은 그들이 과거에 느꼈던 감정이나 현재 또는 미래에 느낄 것 같은 감정을 표현한다. 그래서 공감은 세 가지 방식으로 제공할 수 있다.

  과거
  현재
  미래

과거의 방식은
  당신은 … 할 때 … 때문에 … 하게 느꼈다.
  당신은 … 때문에 … 느꼈다.

현재의 방식은

    당신은 … 때문에 …을 느낀다.

    당신은 … 때문에 …을 느낀다.

    당신은 …할 때 … 때문에 …을 느낀다.

미래의 방식은

    당신은 … 때문에 느낄 수도 있다.

    당신은 …할 때 …를 느낄 수도 있다.

    당신은 …할 때 …를 느끼기가 쉬울 수도 있다.

    당신은 …을 느끼길 기대한다.

  6장의 NEWW 모델을 사용하기 위해서는 위의 세 가지 방식이 필요하다. 코치는 고객의 감정을 지금 여기 here and now 에서 인식한다.

  N은 모델에서 Now를 의미한다. 위의 사례에서 코치는 지금 여기에서 '당신은 진저리가 나는군요'라고 말했다. 과거의 방식에서 감정이입은 고객이 과거에 관해 이야기할 때 사용되며, 이것은 모델에서 공감을 나타내는 E이다. 위의 사례에서, 코치는 '당신은 비난을 받았다고 느끼는군요'라고 말했다. 코칭이 진행되는 동안 고객이 관리자를 어떻게 대할 것인지를 결정함에 따라 향후 고객의 어떤 행동에서든 감정이 나타날 것이며 이 감정은 다음의 것을 포함한다.

    당신은 관리자와 맞서는 걸 두렵게 느끼는 것 같습니다.
    당신은 그를 만나면 화를 내려고 하는 것 같습니다.
    우리가 논의한 바에 따르면, 당신은 그 일이 일어날 때 결심한 것 같습니다.

코치는 긍정적 감정에 반응하는 것을 선호하고 부정적 감정은 무시할 수 있으며, 이것이 생산적인 행동에 도움이 된다고 믿는다. 그러나 이것은 다음과 같은 특정 코칭 상황에서는 도움이 되지 않을 수도 있다.

> 앤Ann은 벨기에의 한 대학에서 학생들을 지도하고 있었다. 학생들은 경영 시험을 다시보고 있었는데, 점수가 많이 떨어져서 공부를 지속할 수 없는 상황이었다. 학생들은 다양한 인종으로 구성되어 있어서 실패에 대한 지나친 두려움을 보일 수 있으므로 앤은 문화적 차이에 신중히 접근하려고 한다. 앤은 학생들의 어려움을 받아들이고 자신의 경험을 공유하기 전에 학생들의 실망을 수용하면서 관계를 형성한다. 앤은 학생들이 얼마나 힘들었는지를 받아들이며, 학생들의 경험을 가볍게 여기지 않는다. 앤은 그들과 즐겁게 어울리기보다 그들의 고통을 함께 나누며 그들이 느끼는 두려움에 적절하게 반응한다. 앤은 동시에 학생들이 젊은 여성 사업가로서 형성해야 하는 자신감도 지지한다.
>
> (앤 드 코크Ann de Kock, 대학 강사)

> 로즈Rose 코치는 지역 체조 클럽에서 젊은이들을 지도한다. 이들은 신체적, 정신적으로 특수 욕구를 가진 이들이다. 회원들은 정기적으로 국내외 대회에서 우승한다. 고객들은 때때로 좋은 성적을 거둔 뒤에도 장애로 인한 한계를 느끼면서 낙담한다. 로즈는 고객의 감정에 귀를 기울이며, 그들의 얼굴과 목소리를 읽어 낸다. 그들의 '나는 그렇게 할 수 없어'란 말을 듣고도 그들과 연결되기를 고집한다. 로즈는 선을 넘지 않는다. 그렇지만 고객이 바보처럼 보이거나 지나치게 신나 하는 것을 두려워하는 것을 잘 이해한다. 로즈는 일관된 공감을 보여주고 적재적소에서 신체적으로 고객을 도움으로써 그들의 신뢰를 얻는다. 로즈는 성공을 위해서 그들을 밀어붙일 것이며, 절대로 그들을 포기하지 않을 것이라고 고객들에게 말한다.
>
> (로즈 릭스Rose Ricks, 클럽 코치)

코치가 저항이나 장애를 마주하며 일하는 곳에서 부정적 감정을 인식하는 것을 두려워해서는 안 된다. 고객은 흔히 그들의 감정을 묘사하기 위해 단어를 찾으려고 애쓰며, 코치는 고객이 어떠한 표현을 주저하거나 감정을 표현하지 않을 때, 말하고 싶은 단어를 제안할 수도 있다. 이를 돕기 위해 [표 4.1]에 감정 단어 목록을 제시했다.

[표 4.1] 감정 단어(감정 강도가 약함에서 강함의 내림차순으로 정리함)

화난 감정	슬픈 감정	기쁜 감정	신나는 감정	염려하는 감정	나쁜 감정
짜증이 난	속상한	행복한	긍정적인	지겨워하는	구역질 나는
약이 오른	절망적인	만족스러운	흥미로운	불안한	두려운
걸핏하면 화를 내는	소용없는	기뻐하는	기운이 넘치는	걱정하는	부정적인
성격이 나쁜	실망한	만족한	관련이 있는	불편한	두려운
괴팍한	우울한	편안한	열정적인	불만족한	두려워하는
좌절감을 느끼는	외로운	아주 기쁜	넋을 잃은	방해받은	겁에 질린
불만스러운	울먹이는	희망에 찬	도취 된	눌린	아픈
화가 난	상처받은	소중한	거품이 나는 fizzy	스트레스 받은	반란을 일으키는
성난	배반당한	기쁨에 찬	호기심이 있는	불안해하는	원망하는
분노에 찬	고통스러운	유용한	매혹당한	문제가 있는	쓸쓸한
몹시 화가 난	비참한	흥미진진한	자극받은	집중이 흐트러진	갇힌
격노한	절박한	열광하는			
은유					
극도로	최악의 상태	엄청 행복한	기분이 최고로 좋은	망설이는	아무것도 아닌 것처럼
터지기 직전	실망시키는	많이 행복한	기분이 너무 좋은	몹시 실망한	

요약

이 장에서 우리는 코치가 고객의 감정을 알아차려야 한다는 점과 고객들이 감정을 어떻게 표현하는지에 중점을 두었다. 감정은 말로만 표현되는 것이 아니라 세 개의 채널을 통해 표현할 수 있다. 이 장은 무공감, 부분적 공감, 일차적 공감, 고급 공감의 예와 함께 감정 단어 목록을 제공한다. 무공감은 공감의 부재이며 코치는 다양한 반응을 나타낼 수 있다. 부분적 공감은 표현된 것의 일부에만 반응하며 이것은 특정한 상황에서 합리적인 반응일 수 있다. 일차적 공감은 명시적으로 표현된 느낌과 경험에 반응하는 반면, 고급 공감은 '행간을 읽어내거나' 에둘러서 표현되었을 수 있는 감정에 반응한다. 그렇지만 우리는 주로 감정과 정서를 평가절하하는 환경에 살고 있다. 따라서 고객이 스스로 분명히 느끼는 것을 억누르거나 부정하는 곳에서는 약간의 고급 공감 능력이 필요하다. 이것은 특히 코치가 도전적인 상황이 필요한 갈등을 다룰 때 중요하다. 우리는 7장에서 이것을 어떻게 할 것인지 논의할 것이다.

5장
질문하기: 왜 묻는가?

이 장에서는 질문의 필요성과 고객에게 질문하려는 이유에 관해 논의한다. 우리는 질문이 코칭 관계를 방해하지 않고, 유익하게 작용할 수 있도록 공감 다음의 자리에 둘 것을 권한다. 공감에 질문을 더하는 것이 변화를 촉진하는 더 빠른 방법이 될 것이다. 표면/심연 구조, 깨끗한 언어clean language 및 바이런 케이티Byron Katie의 질문을 포함한 다양한 질문, 질문 기술의 목적과 영향을 살펴보겠다.

질문은 목격자 보고, 경찰 조사, 정부 조사, 법적 조치, 의료 기록과 같은 많은 상황에서 중요한 요소이다. 아마도 이러한 연관성 때문에, 일부 고객은 불편해할 수 있다. 그들에 대한 질문은 심지어 위협적으로 보일 수도 있다. 많은 사람에게 학교에서의 질문은 올바른 답을 아는 것과 관련이 있었다. 그래서 질문은 시험처럼 느껴질 수 있다. 사람들은 질문받을 때 어렵다고 말하기도 한다. 일부 경영자들은 직원들이 복종하도록 질문할 수도 있지만, 이것이 협력을 끌어내지는 않는다.

그런데도 질문은 코칭 세션의 주체가 되어 코치에게 고객 정보를 수집하고, 반영하고, 불일치를 찾아내고, 코칭 진행 상황을 확인하도록 돕는다. 그리고 고객이 일부 당연하게 받아들이는 것taken-for-granted(tfg)을 다시 진술하도록 한다.

코치로서 코칭 목표를 명확히 하고, 코칭 맥락을 파악하고 있어야 한다. 여러분이 사용할 코칭 종류와 그에 따른 적절한 공감 수준을 반드시 알고 있어야 하기 때문이다. 예를 들면, 직속 상사로서 직원들이 업무 목적을 이해하는지 먼저 확인해야 한다. 성과 관리를 위해서는 성과를 논의하기 전에 핵심 성과 지표에 대해 직원에게 먼저 질문해야 한다.

피터 Peter

피터는 보험회사에서 보상 협상팀을 운영하고 있다. 샬롯은 그 팀원 가운데 한 명이다. 피터는 샬롯과 매주 일대일로 세션을 진행한다. 세션에서 샬롯이 담당하는 그 주의 보상 청구 대상을 잘 이해하고 있는지 확인한다. 피터는 이렇게 말할 것이다. '우리가 같은 일을 하고 있는지 봅시다. 샬롯, 당신이 담당하고 있는 이 주의 목표는 무엇입니까?'

참여 코칭과 유사하게, 당신은 고객이 회사 목표에 대해 무엇을 이해하고 있는지 확인하고 싶을 것이다.

피터가 팀과 함께 경영 브리핑을 할 때, 팀이 목표를 어떻게 달성할 수 있는지 말하기 전에 팀원들이 목표를 얼마나 알고 있는지 확인해야 한다. 피터는 아마도 '여러분, 안녕하십니까? 우리의 월간 보상 청구 목표치가 어느 정도인지 누군가 말씀해주시겠습니까?'라고 말하면서 시작할 것이다.

당신이 임원코치로 의뢰받았을 때 코칭 세션을 지원하는 스폰서의 목표가 코칭받는 고객의 목표와 같다는 가정은 도움이 되지 않는다. 스폰서와 고객과의 삼자 회의는 코칭이 누구를 위한 것인지 분명히 알려주는 좋은 방법이지만, 언제든 주객이 전도될 수 있다.

    예를 들어, 임원코치인 마틴Martin은 보험회사의 HR 관리자인 케이트Kate의 의뢰를 받았다. 마틴은 노련한 손해사정인인 피터Peter와 함께 보상협상팀을 이끌고 있다. 피터는 보상협상팀 전체를 관리하기 위해 두 번이나 승진 신청을 했지만, 젊은 동료인 델라Della 때문에 고배를 마셨다. 피터는 이제 델라에게 직접 보고해야 했다. 델라는 피터의 성과에 만족하지 않기 때문에, 피터를 위해 HR 관리자인 케이트에게 코칭 세션을 요청했다.
    피터의 관리 스타일 때문에 젊은 팀원들이 불평한다. 직원들은 모두 보너스를 받기를 바라지만, 그들을 기다리는 건 끊이지 않는 업무뿐이다. 다소 느긋한 피터는 서두르지 않아서 그의 직원들은 좌절감을 맛봐야 한다. 임원코치인 마틴은 케이트에게 마틴 자신과 피터(고객) 그리고 델라(피터의 상사)와의 삼자 회의를 마련해 달라고 부탁한다.
    델라는 삼자 만남 전에 임원코치인 마틴을 만나야 한다고 주장한다. 그래서 마틴은 지혜롭게 이 회의, 그리고 다른 어떤 회의도 코칭 계약에 포함해 줄 것을 회사에 요구한다. 델라는 마틴에게 자신과 피터와 겪었던 문제와 피터의 일 처리로 겪었던 문제를 알려준다. 임원코치인 마틴은 자신이 피터에게 이렇게 저렇게 하라고 할 수 없기에, 델라가 피터와의 관계를 위해 협력하도록 제안한다. 델라는 자신이 너무 바빠서 감정을 드러내야 하는touchy-feely 코칭에 시간을 낭비할 수 없다고 말한다. 마틴은 코칭이 피터의 업무와 나아가 회사와의 관계까지 개선할 것이라고 제안한다. 델라와 마틴은 피터의 팀원들에게 불평을 더 적게 받게 될 것이라는 데에 동의한다. 삼자 회담을 시작하자 델라는 자신의 우려를 반복해서 말하고 피터는 오히려 온순하게 코칭 목표에 동의한다.

    이것은 참여 코칭으로 보이므로 마틴은 특히 피터와의 관계가 시작되는 첫 번째 세션에서 일차적 공감을 사용할 것이다. 피터가 자신의 목표를 설정하면 코칭은 개발 코칭이 될 것이다. 질문은 어떠한가? 마틴은 코칭에 대한 피터의 태도를 확인할 필요가 있지 않은가?

당신은 고객 상황, 고객에게 일어나는 일, 그리고 고객의 학습에 영향을 미치는 것, 그것이 개선이든 발전이든 탐색하기 위해 질문이 필요할 것이다. 게다가 질문은 고객이 어떤 종류의 실행 계획을 갖고 세션을 떠날 수 있도록 코치와 합의한 행동들을 확인하는 데도 필요하다. 그렇지만 빈번한 질문은 공감을 동반하지 않으며 잠재적으로도 거슬릴 수 있다. 질문하기 전에 공감을 먼저 사용하라. 질문보다 공감이 먼저일 때, 질문이 갖는 힘은 더 강화된다. 코치가 먼저 공감을 표현할 때, 고객에게 변화가 일어나고 질문에 대한 고객의 수용력이 높아진다. 그러므로 우리는 코칭 흐름에서 질문하기 전에 적절한 수준의 공감이 항상 선행되어야 한다고 권한다.

이 사례에서 마틴은 피터가 요란하게 방으로 들어가 문을 쾅 닫고는 의자에 털썩 주저앉는 것을 보며 그에게 질문할 필요가 없다는 것을 알게 된다. 마틴은 '당신은 우리가 여기서 하는 일이 그다지 내키지 않는 것 같네요'라고 말한다. 피터가 말했다. '맞습니다. 나는 원치 않습니다. 그녀는 일자리를 얻었고 이제 나를 밀어내고 싶어 합니다.' 마틴은 계속 말한다: '당신은 상당히 화가 난 것처럼 들립니다.' 피터는 '내가 왜 이걸 해야 합니까? 그들은 내가 여기 있는 것을 고마워하지 않습니다.' 마틴은 기다리고 피터는 '내 커리어는 망가지고 있는데 내가 왜 델라의 커리어를 지지해야 하는지 모르겠네요'라고 손과 이를 악물고 말한다. 공감하는 반응은 '델라가 먼저 승진했을 때 그녀의 커리어를 도와주어야 하는 데에 화가 난 것 같네요'일 수 있다.

질문은 흔히 더 많은 정보를 얻고 잠재적인 행동 지점을 식별하기 위한 필수 프로세스에 초점을 맞춘다. 그러나 공감은 감정에 초점을 맞추며, 자신에 대한 뭔가를 변화시키는 능력의 포문을 열어준다. 신경과학은 정서적인 뇌가 사고하는 뇌보다 결정과 변화에 더 많은 힘이 있다는 것을 밝혀냈다. 이에 대한 설명은 3장에서 다뤘다. 따라서 정서적 영역은 학습과 발전에 가장 중요하다. 이것은 알고 있는 영역과 행동 영역의 중요성을 무시하기 위한 것이 아니다. 공감 코칭에서는 이러한 것들이 고객의 변화 의지에서 아주 자연스럽게 나오는 것을 알 수 있다. 즉 고객의 생각이나 행동보다는 감정과 연결되는 데서 시작되는 것이다.

코칭에 사용하는 질문 유형

코칭에 사용할 수 있는 몇 가지 유형의 질문이 있다. 질문은 다음과 같이 분류할 수 있다.

- 열린 질문 open
- 닫힌 질문 closed
- 다중 질문 multiple
- 수사학적 질문 rhetorical
- 선도적 질문 leading

열린 질문으로 공감이 가능하지 않은가? 답은 '아니요'이다.

소크라테스와 열린 질문

소크라테스는 2500년 전 고대 그리스에서 살았던 철학자였고, 아테네 시민이었다. 그는 개발 코치처럼 일했다. 그는 소속된 학교도 회사도 없었고, 수업료도 받지 않았다. 거리에서 코칭하며, 직업 교사들을 경멸했다. 또 '나는 나의 무지 말고는 그 이상의 지식을 갖고 있지 않다'라고 주장했다.

'순수한naïve' 질문은 개발 코칭에서 '당연한 것tfg'을 뛰어넘어 매우 강력할 수 있다.

소크라테스의 코칭은 오늘날의 개발 코칭의 목적과 유사하게 젊은이들에게 '자신을 알 필요가 있다'는 것을 성취하도록 영향을 주었다. 그의 활동은 너무나도 성공적이어서 동료들 가운데 몇 명을 적으로 만들게 되었다. 아테네가 불경기에 접어들었을 때, 적이 된 동료들은 소크라테스를 비난했고, 그는 두 가지 혐의로 기소되었다.

- 불경impiety – 신의 존재 부정
- 젊은이들의 타락 조장 –젊은이들에게 기존의 질서를 비판하도록 부추긴다.

소크라테스는 역사상 최초의 민주 재판소에서 70세의 나이에 사형 선고를 받았다. 사형 집행이 늦어지면서 소크라테스는 자신이 선택한 날과 장소에서 저물녘에 독미나리를 마실 기회를 얻었다. 이 2500년 된 매력적인 코치에 대해 더 많이 읽으려면, 베타니 휴즈Bettany Hughes의 『미나리 컵The Hemlock Cup』을 추천한다.

소크라테스의 질문은 고객을 지금까지의 가정을 의심할 수 있는 곳으로 데려갈 수 있다. 당연한 것tfg에 대한 의문이 제기될 수 있으며 이것은 전혀 편안하지 않을 것이다. 소크라테스는 친구인 메노Meno와 상상의 대화imaginary dialogue에서 아무것도 모르고, 교육도 받지 않은 노예와 대화하면서 어떻게 열린 질문을 사용하는지를 보여주었다.

소크라테스는 열린 질문만으로도 노예가 어떻게 기하학을 이해할 수 있는지를 보여주었다. 이 이야기에서 노예 소년은 새로운 배움에 몸부림친다. 친구 메노는 이전의 편안한 무지에 비해 완전히 새로운 것을 배우는 그 과정이 불편하다고 생각한다: '그는 처음에는 무엇이 나아졌는지 알지 못했고, 지금도 여전히 알지 못한다. 그러고나서 그는 자신이 안다고 생각했다. 그리고 이제 그는 어려움을 느꼈다'(Hughes, 2010: 282). 이것은 실제로 효과적인 개발 코칭에서 어떤 일이 일어나는지에 대한 완벽한 설명이다. 불편함을 느낀다면 고객이 이전에 믿었던 tfg를 의심한다는 표시이기 때문이다.

> 마틴과 피터는 좋은 관계를 유지하고 있다. 마틴은 피터가 승진하지 못한 것에 대한 자신의 감정을 더 표현하도록 허용하면서, '당신 대신 델라가 승진해서 무시당하고, 과소평가된 것 같다고 느끼시는군요'라고 말했다. 마틴은 코칭 목표를 향해 나아갈 때, 피터가 '내 팀을 위해 잘하고 싶지만 델라를 응원한다면 전 벌을 받을지도 몰라요'라며 저항하는 모습을 목격한다. 마틴은 '델라가 당신을 제치고 승진한 것에 화가 나 있군요. 당연히 당신은 분개할 수 있습니다'라고 말한다. 피터는 '코치님은 저를 정말 이해하고 계시는군요!'라고 말한다. 또 피터는 '이해해 주셔서 정말 감사합니다'라고 덧붙인다.
>
> 마틴은 계속해서 말한다: '상업적 청구에 대한 손해배상 협상 책임자로

서 당신은 지금 어느 위치에 있나요?' 피터는 '제가 잘해내지 못하면 다음에는 승진을 못 할 것 같습니다'라고 대답한다. 마틴은 '승진을 위해 무엇을 할 수 있을까요?'라고 말한다. 피터는 이렇게 말한다. '델라와 협력해야겠지요? 그렇지만 쉽지 않다고 말하고 싶습니다.'

여기에 공감하는 답변으로 마틴은 '피터, 자기 감정을 알고는 있지만, 아직 확신하지 못하는군요'라고 할 수 있다.

열린 질문

내게는 여섯 명의 정직한 하인이 있다네
내가 아는 모든 것을 가르쳐 준
그들의 이름은
누가Who, 무엇을what, 언제When, 어디서where, 어떻게how 그리고 왜why라고 한다네.

(루드야드 키플링Rudyard Kipling)

이 기억에 남는 운율은 질문에서 사용할 여섯 단어와 열린 질문에서 사용할 수 있는 아이디어를 제공한다. 그런 질문은 단순한 '예'나 '아니오'로는 대답할 수 없다. 그래서 '무엇이 필요한지 이해하는가?'는 '예', '아니오'로 대답할 수 있기에 열린 질문이 아니다. 그것은 닫힌 질문이다. 키플링의 말을 사용하면 의도적으로 닫힌 질문 사용을 피할 수 있다. 그렇지만 열린 질문은 숨겨진 진술을 가리고 있을 수도 있다.

열린 질문은 속뜻을 갖고 있을 수 있다. 예를 들어, 델라가 피터에게 '어떻게 하면 포트폴리오의 결산 보고 차이를 개선할 수 있나요?'라고 물었을 때, 그녀의 질문 뒤에 있는 숨어있는 뜻은 '피터, 당신의 결산 통보 차이는 충분하지 않아요'이다.

이 둘의 약한 관계를 볼 때, 피터의 반응은 다음과 같을 수 있다. '델라, 당신이 상사이니 말해 보세요.' 만약 델라가 피터와 회의를 열면, 델라가 '지난달 결산 보고에 대해 알려 주세요'라고 질문하면, 피터는 마지 못해 대답할 것이다. 이에 델라는 '무슨 일이 있었나요?'라고 묻기 전에 '피터도 실망했겠네요'라고 말하면서 공감을 사용하여 대답할 수 있을 것이다.

그렇다면 그때 비로소 '어떻게 개선할 수 있을까요?'와 '언제 이런 일을 할 것인가?'라고 질문할 적기이다. 질문의 숨겨진 진술은 대체로 항상 동사로 시작한다. 예를 들어, ~이다. ~을 가지고 있다. ~일 것이다 등이다. 먼저 '이 질문 뒤에 있는 뜻은 무엇인가?'라고 자문하여 자신의 의도를 확인할 수 있다. 당신이 발견한 대답에 놀랄지도 모른다.

'왜'란 한마디가 열린 질문을 여는 열쇠이다. '왜'를 사용해서 '왜 승진을 원하는가?'와 같은 가정들을 질문할 때, 그것은 공격처럼 느껴질 수 있어서 고객은 뒤로 물러설 수도 있다. tfg에 대한 검사는 다른 열쇠 가운데 하나를 사용하여 질문해야 한다. 예를 들어, '무엇이 당신을 끌어당기는 일인가요?' 예를 들어, 누군가가 '승진을 하고 싶다'라고 말할 때, 질문은 다음과 같다.

5장. 질문하기: 왜 묻는가?

- 승진을 위해 무엇을 해야 하는가?
- 어떻게 그것을 달성할 수 있는가?
- 당신을 멈추게 하는 것은 무엇인가?
- 어떤 도움이 필요한가?
- 누가 도울 수 있는가?
- 언제부터 이것을 실행하겠는가?

또 후속 조치follow-up는 당신의 고객을 인정하는 과정이다. 통찰력 있는 질문을 하고 나서 그 답을 파괴적으로 비평하는 것은 의미가 없다. 고객이 '나는 더 창의적으로 일하고 싶습니다'라고 대답할 때, '난 당신을 창의적이라고 생각해 본 적이 없습니다'라고 하는 대답은 아마도 좋은 코칭이 아닐 것이다. 고객의 대답에 비언어적으로 반응하는 것은 독이 된다. 예를 들어, 코치가 한숨, 피곤한 얼굴, 치켜 올라간 눈썹, 떨리는 목소리, 부적절한 웃음을 통해 부정적 견해나 심지어 경멸까지도 전할 수 있다.

많은 코치가 공감 대신에 '기분이 어떠신가요?HDTMYF: How does that make you feel?' 또는 '어떻게 느끼시나요?HDYF: How do you feel?'라는 질문을 사용한다. 이것은 '기분이 어떠신가요?' 또는 '어떻게 느끼시나요?'의 약칭이다. 효과적인 코칭은 코치와 고객 사이에 존재하는 관계에 따라 다르므로 당신은 공감으로 반응하기 위해 이미 고객의 감정을 인식하게 될 것이고 질문이 필요하지 않을 것이다. 이 두 가지 질문 중 어느 것이든 과대평가되었거나 감당하기 어렵다고 느끼는 감정에 직면하게 할 수 있다.

예를 들면, 마틴은 피터의 저항에 '어떻게 느끼시나요?'라는 질문으로 반응할 수 있었다. 피터는 '학교처럼 끔찍하고, 견딜 수가 없어요'라고 하면서 '내 선생님이 나빴어요'라고 답한다. 피터는 눈물을 흘리며 감정을 삭인다. 마틴은 지금 심각하게 그의 능력을 벗어난 코칭에 직면하게 된다.

참고: 최근 영국의 한 연구에서, 예상 밖에도 13%의 응답자가 어린 시절에 학대를 당했다고 보고했다. 이것은 영국에서만 150만 명의 사람들이 학대를 당했음을 나타낸다.

여러 가지 질문은 실제로 한 문장에 두 가지나 그 이상을 묻는 것이다. 예를 들어, 만약 당신이 고객에게 '무엇이 잘못되었나요? 그리고 무엇을 할 것인가요?'라고 말한다면, 당신은 여러 가지를 질문하는 것이다. 고객이 질문의 어느 부분에 답해야 할지 모르기 때문에 여러 가지 질문은 혼란을 준다. 고객은 더 많은 손님을 끌어들이기 위해 무엇을 할 수 있는지에 대한 중요한 질문보다는 쉬운 질문에 '날씨가 나빴고, 손님이 없었습니다'라고 대답할 것이다.

비꼬는 질문은 정말 닫힌 질문이다. 고객은 '예' 또는 '아니오'로 대답해야 한다. 예를 들어, '창문을 제때 안 닦았지요?'는 닫힌 질문이기도 하고, 의미가 숨겨져 있는 선동적인 질문이기도 하다. 그것은 관련 직원이 진술에 동의하도록 유도하는 것이다. 또 다른 대표적인 질문은 '그게 얼마나 어려울까요?'인데, 이것은 고객이 무언가 어렵지 않다는 것에 동의하거나 스스로 무능하다고 느끼도록 유도할 수 있다.

표면과 속뜻

코치로서 당신은 직원이나 고객의 말을 주의 깊게 들을 것이다. 당신은 코칭에서 표면적이고 속뜻이 담겨있는 아이디어를 유용하게 사용할지도 모른다. 이것은 겉으로 말하고 있는 것과 숨겨져 있는 속뜻을 의미한다. 고객의 말을 완전히 이해하려면 말에 담긴 깊은 의미를 되찾아 해석하면 된다. 고객의 표면적인 의미는 다음과 같은 속뜻을 갖는다.

- 일부 정보 누락
- 의미 변경
- 특별한 경우를 일반화

누락된 정보의 예:

표면 단어: 그건 가능하지 않다.
속뜻: 나는 그것이 가능하지 않다고 믿는다.

변경된 의미의 예:

표면 단어: 내 관리자는 나를 반대한다.
속뜻: 내 관리자는 나를 좋아하지 않고, 나는 그녀가 나에 대한 태도를 바꾸지 않을 것이라고 믿는다.

일반화의 예:

표면 단어: 아무도 나에게 어떤 것도 말해주지 않는다.
속뜻: 내 관리자는 나에게 새로운 시스템에 대해 알려 주지 않았다.

무엇이 누락, 변화 또는 일반화되었는지 확인함으로써 대부분 의사소통에서 말하는 액면 단어들의 바탕을 이루는 속뜻을 찾을 수 있다. 몇 가지 예는 [표 5.1]에 제시되어 있다.

[표 5.1] 표면에서 속뜻 찾아내기

액면	어떻게 바뀌었나?	속뜻
그것은 도저히 불가능하다.	누락된 정보	불가능할 것 같다.
아무도 나에게 어떤 것도 말해주지 않는다.	일반화	내 관리자가 새로운 급여 인상률에 대해 알려주지 않았다.
명백하게	누락된 정보	나에게 …라는 것이 명백하다.
그는 내 생각을 전혀 고려하지 않는다.	일반화	그는 X와 Y의 경우에 내 생각을 고려하지 않았다.
그는 태도에 문제가 있다.	누락된 정보	나는 그의 약간의 X와 Y 행동에 짜증이 난다.
그들은 항상 잊는다.	일반화	X와 Y는 W와 Z의 경우에 잊었다.
나는 성공해야 한다.	누락된 정보	나는 6시까지 일을 끝내고 싶다.
아무도 나에게 말을 걸지 않는다.	일반화	내 동료 X와 Y는 W와 Z의 행사에서는 나에게 말을 걸지 않았다.
그들은 나를 좋아하지 않는다.	정보 누락 및 의미 변경	나는 X와 Y가 나를 좋아하지 않는다고 믿으며 그들이 나에 대한 태도를 바꾸지 않을 것이라고 믿는다.
그는 사무실에 매일 있지 않다 - 그는 항상 교육받으러 가 있다.	일반화	그는 교육 때문에 자리를 비웠을 때 X일과 Y일에 여기에 없었다.

당신은 어떻게 고객이 너무 거슬리지 않으면서 '잃어버린' 속뜻을 찾도록 도울 수 있는가? 우리는 재표현 기법technique of re-statement을 추천한다. 고객이 방금 자신이 한 말을 들었을 때, 자신이 사용한 단어에서 누락되거나, 변화되거나, 일반화된 것을 즉시 인식할 수 있기 때문이다. 대부분 코칭에서 재표현 기법은 효과적이다. 반복과 재표현 기법의 사용은 일부 언어에서는 자연스럽지만 영어에서는 받아들여지지 않기 때문에 영어로 코

칭하는 코치들에게는 그 과정이 처음에는 다소 생소하게 느껴지지만 앵무새처럼 굴지 않도록 주의해야 한다. 우리는 나중에 재표현 기법의 예를 들 것이다.

코칭에서 속뜻을 찾으면 고객을 소크라테스의 노예, 즉 노예가 어려움을 느끼는 것과 같은 상태에 놓이게 할 수 있다. 따라서 당신의 질문을 공식화해서 고객이 속뜻을 깨닫게 도와야 한다. 우리는 [표 5.2]에 이 방법을 설명한다. 먼저 공감하는 것은 고객에게 어떤 정보를 따라야 할지 알려 줄 것이다. 이것은 고객의 말을 더 잘 듣고 이해할 기회를 준다.

코치로서 당신은 뒤로 미뤄놓지 않고 부드럽게 질문함으로써 고객의 속뜻을 살펴볼 수 있다. 우리는 이미 고객에게 공감하는 것의 중요성을 충분히 강조했으며 몇 가지 아이디어를 다음의 표에 포함하려고 한다. 코치가 공감할 때, 고객은 관계에 대한 신뢰가 있으므로 속뜻을 포함하도록 고객의 액면 단어를 바꿀 수 있다. 그 뒤 다음과 같이 함으로써 '잃어버린' 속뜻을 되찾을 수 있다.

- 고객의 진술에 누락된 내용에 대한 주의 촉구
- 변경된 의미 분석
- 일반화에 대해 질문하기

개발 코치는 고객이 자신의 목표, 가정 및 tfg를 자신의 업무와 삶에서 창출할 수 있도록 열린 질문을 할 것이다. 코치는 먼저 재표현 기법을 사용하면서 비난하지 않는 공감을 제공한다. 그렇게 고객을 인정하고 나서 질문을 이어간다. 이로 인해 코치와 고객 사이에 신뢰와 자신감이 확립될 것이다.

[표 5.2] 공감 반응 + 회복 질문

표면 단어	속뜻	공감과 회복 질문
이건 가능하지 않아요.	나는 게 가능하다고 생각하지 않아요.	아이쿠, 그건 좀 절망적으로 들립니다. 무엇이 그걸 가능하게 할까요?
내 관리자는 내 말을 안 들어요.	내 관리자는 내 말을 안 듣고, 나에 대한 태도를 바꿀 것 같지 않아요.	당신의 관리자에 대해 좋게 느끼지 않는군요. 어떻게 당신의 말을 듣지 않나요?
아무도 나에게 어떤 말도 하지 않아요.	내 관리자는 나에게 새 급여 인상률에 대해 알려주지 않았어요.	급여에 대해 소외감을 느끼는군요. 정확하게 무엇을 알고 싶은가요?
분명하게	내가 …라고 확신하건대….	이것에 대해 확실한 것 같군요. 어떤 것 때문에 확신하나요?
그는 내 생각을 전혀 고려하지 않아요.	그는 X와 Y에 대한 내 의견을 전혀 고려하지 않았어요.	당신을 실망하게 했군요. 언제 이 일이 일어난 거죠?
그녀는 태도에 문제가 있어요.	나는 그녀가 재고를 조사하지 않아서 짜증이 납니다.	제 생각에 당신은 그녀가 재고 조사를 거절해서 짜증이 났군요. 그녀를 어떻게 설득하면 좋을까요?
그들은 항상 잊어버려요.	내 동료는 지난주에 두 번이나 주문한 걸 보내지 않았어요.	이것에 짜증이 났군요. 누가 잊은 거죠? 언제 이 일이 일어났나요?
아무도 나에게 말을 걸지 않아요.	내 동료인 X와 Y는 이번 주에 내게 말을 걸지 않았어요.	외로웠겠어요. 누가 당신에게 말을 걸지 않았나요? 언제 이 일이 일어났죠?
그들은 나를 좋아하지 않아요.	나는 X와 Y가 나를 좋아하지 않는다고 생각해요.	당신은 기분이 안 좋을 거 같아요. 당신이 생각하기에 누가 당신을 싫어하나요? 왜 그렇게 생각하나요?
그는 여기에 있던 적이 없었어요. 그는 항상 교육받으러 가 있어요.	그는 지난주와 지난달에 교육에 참석하지 않았어요.	일하면서 혼자라고 느끼겠어요. 교육은 언제 했었죠?
사람들은 이해하지 못해요.	X와 Y는 나를 이해하지 못하는 거 같아요.	슬프네요. 그 사람들은 누구죠? 왜 그들이 당신을 이해하지 못한다고 생각하나요?
가장 좋은 선택은 …이에요.	X와 Y에 비교해 보면 최고의 선택은 ….	자신감이 넘치네요. 어떤 것에 비교해서 최고의 선택인가요?

도움이 될 수 있는 또 다른 유형의 질문은 '깨끗한 언어'이다.

깨끗한 언어

'깨끗한 언어'의 시초는 마오리 조상을 그린 뉴질랜드인 데이빗 그로브 David Grove의 작품이다. 데이빗은 영감을 주는 심리학자였다. 그는 트라우마 피해자들과 함께 일하면서 고객들이 그들의 고통을 표현하기 위해 은유법을 사용한다는 것을 알게 되었다.

그는 고객의 비유와 고객의 단어를 사용하며, 어떠한 추측도 덧붙이지 않으면서 질문한다. '깨끗한 언어'로 알려진 이 일련의 질문들은 고객들이 자신의 패턴, 이슈, 변화를 갖고 적용할 수 있게 해준다. '깨끗한 언어'의 사용은 고객에게 경의를 표하고 그들이 숨겨져 있을지도 모르는 감정을 인식할 수 있게 한다. 깨끗한 언어는 개발 코칭에 적합하며, 변혁이 뒤따른다고 주장한다.

깨끗한 언어를 사용하는 것은 사람들이 다른 사람의 산만한 해석이나 tfg에서 자유롭게 자신의 의미를 전달할 수 있도록 도와준다.

깨끗한 언어는 아래와 같다:

- 질문questioning
- 토론discussion
- 발견discovering
- 탐구exploring
- 개개인의 은유를 사용하기

은유란 무엇인가? 은유는 생각과 감정을 표현하기 위해 이미지를 사용하는 것이다. 구어와 문어는 다음과 같은 은유로 이루어져 있다.

- 몸이 극도로 안 좋은 sick as a dog
- 너무 행복한 상태 over the moon
- 부드러운 soft as putty

은유와 형상화는 감정 정보를 포함한 복잡한 정보를 비교적 작은 패키지로 포장할 수 있으므로 코칭에 매우 유용하다(그 부분에서 은유를 찾으셨나요?). 깨끗한 언어는 임원코칭에서 가장 일반적으로 사용된다. 그렇지만 은유는 다소 단순하고 색다르게 접근이 가능해서 여러 맥락에서도 유용하게 쓰일 수 있다.

우리는 쉽고 자연스럽게 은유법을 사용하여 복잡한 생각을 전달하고, 다른 사람의 생각을 이해한다. 은유법은 위대한 연설(오바마 대통령 취임 연설), 힘찬 글(셰익스피어의 '전 세계가 무대이다'), 광고(동물이 나온 자동차 광고), 일상 연설(나는 꼬리가 두 개 달린 고양이와 같은 기분이다) 등에서 나타난다.

깨끗한 언어는 언어에서 자연스럽게 일어나는 비격식의 은유법을 사용하여 무의식적인 생각과 감정을 우리의 인식 속으로 끌어들인다. 그래서 그것들을 공유하고 즐기고 이해할 수 있게 한다. 깨끗한 언어의 이러한 중요한 특징은 다음과 같은 많은 실제적인 사례를 보여주고 있다.

- 고객이 어떤 문제에 몰두하고 있는 것처럼 보이지만 그것을 설명할 수

없을 것 같은가? 깨끗한 언어 질문을 사용하면 고객의 잠재의식에서 나온 메시지를 더 정교화된 생각으로 발전시킬 수 있으므로 고객의 메시지를 정말 유용한 것으로 바꿀 수 있다. 예를 들어, 피터(위의 손해사정인)가 '직원들은 나를 고마워하지 않습니다'라고 말할 때: 마틴은 '그런데 어떤 종류의 고마움을 말하는 건가요?'라고 반응할 수 있다. 피터는 '나는 단지 후배들에게 존경받기를 원합니다'라고 대답한다.

- 깨끗한 언어는 의사소통을 크게 향상할 수 있다. 예를 들어, 사람들은 흔히 공유받은 일반적인 의미를 추측하지만 각 사람의 은유는 독특하다. 깨끗한 언어를 사용하면 한 사람의 말 뒤에 숨은 의미를 발견할 수 있다. 예를 들어, '내 커리어는 망가지고 있습니다'라는 피터의 말에 대해, 마틴은 '어떤 것이 정말 망가지는 건가요?'라고 말한다. 피터는 '내가 쓸모없게 느껴집니다'라고 대답한다.

- 은유가 고객의 가치를 드러내고 고객의 행동을 촉진할 수 있으므로 깨끗한 언어는 사람들의 동기를 심오한 수준에서 찾아내는 데 사용할 수 있다. 예를 들어, '델라에게 주는 그런 존경'이라는 피터의 설명은 연공서열에 대한 피터의 개념을 드러낸다.

- 한 사람의 은유법을 탐구하기 위해 깨끗한 언어를 사용하면 의식과 무의식의 마음 사이에 다리가 이어진다. 이것은 관계를 증진하고 사람들이 원하는 변화를 달성하도록 돕는 강력한 지원이 된다. '델라에 관한 다른 것은 없을까요?'라는 마틴의 질문에 대해, 피터는 자신의 팀을 지원하고 안내하는 힘을 포함하기 위해 존경과 선후배 개념을 확장한다. 어려움과 관계있는 은유를 알게 되면 다른 사고를 끌어내어 변혁으로 이끌 수 있다.

데이비드 그로브David Grove는 깨끗한 언어를 개발하면서 깨끗한 질문을 고안해냈다. 여기에서 '깨끗하다'는 것은 당신의 추측과 은유 가운데 몇 가지를 넣어서 하는 질문이 되도록 고객에게 최대한 표현의 자유를 준다는 것을 의미한다. 질문이 깨끗할수록 고객의 은유법은 자신이 선택한 것에 대한 자각과 이해와 같은 강력한 자원으로 발전할 수 있기 때문이다.

깨끗한 언어 원리

깨끗한 언어의 네 가지 기본원리는 다음과 같다.

- 주의 깊게 듣고 천천히 말하라.
- 되도록 자신의 의견과 조언을 삼가라.
- 개인의 은유(또는 일상적인 진술)를 탐구하기 위해 깨끗한 언어로 질문한다.
- 답변을 들은 후 상대방이 한 말에 대해 더 깨끗한 언어로 물어보라.

손해사정인인 고객 피터는 코치와 함께 경력 문제를 해결하고 있다. 경력 문제에서 깨끗하지 못한 언어의 예는 다음과 같다.

고객: 어떻게 해야 할지 모르겠어요.
코치: 뭘 하고 싶은가요?
고객: 저도 모르겠어요.

위와 같은 대화는 생각 모드thinking-mode에 갇혀 있으며, 깨끗한 언어는 지금까지 드러난 감정에 접근할 수 있다고 생각한다.

그로브는 (1) 개발, (2) 순서 또는 출처, (3) 의도의 세 가지 질문 방식을 제안했다. 코치의 질문은 항상 '그리고'가 앞서야 한다. 임원코치인 마틴이 손해사정인인 고객 피터에게 사용하는 깨끗한 언어의 예는 다음과 같다.

깨끗한 언어로 질문 확장하기

고객: 어떻게 해야 할지 모르겠어요.
코치: 어떤 종류의 모르는 것이 모르는 건가요?
고객: 제가 갇힌 것 같습니다.
코치: 그리고 모르는 게 또 있을까요?
고객: 음, 좀 혼란스럽습니다.
코치: 그리고 어디가 혼란스럽나요?
고객 : 머릿속이 온통 뒤죽박죽이에요.
코치: 그리고 그게 무엇처럼 뒤섞여 있나요?
고객: 함께 차를 마실 친구를 누구로 초대할까를 선택해야 할 때 같아요.
코치: 그리고 친구는 어떤 종류의 친구인가요?
고객: 좋은 친구예요.
코치: 그리고 어떤 종류의 친구가 좋은 친구인가요?
고객: 충성스러운 사람이 좋은 친구입니다.
코치: 그리고 어떤 종류의 충성심이 진짜 충성심인가요?
고객: 사람들을 실망하게 하지 않는 것이요.

코치: 그게 뭐와 같을까요?

고객: 마치 사업 동반자를 곤경에 빠뜨린 것은 충성심이 없다고 느껴집니다.

깨끗한 언어로 묻는 순서 및 다양한 질문

코치: 그리고 갇힌 것과 충성스러운 것 사이에 관계가 있나요?

고객: 내가 누구를 초대해야 할지 결정하지 못할 때는 갇힌 것 같습니다.

코치: 결정하기 어려울 때, 그다음은 어떻게 됩니까?

고객: 견딜 수가 없습니다.

코치: 견디기 어려운 그 직전에는 어떤 일이 일어납니까?

고객: 제가 직원들을 실망하게 만듭니다.

코치: 그리고 실망하게 하고 싶지 않다는 것이 어디서 왔나요?

고객: 제 친구를 실망하게 하고 싶지 않다는 것에서요.

깨끗한 언어로 된 의도적인 질문

고객 : 제 마음을 정하고 싶습니다.

코치: 그리고 무슨 일이 일어나길 원합니까?

고객: 제 사업 동반자를 실망하게 하지 않는 것입니다.

코치: 그리고 당신의 사업 동반자를 실망하게 하지 않기 위해 무슨 일이 일어나야 할까요?

고객: 저는 계속 나아가야 합니다.

코치: 그리고 무엇이 일어나길 바라면서 계속해야 할까요?

첫 번째 두 가지 질문: '어떤 종류의 X가 X인가?'와 'X에 관한 다른 것이 있는가?'를 가장 많이 사용한다. 이것은 일반적인 지침으로, 이 두 질문은 일반적인 깨끗한 언어이다. 이는 세션의 질문에서 약 50%를 차지한다.

이 과정은 특이하게 보이고, 특히 그로브가 일상적인 대화에서 코치에게 다음과 같이 권고하는 것은 이상하게 들릴 수도 있다.

- 말을 천천히 하기
- 더 깊은 어조를 사용하기
- 고객의 발음과 강조해서 말하는 부분, 심지어 억양까지 모방하기

그로브의 깨끗한 언어를 위한 9가지 기본적인 질문은 다음과 같다.

1. 그리고 어떤 종류의 …가 …인가?"
2. 그리고 또 무엇이 있는가?
3. 그리고 어디에 …이 있는가?"
4. 행방은 어디인가?
5. 그다음에는 어떻게 될까?
6. 그러고 나서 어떻게 되는가?
7. 그리고 … 바로 전에 무슨 일이 일어나는가?
8. 그리고 그것은 어디에서 비롯되는가?
9. 그리고 그것은 무엇과 같은가?

코치는 고객과 함께 코칭할 때 깨끗한 질문의 유용성을 즉시 파악해야 한다. 비록 고객이 자신의 특정 환경에 적용하지 않거나 순수한 심리치료의 형태로 사용하지 않더라도 말이다. 깨끗한 질문 사용의 가장 큰 단점은 문제를 해결하는 데 걸리는 시간이다. 그래서 코치는 깨끗한 코칭을 위해 충분한 시간을 확보해야 한다.

질문하는 것이 고객에게 어떤 도움을 주는가?

질문을 활성화하는 것은 의문문과는 종류가 다르지만, 탐구하는 부분은 유사할 수도 있다. 질문하는 주된 목적은 코치로서 고객이 변화하도록 하는 데에 있다. 당신은 또한 질문을 사용하여 고객의 상황을 명확히 하고, 고객의 행동을 반성하도록 돕고, 현실에 대한 고객의 관점을 고려하고 재고하도록 하고, 고객 스스로 해결책을 만들어 내도록 할 수 있다.

열린 질문과 함께 재표현 기법과 공감을 사용하면, 고객은 자신의 행동에서 잊고 있던 측면들, 예를 들어, 어린 시절부터 잊고 있던 느낌 가운데서 인정받지 못할 때 뾰로통 하는 성향 같은 것을 살펴볼 수도 있다. 까맣게 잊힌 사건들은 고객의 최고 비밀 파일에 있으므로 코치가 접근할 수 있다. 코치의 질문이 잊고 있던 측면을 드러내는 경우, 고객은 이것이 그들의 현재에 어떤 영향을 미치는지 생각할 수 있다. 일단 잊고 있던 감정이 이해되고 받아들여지면 더 깊이 탐색할 필요가 없다.

바이런 케이티: 그게 사실인가요?

이 절은 그녀의 책인 『네 가지 질문Loving What Is』(2002)에서 'The Work'로 알려진 바이런 케이티의 방법을 기초로 한다. 현대의 신경과학은 인간의 뇌가 감정에 이끌려서 사실과는 다르게 생각을 조작하는 경향이 있다는 것을 알아냈다. 그래서 우리는 어떤 순간에 우리에게 꼭 필요한 이야기를 한다. 케이티는 우리가 자기 스토리텔링에 도전하고 우리에게 투명한 질문을 할 것을 제안한다. 케이티가 보여주는 과정은 종이로 된 워크시트에 자기 생각을 적어 넣는 것으로 시작한다. 글쓰기를 시작하면 이야기를 들려주면서 뇌가 당신을 능가하기 전에 왼쪽 뇌를 움직이던 궤도에서 멈추게 한다. 케이티는 '네 이웃을 판단하라'라는 제목의 워크시트를 제공한다. 이 워크시트는 간단하며 www.thework.com의 'How to do The Work' 섹션에서 찾을 수 있다. 워크시트에 있는 질문들은 다양한 판단을 요구하고, 제목에 따라 다소 유치하고 사소한 응답도 해야 한다. 쉿, 당신의 이웃집을 판단하는 워크시트는 비밀이다!

이 방법은 관계 코칭relationship coaching에 사용하기 위해 개발되었지만 질문은 어떤 상황에도 적용할 수 있다. 이 방법의 관계 강조 부분은 개발 코칭과 관련이 있다. 예를 들어, 방법을 적용한 질문은 다음과 같다.

- 누가 당신을 화나게 하거나 실망하게 합니까?
- 당신이 예전에 좋아하지 않았거나 여전히 좋아하지 않는 부분은 무엇입니까?
- 그들이 어떻게 바뀌길 원합니까?

- 그들이 무엇을 하기를 원합니까?
- 그들이 해야 하거나 해서는 안 되는 것, 생각하거나 느끼면 안 되는 것은 무엇입니까?
- 그들에게 필요한 것은 무엇입니까?
- 당신이 행복해지려면 그들은 무엇을 해야 합니까?
- 그들에 대해 어떻게 생각합니까? 목록을 만들어 보십시오.
- 사람, 사물 또는 상황에서 다시는 경험하고 싶지 않은 것은 무엇입니까?

위의 응답을 케이티의 네 가지 주요 질문에 적용하면서 전환을 시켜본다.

1. 그게 사실입니까?
2. 그게 사실이라는 걸 전적으로 확신합니까?
3. 그런 생각이 든다면 당신은 어떻게 반응하겠습니까?
4. 그런 생각이 없다면 당신은 누구입니까?

그리고 그것을 뒤집어라. 즉 당신을 화나게 하거나 실망하게 하는 사람에 대한 당신의 원래 진술을 뒤집어라.

개발 코칭에 바이런 케이티의 방법을 사용하는 예는 아래 사례 연구에 제시되어 있다.

내 고객인 톰은 다국적 상품 그룹의 전무이사이다. 이 회사는 영국에 본사가 있다. 톰은 아시아 지사의 동료 이사인 제이크와의 관계를 힘들어한다. 제이크가 톰을 실망하게 하려고 호시탐탐 기회를 엿보는 것 같다고 느낀다. 이런 일은 화상회의와 스카이프 미팅에서 그리고 아주 가끔 면대면 행사에서도 일어난다. 최근 제이크가 사전에 협의하지 않은 결정을 내려서 톰이 운영하는 사업에 부정적 영향을 끼쳤다. 이내 제이크가 잘못했다는 결정적인 증거를 발견했다. 톰은 이 상황에 위협을 느꼈고 제이크가 자신을 가만두지 않을 거라 확신하고 있다. 톰은 어떻게 할지 확신이 들지 않지만, 경제 상황이 좋지 않은 때에 평지풍파를 일으키고 싶지는 않다. 케이티의 워크시트를 완료한 뒤 톰이 공감을 담은 답은 아래와 같다.

- 톰, 당신은 제이크가 그룹 회의에서 당신의 결산 보고서에 대해 논쟁했을 때 낙담했습니다.
- 톰, 당신은 제이크가 상의 없이 결정을 내리는 것에 짜증이 났을 것입니다.
- 톰, 당신은 제이크에게 다소 위협을 느끼고 있습니다 – 당신은 제이크와 맞서는 것과 무시하는 것 사이에서 고민하고 있습니다.

여기서 강조하는 것은, 톰이 제이크와의 관계를 개선하고 싶다고 해서 제이크를 비난하지 않는 것은 아니라는 것이다. 케이티의 워크시트를 완성한 뒤, 톰이 실망하는 두 가지 큰 이슈를 발견했다. 하나는 동료에 대한 자신의 신뢰 부족과 자신과 상의하지 않고 직원들이 결정하는 것이다. 톰은 제이크의 말과 행동 중 무엇이 그를 낙담하게 만드는지를 확인했고, 특히 앞으로 제이크가 둘의 관계와 사업 결정, 업무 협의와 관련하여 어떻게 다르게 행동하기를 원하는지 찾아냈다.

'그게 사실입니까?'라는 질문은 특히 제이크가 어떻게 톰에게 화상회의와 스카이프 미팅에서 실망감을 느끼게 했는지 확인하는 데 유용했다.

톰이 이것을 전환했을 때, 어떻게든 제이크에게 문제를 제기하고 싶어한다는 것을 알았다. 톰은 다소 사적으로 이메일을 보내자 제이크는 톰의 부주의한 행동을 염려하며 반응했다. 이것은 제이크가 즉각적으로 또는 실제로 변화했다는 것을 의미하는 것이 아니라, 톰이 제이크를 테스트했고, 제이크에게 악의적인 의도는 없었다는 것을 확인하는 데 만족했다. 업무 협의와 관련하여 제이크는 다시 부주의하게 행동했고 다른 동료들도 그의 행동을 걱정하는 것이 드러났다. 그룹 이사들은 직접 만나서 업무 협의 필요성에 대한 인식을 포함하는 서면에 동의했다. 이 경우, 제이크의 동기는 악의가 없는 것으로 밝혀졌지만, 만약 진짜 의도가 있었다면, 케이티의 방법은 진짜 의도를 밝혀낼 수도 있다.

요약

이 장에서는 질문을 더 효과적으로 만들기 위해 공감을 연결하는 것과 코칭에서 질문하는 목적과 여러 유형의 질문을 탐구하였다. 질문을 너무 급하게 하면 실적에 대해 불안해하는 직원에게 반감을 줄 수 있으니, 질문과 함께 공감하기를 권한다. 또 열린 질문과 소크라테스의 기원에 대해 논의하였고, 독자들은 이른바 공개 질문의 배후에 무엇이 있는지 생각하는 기회를 가질 수 있었다. 고객의 표면 단어에서 속뜻을 찾기 위해 열린 질문을 사용하는 다양한 예를 들었다. 아울러 깨끗한 언어 사용 기법과 바이런 케이티의 '그게 사실입니까?'를 활용하는 방법도 포함하였다.

6장
뉴^NEWW 모델 사용하기

이 장에서는 새로운 코칭 모델을 제시한다. NEWW는 현재^Now, 공감 Empathy, 무엇^What, 언제^When를 의미한다. 이 모델은 특히 코치가 코칭 구조의 일부로 공감을 사용하도록 제안한다. 우리가 아는 한, 코치의 공감을 특별히 필요로 하지 않는 모델은 없다. 약어의 E는 공감을 좀 더 확실하게 포함하기 위해 Empathy를 의미한다. 물론, 4단계 동안 각각의 단계에 공감을 사용할 것이다. 우리는 기술적인 분석이 가능한 다양한 실제 코칭 사례를 보여줄 것이다.

뉴^NEWW 모델

이 모델은 칼 로저스^Carl Rogers와 제라드 에간^Gerard Egan의 문제-관리구조 problem management structure의 원칙에 기초하고 있다. 로저스는 광범위한 연구를 통해 변화에 대한 접근을 증명하였다. 『80년대 학습의 자유Freedom to Learn for the 80s』(1983)라는 책에서, 칼 로저스는 코치와 고객 관계의 질에 따라 고객에게서 무언가를 배울 수 있다고 했다. 이 접근법에서 코치에게 필요한 자질은 무엇인가?

1. 실재하는 것, 즉 존재하려는 의지, 그 순간의 감정과 생각으로 살려는 것이다(이것은 또 다른 책의 주제이기도 하다).
2. 고객을 받아들이고 존중하는 것, 즉 상대방은 근본적으로 신뢰할 만하며, 이것은 불확실성uncertainty을 안고 사는 것을 의미한다.
3. (이 책의 주제이기도 한) 고객에 대한 공감이다.

코치에게 이런 자질이 있을 때 비로소 혁신적인 변화를 위한 조건을 만들어 낼 수 있다. 뉴 모델에서, 우리는 코치의 능력 가운데 하나로 공감을 제시하는데 이는 배워서 쓸 수 있는 기술이기도 하다.

이 모델은 또한 제라드 에간Gerard Egan(1990)의 책 『숙련된 조력자The Skilled Helper』에 바탕을 두고 있다. 그는 칼 로저스의 기술에 관한 원칙을 견지하고 발전시켰다. 이 기술은 고객이 배우고 변화하도록 돕는 데 필요하다. 이 모델은 코치가 고객에게 '숙련된 조력자' 역할을 하는 데 필요한 기술을 정의한다. 코치 훈련에서 보이지 않는 기술은 공감이다. 그래서 공감을 강조하고 있으며, 뉴 모델 4단계에서 모두 사용한다.

이 모델은 고객이 처한 현재 상황에서 공감대를 명확하게 제공하고, 그다음 대안을 탐구하며, 최종적으로 무엇을 해야 하고 언제 해야 하는지를 정한다. 이 모델은 직접적으로 공감을 요구하기도 한다. 네 가지 단계를 함께 살펴보자.

1. **NOW** - 고객의 현재 상황과 고객이 그것을 어떻게 느끼는지에 관한 것이다. 코칭 주제는 2단계가 아니라 바로 이 부분에서 찾아야 한다.
2. **EMPATHY** - 공감은 고객과 신뢰를 쌓고 관계를 확립하기 위해 질문하기 전에 제공해야 한다.
3. **WHAT** - 고객이 목표를 달성하기 위해 무슨 일을 해야 하는지, 고객은 그것을 어떻게 생각하는지에 관한 것이다. 질문의 순기능은 여기에서 두드러진다.
4. **WHEN** - 고객이 실행 계획을 수립한다. - 고객은 그 행동에 대해 어떻게 느끼는가?

이 모델은 성과 코칭, 참여 코칭, 개발 코칭 및 팀 코칭에 사용할 수 있다. 우리는 아래의 각 상황에서 사용되는 모델을 예시로 보여줄 것이다.

성과 코칭에서 뉴 모델 사용: 조와 안젤라

성과 코칭에서 반드시 명심해야 하는 것이 있다. 성과 코칭의 목표는 회사에서 정한다는 것이다. 업무가 바쁜 관리자의 경우에는 뉴 모델을 일반적인 성과 관리를 위한 상호작용의 일부로 사용할 수도 있다. 앞서 2장에서 처음 소개한 부서장 조Jo는 다음과 같이 그녀의 상사 가운데 한 명인 안젤라Angela와 함께 이 대화 모델을 사용할 수 있다.

- **NOW**: 조는 먼저 '지난주 판매는 어땠나요, 안젤라?'라는 성과 질문을 던지며 기존 상황을 정리해본다. 안젤라는 이렇게 대답한다. '음, 유감스럽게도 좋지 않은 것 같습니다. 죄송하게도 실적이 다시 미달했고, 저는 회사가 계획을 수정해야 한다고 생각합니다.' 안젤라의 목소리를 통해 조급함을 느낄 수 있다. 조는 이 역할에 익숙하지 않은 데다 자신에게도 어려운 주제라서 이 단계에서 왜 안젤라가 목표를 놓쳤는지 물어보고 싶은 유혹을 느끼지만 억제한다. 조 자신에게 공감을 만들 시간을 주기 위해, 조는 안젤라가 한 말 가운데 관련 있는 부분에 대해 언급한다. 조는 '이번에도 실적이 미달됐네요'라고 말하고 나서 부분적이고 일차적인 공감으로 '안젤라는 실망한 목소리네요'라고 덧붙인다. 이 공감이 부분적인 이유는 안젤라가 회사에 대해 언급한 부분에 조가 공감하지 않았기 때문이다. 또 이 공감이 일차적인 이유는 조가 안젤라의 말과 목소리와 더불어 그녀의 자세에 드러난 실망감에만 반응했기 때문이다. 양쪽 다 현재 모드에 있다.
- **EMPATHY**: 실망한 목소리라는 조의 말에 안젤라는 날씨가 판매 부진의 이유일 수도 있다고 되받아친다. 그러고는 상황을 개선하기 위해 밸런타인데이에 어울릴 만한 문구를 홍보하는 것을 제안한다. 조는 지금 안젤라의 중요한 감정을 확인하는 단계에 와 있다. 조는 '당신은 그 문제에 마음을 쏟았고, 결과를 얻지 못해 좌절했군요'라고 말한다. 조는 과거 방식에서 일차적 공감을 사용했다. 안젤라는 그녀의 상사인 조가 자기 상황을 완전히 이해했으므로 마음 편하게 다음 단계로 갈 준비를 한다.
- **WHAT**: 조는 '무엇이 도움이 될 것 같은가요?'라고 물으면, 안젤라의

팀원 한 명이 란제리 판매의 핵심 요인인 재고 점검과 피팅룸에서 일하는 것에 대해 말을 한다. 안젤라가 그 제안을 했지만, 주저하는 듯 보였다. 조는 '그것이 도움이 될지 어떨지 확실하지 않나요?'라고 말한다. 안젤라는 '아니요, 저는 단지 재고 물품을 꺼내는 것이 걱정이 돼서요'라고 말한다. 조는 '게시판 작업과 창고에서 일하는 시간을 보람 있다고 느껴야 합니다'라고 말한다. NOW 모드에서 일차적 공감을 제공한 뒤, 조는 안젤라에게 재고를 채우기 위해 도움이 필요하면 언제든지 승인하겠다고 확언한다.

- **WHEN**: 조는 안젤라에게 언제쯤 팀원에게 이러한 직무 변화에 관해 물어보면 좋을지 묻는다. 안젤라는 '저는 아마도 주말이 지나면 얘기를 꺼낼 수 있을 것 같습니다'라고 말한다. 조는 즉시 '꺼내다broach'라는 말에서 안젤라가 약간 불안해한다는 것을 감지하고, 안젤라에게 확인한다. 조는 안젤라를 살피면서 '망설이는 것 같은데요'라고 하자 팀원들이 고객과 접촉하는 것을 좋아하지 않고 팔린 재고를 다시 채우는 것을 선호한다는 것을 알게 된다. 조는 안젤라에게 미래 모드에서 일차적 공감을 제공한다. 조는 '안젤라의 팀원이 결정에 저항하면 당신의 결정이 흔들릴 수도 있습니다. 이번 결정에서 나는 중요하지 않다는 것을 알아주었으면 합니다'라고 말한다.

역량 있는 관리자는 뉴 모델을 그들의 일상 업무의 일부로 사용할 수 있고, 많은 관리자가 이미 직원들과 공감의 소통으로 사용하고 있다.

비즈니스 코칭에서 NEWW 사용: 제임스와 아니타

제임스James는 후배 바이어들로 구성된 팀을 이끌고 있다. 이 가운데 신입인 아니타Anita와 함께 이 모델을 사용하려고 한다. 아니타는 자기 일에 완전히 열성적이지는 않은 것 같다. 회사 일에 참여하는 정도와 일에 대한 자기 역할에 의구심이 있는 상태이다.

아니타는 대학에서 패션을 전공했다. 그 뒤 6개월 전쯤 N&T에 입사했다. 그녀는 선발 센터selection centre에서 좋은 성적을 거두었다. 제임스는 특히 몇몇 개별 작업에서 유난히 창의적인 아니타에게 주목했다. 불행히도 아니타는 다른 사람들과 협력하여 일해야 할 때는 덜 유능한 모습을 보였다. 아니타는 소매업 생리를 이해하고 후임 구매원의 역할을 제대로 하기 위해 통상적인 오리엔테이션과 여러 부서에서 체험 근무를 거쳤다.

제임스는 코치 교육을 받았고 개발 코칭에 적합한 공감 수준을 알고 있다. 코칭 목표는 회사의 목표이고, 제임스는 아니타의 업무 참여도를 높이기 위해 뉴 모델을 사용한다. 제임스는 팀의 각 멤버들과 일련의 '후속catch-up' 세션을 준비한다. 이것은 아니타를 위한 코칭 세션이다. 제임스는 코칭이 끝날 때쯤 아니타가 헌신과 긍정적 태도를 보이기를 원한다.

- **NOW**: 여기에서 제임스는 듣기, 재표현 기법, 공감, 요약의 조합을 통해 아니타의 기존 상황을 정리한다. 이 모델의 첫 단계에서 제임스는 아니타의 현재 상황에서 사실과 감정을 확인하고 있다. 그는 '어떻게 되어가고 있는지 말해주세요'라고 말하면서 아니타에게 먼저 말을 건다. 아니타는 제임스의 눈길을 피하면서 '괜찮습니다'라고 말한

다. 제임스는 기다린다. 아니타가 '음, 사실은 …'라고 말한다. 그리고 제임스는 코칭 공간을 제공하며 다시 기다린다. 아니타는 '이것이 저를 위한 일인지는 잘 모르겠어요 - 저는 실제로 아무것도 디자인하고 있지 않아요'라고 말한다. 제임스는 부분적으로 일차적 공감을 표한다. '아니타, 당신은 확신이 없네요.' 아니타는 이제 제임스를 똑바로 바라보며 '저는 대학에서 너무 행복했고, 패션 디자인 분야에서 직업을 갖고 싶었습니다. 이 직업은 제게 맞지 않는 것 같습니다'라고 말한다. 제임스는 '대학 생활에서 행복했고, 좋은 학위를 받았고, 패션 디자인 분야에서 직업을 희망하고 있었지요. 당신은 이 직업이 자신을 위한 것인지 확신할 수 없다고 말하고 있습니다'라고 대답한다. 제임스는 아니타에 대한 그녀의 감정을 일부 인정한다. 그뿐만 아니라 모든 관련 사실을 아는 상태에서 진술하고 있다.

- **EMPATHY**: 제임스는 여기서 '깨끗한 언어' 질문을 사용한다. 아니타에게 '어떤 종류의 일이 옳지 않은 일입니까?'라고 물을지도 모른다. 아니타는 '저는 디자인 프로젝트를 정말 사랑했지만, 이곳에서는 그 디자인 프로젝트를 못 하고 있습니다. 저는 아무 디자인도 하고 있지 않아요'라고 대답한다. 제임스는 일차적 공감을 표하며 '디자인하는 것을 그리워하고 있군요 - 아니타는 디자인 프로젝트를 즐겼었군요. 그 디자인 프로젝트에 대해 말해주시겠어요?'라고 한다. 아니타는 다른 사람들과 함께 진행했던 매우 성공적인 디자인 프로젝트에 관해 말한다. 아니타는 '우리는 일을 공유하고 서로에게 멋진 아이디어를 주었습니다. 정말 좋은 시간이었습니다'라고 말한다. 제임스는 '당신은 동료들과 함께 일하고, 그것이 생산적이었기 때문에 행복했

었군요'라고 말한다. '여기서 어떻게 하면 그와 비슷한 일이 일어날 수 있을까요?' 아니타는 동료들과 더 일하고 싶다고 말하지만, 그녀는 신입사원일 뿐이다. 그리고 이들에게 주어진 목표들은 협력보다는 개인적으로 달성해야 한다. 제임스는 '그래서 당신은 다른 사람들과 함께 일하고 싶군요. 그런데도 함께 일하자고 하는 것을 약간 부끄러워하네요. 제가 무엇을 도와주면 좋을까요?'라고 말한다. 아니타는 제임스가 팀 목표에 공동 목표를 포함한다면 동료들에게 더 쉽게 아이디어를 줄 수 있다고 말한다.

- **WHAT**: 아니타는 회사가 구매자 그룹과 오랜 수직적 관계 속에서 일하므로 구매자 그룹이 회사의 디자인에 영향을 줄 수 있다고 단언한다. 아니타는 회피하는 자세를 보이던 초반과는 다르게 더 희망적인 모습이다. 전보다 더 많은 관심을 나타내고 있다. 제임스는 '이 코칭 주제가 아니타에게 흥미를 주었고, 아니타는 협력 디자인을 하고 싶어 하는 것 같네요'라고 말한다. '네, 그렇습니다'라고 아니타가 대답한다.
- **WHEN**: 제임스는 기존의 팀 목표가 중요하며, 어떻게 하면 팀 목표를 달성하기 위해 개인의 목표를 결합할 수 있는지 초점을 맞출 거라고 말한다. 제임스는 이것을 위해 일주일 뒤에 다음번 팀 브리핑을 제안한다. 또 '이것은 아니타에게 변화가 될 것입니다'라고 덧붙인다. 그리고 아니타는 '네, 흥미진진하네요. 하지만 저 말고 다른 사람들이 하기를 바랍니다'라고 말한다. 제임스는 '아니타는 다른 사람들을 확신하지 못하는군요'라고 말한다. 아니타는 '아니요, 제가 그렇게 오랫동안 혼자서만 일해서 이 상황이 낯설게 느껴질 뿐이에요'라고 말한다. 그러자 제임스는 '아직 회사에서는 이런 방식으로 일하지 않아서

다르게 느낄 수도 있습니다. 하지만 대학에서는 익숙했기 때문에 저는 아니타가 잘할 거라 확신합니다'라고 말한다.

제임스는 NOW 단계의 현재 모드에서 부분적 공감과 일차적 공감을 적용했다. 제임스는 EMPATHY 단계에서 과거와 현재 모드의 일차적 공감을, WHAT 단계에서는 일차적 공감을 사용한다. 이러한 단계는 제임스가 변화를 제안하지 않고도 자연스럽게 아니타를 이끌어 주었다. 제임스는 아니타에게 WHEN 단계에서 미래 모드로 일차적 공감을 제공하는데, 이것은 성공적인 실행 계획을 뒷받침하기 때문에 중요하다.

개발 코칭에서 뉴 모델을 사용하기: 캐서린과 존

캐서린Catherine은 임원코치이다. N&T가 총괄 관리자 가운데 한 명인 존을 위해 고용하였다. 캐서린은 존과의 코칭에서 뉴 모델을 사용할 것이다. 존은 자신의 목표, 개인적이고 전문적인 성장을 위해 노력하기 때문에 캐서린은 일차적이고 고급 공감을 적용할 것이다.

- **NOW**: 캐서린은 너무 많은 책임으로 스트레스를 받는 존에게서 정서 폭발emotional charge을 보게 된다. 캐서린은 '당신은 지금 피곤해 보입니다. 다소 압도당한 것 같네요'라고 공감을 넣은 재표현으로 운을 뗀다. 결론적으로 이것은 캐서린과 존 사이의 신뢰를 구축한다. 캐서린은 많은 질문을 뒤로 미룰 수도 있다. 결국 업무는 적절하게 배분될 것이다. 이 상황은 결국 공감이 없이 일어날 수 있지만 공감을 사용한다면 그

과정을 극적으로 가속화할 수 있다. 존은 '네, 저는 피곤합니다. 그리고 이것이 제 개인적인 일이라는 것을 저도 잘 알고 있습니다. 저는 제가 살고 일하는 방식을 바꿀 필요가 있습니다'라고 말한다.

- **EMPATHY**: 존은 자신의 코칭 목표에 대한 주도권을 갖고 있고, 그가 원하는 변화를 위해 실행할 준비가 되어있다. 캐서린은 '당신이 원하는 변화에 대해 말해보세요. 존'이라고 말한다. 존은 '저는 덜 피곤하면 좋겠습니다. 가족과 더 많은 시간을 보내고, 업무 걱정을 하지 않았으면 좋겠습니다'라고 말한다. 캐서린은 이러한 목표를 다시 서술하고 존에게 질문하는 것을 억제한다. 캐서린은 그저 코칭 공간을 제공하며 기다렸다. 존은 '이제 어떻게 되는 겁니까? 어떻게 해야 할지 말해주는 겁니까?'라고 묻는다. 캐서린은 (성장을 촉진하는) 코칭은 고객에게 무엇을 하라고 말하는 것이 아니라 존이 스스로 해결책을 찾도록 돕는 것이라고 설명한다. "맞아요." 존이 맞장구친다.

- **WHAT**: 여기서 캐서린은 존이 업무를 위임하거나 위임하지 않을 때 어떻게 느낄 수 있는지, 그리고 두 가지 옵션의 결과가 무엇인지 끌어내기 위해 '만약 …?' 모드를 적용한다. 존의 우려에 대해 캐서린이 공감하는 반응은 '존은 이런 모든 책임에 부담을 느끼고 있군요'와 '존은 그 책임이 제대로 된 것인지 몰랐다면 불안감을 느끼겠어요'이다. 일차적 공감은 신뢰를 자극하여 더 많은 속마음을 드러내게 한다. 캐서린도 자신의 경영 어려움에 대해 어느 정도 공개해서 보여주었다. 그래서 존은 자신의 어려움을 경영자의 정상적인 어려움으로 볼 수 있었다. 다양한 선택지와 선호되는 작업 방식에 대한 즉각적인 질문은 존에게 추가 답변을 하게 했다. 존은 '그들은 그것을 엉망으로

만들 것이고, 나는 비난받을 것이고, 나는 끔찍하게 느낄 것입니다'와 같은 잠재적인 감정들을 드러냈다. 캐서린은 다시 '직원들이 제대로 이해하지 못할 수도 있고 존이 비난받을 것이기 때문에 걱정하게 되고, 이것이 당신을 끔찍하게 만들 수 있겠네요'라는 일차적 공감을 사용했다.

여기서 캐서린 코치는 고객과 함께 그들의 다양한 옵션과 목표를 갖고 대안적인 시나리오를 탐구한다. WHAT 단계는 목표를 탐구하고, 토론하고, 고려하고, 폐기하고, 채택하는 단계이다. 다시 말하지만, 모든 학습 방법은 먼저 존이 원하는 것 또는 원하는 것에 다가간 다음에 존이 모든 잠재적 선택사항을 확실히 인지하고 최종적으로 다양한 행동을 고려한 뒤에 다루어야 한다.

에건의 7-포인트 목표 설정 방법은 이 단계에서 세 개의 영역을 모두 다룰 수 있게 한다. 이 방법은 우리의 책인 『코칭 멘토링과 수퍼비전 Coaching Mentoring and Supervision』(2012)에 자세히 나와 있다.

- **WHEN**: 이것은 최종 단계이며 캐서린이 존이 표현하고자 하는 핵심 감정 메시지를 받아야만 가능한 단계이다 존의 몸짓 언어(손이나 다리 동작)와 비언어적 신호(예: 눈길을 피하는 것)에 대한 캐서린의 관찰이 도움이 된다. 캐서린은 '아직 이것에 대해 확신이 없는 것 같군요'와 같이 그녀가 볼 수 있는 것에 근거하여 공감을 제공했다. 만약 캐서린이 너무 빨리 조치를 요구한다면, 존은 이전의 진술을 번복하거나 확신 없이 동의할 수도 있다. 여기서 질문은 실행 계획에 초점을

맞춘다. 캐서린은 존에게 각각의 행동이 그를 어떻게 느끼게 하고 그 결과가 어떤 영향을 미칠지 추측하게 한다. 예를 들어, 'X에게 재고 파일을 확인하게 하고 나에게 다시 알려줘야 한다'라는 반응에 대해, 미래 모드에서는 '당신은 그것에 불안을 느끼는군요', '그가 실패하거나/성공한다면 당신이 어떻게 느낄지 봅시다'와 같은 경우이다.

이 뉴 모델의 단계는 학습의 행동 영역을 다룬다. 따라서 존이 행동, 행동들 또는 행동하지 않음을 결정하는 곳이다. 캐서린은 존이 자신의 계획된 행동에 대해 자신과 다른 사람들의 감정뿐만 아니라 가능한 결과를 기억하도록 격려한다. 그렇게 함으로써 존은 지식과 감정 영역에도 관심을 기울일 것이다. 모든 단계에서 공감을 사용하면 높은 신뢰도가 형성되므로 코칭 프로세스를 가속화한다. 많은 실무자가 동료에게 집중하고, 고개를 끄덕이며 침묵을 지킨다. 선택과 실행 계획을 향해 움직일 수 있는 코칭 공간을 제공하므로 신뢰를 얻을 수 있다. 공감의 사용은 이 상황을 훨씬 더 빨리 일어나게 만든다.

개별적인 개발 코칭에서 뉴 모델 사용: 클레오

- **NOW**: 클레오Cleo는 자신의 커리어 이슈를 해결하기 위해 왔다. 클레오의 이야기에는 그녀가 받은 교육에 대한 일반적인 사실들과 지금까지 살아오면서 해왔던 일이 포함되어 있다. 나는 내가 듣는 것을 다시 말해 줬을 뿐, 초기 단계에서 질문하는 것은 억제했다. 이로써 클레오는 코치가 자신을 경청하였고, 자신이 잘 이해받았다고 확신하

면서 이야기를 이어갔다. 클레오와 마찬가지로 당혹감과 망설임은 고객에게 공통으로 일어날 수 있다. 코치의 일차적 공감을 사용해 '당신은 이것에 대해 다소 당황한 것 같네요' 또는 '당신은 망설이는 것 같습니다'와 같이 인식하도록 해야 한다. 클레오의 이야기에는 모두가 그런 것처럼 유년시절의 고통스러운 기억이 담겨있었다. 코치는 과거 모드에서 고급 공감을 사용하여 이 부분에 대해 '그게 당신을 화나게 했겠군요', '그때 외로움을 느꼈겠어요' 등의 반응을 보였다. 그러나 더는 추궁하거나 과거에 대한 유사 치료과정을 시작하려는 시도는 하지 않는다. 기억의 근원이지만 고객은 과거의 감정을 이해하고 받아들여야 한다. 공감은 코칭에서 과거의 감정을 이해하고 받아들이게 하고, 관계에 대한 신뢰를 쌓으며, 이러한 과거의 감정이 현재 클레오에게 어떤 영향을 미칠 수 있는지에 대한 단서를 제공한다.

- **EMPATHY**: 클레오에게 잠재적인 선택에 대해 질문하기 전에, 나는 코칭 공간에 머물러서 클레오의 경력을 살폈다. 그녀가 공감받았을 때, 이러한 감정이 가족 안에서 그녀의 역할과 관련이 있다는 것을 알아냈다. 클레오는 부모님을 기쁘게 해드리기 위해 특정한 직업에서 성공해야 한다는 강력한 책임감이 있었다. 이 특정한 직업이 클레오의 진정한 꿈이 아니라서 수치심을 느끼고 있었다. 클레오는 감정을 직접 표현하지 않았다. 예를 들어 '해야 합니다', '생각해야 합니다', '반드시 해야만 합니다', '꼭 해야만 합니다'와 같은 언어와 어조를 선택하는 것에서 알 수 있었다. 클레오의 감정은 몸의 위치와 방향에도 드러났다. 클레오가 자신의 감정을 표현하고 받아들이고, 확인하고, 수용할 수 있을 때, 다음 단계로 넘어갈 준비가 되었다. 이것은 한 세

션에서 일어날 수도 있고 여러 번 반복될 수도 있다. 고객은 저마다 서로 다르다. (코칭할 때 공감에 대한 유용한 규칙은 다음과 같다: 당신의 고객이 같은 느낌을 여러 번 언급할 때, 고객은 코치가 아직 자기 감정을 제대로 듣지 못했다고 여긴다.)

- **WHAT**: 클레오가 자기 삶에서 무엇을 원하는지 점검했을 때, 많은 종류의 선택지가 드러났고, 이 단계에서는 그녀가 무엇을 하고 싶은지, 그리고 어떻게 그것을 할 수 있을지에 대한 세부내용을 다루었다. 여기에서 코치로서 중요한 것은 자신이 좋다고 생각하는 방향으로 클레오를 데려가려는 유혹을 물리치는 것이다. 클레오가 머물고자 하는 만큼 코칭 공간에 머물도록 하면서 계속해서 다양한 선택지를 주는 것이다. 다시 말하지만, 이런 일은 몇 번의 세션에 걸쳐 일어날 수 있지만, 사실 클레오는 이런 다양한 선택지에 대한 것을 세션 사이에 직접 찾았다. 커다란 종이 한 장에 그녀가 찾은 내용을 적어 왔다. 그 뒤의 코칭은 클레오가 진짜로 무엇을 원하는지, 클레오가 활용할 수 있는 그녀의 지식에 대해, 그리고 각각의 선택지가 가져올 결과 사이에서 춤을 추듯이 유연하게 진행되었다. 이 단계에서 중요한 것은 내가 클레오의 모든 선택지에 대한 감정을 읽고, 공감의 미러링을 통해 그녀에게 되돌려 주는 부분이다. 예를 들어, '그 생각에 대해 당신은 지루해하는 것 같네요' 또는 '당신이 지원 작업을 한다고 언급했을 때 눈에서 빛이 났어요'와 같은 것이다.

- **WHEN**: 이 단계에서, 클레오는 자신이 선택한 행동이나 여러 가지 행동에 집중하기 위해 전적으로 실행 영역에 중점을 두었다. 코치로서는 실망스럽겠지만, 클레오는 현시점에서는 행동하지 않음을 선택

할 수도 있었다. 이것은 간접적으로 자신의 자격 증명을 시험하는 것이기도 하다. 클레오는 자신에게 영감을 주고, 자신이 정말 좋아하는 여행을 선택지로 골랐다. 그 목표를 달성하기 위해 가능한 방법을 찾고 또 찾았다. 이 안에는 특정한 행동 방침을 결정하는 것, 보수가 좋은 직장을 포기하기, 1년 동안 자기 아파트를 임대로 놓기, 저축 상태를 확인하기, 잘 알지 못하는 곳으로 위험한 여행을 떠나기와 같은 것을 포함하고 있었다. 나는 클레오의 분명한 열정에 대해 '당신은 이 모험에 대한 생각에 너무 신나 있군요'라고 답했다. 클레오는 미소를 지었는데, 지금까지 본 모습 중에 가장 행복해 보였다. 클레오는 또한 돈도 없고 일자리도 없이 돌아오는 것에 대해 '저에게는 아무것도 없을 거예요'라고 말했고, 코치는 '당신이 돌아오면 돈에 쪼들릴지도 모릅니다'라고 답했다. 이러한 공감 반응은 클레오에게 일어날 수 있는 각각의 결과에 대해 클레오의 감정과 클레오의 책무를 계속 상기하도록 했다.

코칭에 대한 클레오의 피드백은 압도적으로 긍정적이었다. 자신이 받은 코칭을 다른 사람에게도 추천했다.

정서 영역에서 편안하게 코칭하는 코치가 코칭 비즈니스로 성공할 가능성이 높다. 정서 영역에서 코칭하고 공감하는 코치의 능력은 코치 자신이나 고객들에게 보이지 않을 수도 있다. 공감을 자연스럽게 제공하는 여성 코치들은 흔히 공감을 학습된 기술로 여기지 않는다. 반면에 많은 남자 코치는 안타깝게도 훈련을 통해 공감 능력을 키웠다. 사회화 경향에서 분리하거나 거리감을 느끼게 된다. 증거 기반 모델을 사용하는 연구자들은 일반적으로 정서 영역을 표현하지 않기 때문에, 변화를 일으키고 변혁을 자극하는 공감의 힘을 알지 못한다.

요약

이 장에서는 뉴 모델을 소개하고 이 모델을 성과 코칭, 참여 코칭 및 개발 코칭에 사용하는 방법을 사례를 통해 제시하였다. 뉴 모델은 E가 공감의 약자인 만큼 반드시 공감을 사용할 것을 주장한다. 또 사용 모델 안에는 모든 단계와 모든 수준의 공감 모드가 포함되어 있다. 이는 코치와 고객 사이의 신뢰를 빠르게 구축할 수 있고, 고객이 자신 있게 행동하도록 돕는다.

7장
코칭에서 도전하기

도전하지 않는 코칭은 직원이나 고객에게 도움이 되지 않을 것 같다. 사실, 효과적인 도전을 끌어내는 것은 매우 숙련된 작전이다. 전통적으로 고려해야 할 두 가지 선택사항이 있다. 첫째, 푸시풋 접근법[pussyfoot approach]이다. 고객이 어떤 이슈를 회피할 정도로 코치가 '잘해주는' 것이다. 둘째, 코치가 공격적으로 대하면서 상처를 주는 해머 접근법[sledgehammer approach]이 있다. 이 두 가지는 텔레비전 프로그램에서 일부 비즈니스 멘토들이 보여준 전통적인 비즈니스 접근법이다. 이 책에서, 우리는 숙련되었고, 지지하면서 도전을 끌어내는 세 번째 선택지를 제안하고자 한다.

효과적인 도전을 위해 코치가 갖춰야 하는 세 가지 기술은 아래와 같다.

(1) 고급 단계의 공감
(2) 제대로 맞설 수 있는 용기
(3) 도전을 원하는 고객과 좋은 관계 유지

이러한 기술들은 코칭의 도약에서 이른바 '잘 해내는 것niceness'을 염려하는 마음을 사라지게 했다. 이 세 가지 코칭 자질을 아래에서 자세히 다룬다.

갈등 문제

인간의 상호작용에서는 갈등이 불가피한 때가 있다. 갈등은 자신이 원하는 것과 타인이 원하는 것 사이에 근소한 차이difference에서 엄청난 차이까지 다양하게 있을 수 있다. 그러기에 이것은 어떤 상황으로 볼 수 있다. 갈등은 고통스러운 경험으로 남고, 신뢰 상실을 가져온다고 여긴다. 그렇지만 건강한 갈등은 때로 건강한 관계를 형성하므로 이것은 사실이 아니다. 대부분 사람은 갈등을 다루는 훈련을 받지 않고, 가정에서 배운 경험만을 사용한다. 많은 사람이 갈등을 용인하고 생산적으로 사용할 수 있다. 그렇지만 갈등의 초기 경험은 무섭고 고통스러웠기 때문에 갈등을 두려워한다. 그래서 어떤 희생을 치르더라도 피하려는 사람들이 많다. 만약 부모가 지속해서 다투는 무서운 가정환경에서 자라나는 아이의 경우를 생각해보라. 여기에 폭력이나 학대가 존재한다면 그 두려움을 그들의 최고 비밀 파일이나 심지어 그들의 잠긴 트렁크에 저장해 둘 것이다. 그래서 파괴적인 갈등은 두려울 수 있지만, 건설적인 갈등은 신뢰를 쌓는 데 사용할 수 있다. 또 이것은 창조적인 해결책을 가져올 수 있다. 갈등을 피한다면 내게는 선택의 여지가 없어 보인다. 즉 이 상황에서 타인이 나를 통제하고, 비난하려는 것은 언제나 존재하기 때문이다.

갈등은 불가피한가?

모든 사람이 항상 모든 것에 동의하지는 않는다. 그러기에 믿기 힘들겠지만, 갈등은 공동으로 하는 모든 일에서 일부만을 차지한다. 갈등은 차이를 알아차리도록 강요하면서 인간관계에 존재한다. 차이는 창의성의 원동력이며, 잘 다루면 변화와 성장을 이끌 수 있다.

한 수치는 갈등 상황의 80%는 오해에 근거하고, 나머지 20%는 가치관이 개입되어 있다는 점에서 실제 상황임을 알려준다. 아래에서 더 자세히 알아보자. 우리는 관리자가 근무시간의 25%를 비생산적으로 갈등을 관리하는 데 사용한다는 것을 안다. 다시 말하지만 이것은 전혀 효과적이지 않다.

왜 그렇게 하는가? 첫째, 관리자들은 '차이의 이익'에 대한 지식이나 이해 부족으로 인해 갈등을 피하는 경우가 많다. 그 갈등은 곧 다른 방식으로 다시 드러난다. 둘째, 관리자들은 훈련과 대인관계 능력이 부족해서 차이를 다루는 데 자신감이 없을 수도 있다. 마지막으로, 관리자들도 대부분 사람과 마찬가지로 갈등 상황에 직면했을 때 관리자들도 두려움과 불안을 경험하기 때문이다.

갈등의 원인

조사 결과에 따르면 갈등 대부분은 '차이'에 원인이 있다.

- **관심사**^{interests} – 내가 원하는 것과 상대가 원하는 것 사이의 차이이다. 예를 들어, 나는 내 딸의 생일 파티를 위해 일찍 퇴근하고 싶은데, 당

신은 지속해서 비용 절감을 원한다.
- **이해**understanding – 내가 이해하는 것과 상대방이 이해하는 것의 차이이다. 예를 들어, 기업은 이익을 내야 하고 그렇지 않으면 직원들 일자리가 없어질 것이라고 나는 이해하는 반면, 당신은 그것을 이해하지 못할 수도 있다.
- **가치**values – 나에게 중요한 것과 상대방에게 중요한 것 사이의 차이이다. 예를 들어, 나는 내 가족과의 시간을 일보다 더 중요하게 보지만 당신은 돈을 더 받기 위해 온종일 일한다.
- **스타일**style – 내가 일하는 방식과 당신이 일하는 방식의 차이다. 예를 들어, 나는 사람들에게 필요한 것을 말하고 더 많은 설명 없이도 그것에 대한 이유를 스스로 알아차리기를 기대한다. 반면에 당신은 모든 것을 의논하기를 원한다.
- **의견**opinion – 내가 생각하는 것과 상대방이 생각하는 것의 차이이다. 예를 들어, 관리자들은 영리하고, 노동자들은 정직해서 노동자들이 자주 이용당한다고 나는 생각한다. 반면에 당신은 노동자들이 항상 게으름을 피우면서도 관리자와 똑같은 임금을 받는다고 생각한다.

많은 차이가 오해, 잘못된 인식 또는 가정에 기반을 두고 있으며, 정면으로 부딪쳐야만 사라진다. 때때로 이것은 적절한 피드백이 부족해서 발생하기도 한다. 효과적인 피드백은 즉각적이고 구체적이다. 피드백에 대한 자세한 설명은 2012년에 출간된 제2판 『코칭 멘토링 및 수퍼비전 Coaching Mentoring and Supervision』에서 찾을 수 있다. 도전할 목적으로 피드백을 제공할 때, 긍정적인 것, 즉 그 사람의 강점으로 시작하는 것이 좋다. 고객에 대한 어떠한 장점도 생각해내지 못한다면, 당신이 도전을 끌어내기에 코치와 고객의 관계가 아직은 무르익지 않은 것이다.

> 무엇보다도 최근의 업무 갈등을 다룬 코칭(코치 또는 고객)에서 위에 제시된 5가지 원인 가운데 하나가 나타났다. 그것에 대한 당신의 반응을 평가하라.
>
> - 당신은 갈등에 대해 어떻게 대응하는가? 당신은 6가지 다른 방법으로 갈등에 반응하는 경향이 있을 수 있다. 당신은 그것을 완전히 피하거나, 양보하거나, 당신이 가진 힘을 행사하거나, 자기 입장을 고수하거나, 협상하거나 협력할 수 있다.
> - 이러한 반응들 가운데서 당신에게 해당하는 것이 어떤 것인지 확인해보라.

조셉 루프트Joseph Luft는 그의 저서, 『그룹 프로세스Group Processe』(1984)에서 우리에게 잘 알려진 조하리 창Johari Window을 사용하였다. 다른 사람만이 볼 수 있는 개인의 자아를 발견하는 것의 이점을 잘 설명한다. 우리는 모두 다른 사람들만이 찾을 수 있는 우리 자신의 측면을 놓칠 수도 있다. 도전함으로써 얻는 이러한 이점은 18세기에 시인 로버트 번스Robert Burns가 발견했다. '오, 그 선물이 우리에게 힘을 주네, 그것이 다른 사람들이 우리를 보는 것처럼 우리 자신을 볼 수 있게 해주네! 많은 실수에서 우리를 해방해주네.'

그러므로 다른 사람들이 보는 것처럼 우리 자신을 보는 것은 실수에서 보호해줄지도 모른다. 효과적인 피드백은 '여기서 어떻게 보이는지 듣고 싶으신가요?'와 같이 조심스레 묻는 것이다.

고객이 코치의 도전에 어떻게 반응할지 고려하기 전에, 코치는 스스로 갈등에 어떻게 반응하는지를 생각해보는 것이 좋다.

갈등에 대한 이러한 반응이 어떻게 코칭에 도움을 주거나 방해하는가?

1. **회피** avoiding: 갈등 상황에서 물러난다고 해서 당사자나 문제가 사라지지는 않는다. 때때로 그것은 더 강한 형태로 나중에 다시 나타나기도 한다. 예를 들면, 위의 생일 요청 사례에서 관리자가 자신이 직접 답변하지 않고 감독자에게 거절 답변을 하도록 요청하는 경우이다. 때로는 어떤 부분에서는 피하는 것이 더 쉬울 수도 있다.

2. **인정** conceding: 흔히 조직문화에 고무되어서 '우리는 여기서 싸우지 않는다.'고 주장한다. 다시 강조하지만, 갈등은 사라지지 않고 다른 형태로 나타날 수 있다. 예를 들면, 다른 직원들은 '생일'을 위해 일찍 떠나라고 권한다. 즉 갈등을 겪는 것보다는 수용하는 것이 더 쉬울 수도 있다.

3. **권력** power: 권력을 사용하는 것은 단기적으로는 효과적일 수 있다. 그렇지만 권력은 승자뿐만 아니라 패배자를 만들어 낼 수 있다. 이는 향후 관계에 부정적 영향을 미칠 것이다. 예를 들면, 관리자는 엄격한 규칙을 고집한다. 화재가 번질 때와 같이 상황이 위급할 때는 권력을 사용하는 것이 적합하다.

4. **입장을 고수하라** stand your ground: 단언하는 것은 쉬운 선택이 아닐 수도

있다. 그렇지만 비록 결과가 당신이 원하는 것이 아닐지라도 존경심을 일으킬 수 있다.

5. **협상 또는 타협**negotiation or compromise: 일부 문화권에서는 가치가 있지만, 협상이나 타협은 둘 다 과정으로 인해 심각하게 희석될 수 있다. 또, 약속이 위태로울 수 있다는 문제점을 갖고 있다. 예를 들어, 조퇴할 때 벌금 징수에 동의하는 것은 직원들에게 동기를 부여하는 최고의 방법이 아니다. 이것은 재정적으로 벌칙을 부과하는 것이다. 권력이 균형을 이루는 곳에서는 협상이나 타협이 만족스러운 결과가 될 수도 있다.

6. **협업 또는 합의**collaboration or consensus: 예외적인 규칙 변경에 대해 주고-받는 시스템이 합의된 경우이다. '함께/그리고both/and'의 결과를 도출하기 위해 모든 사람의 기여를 최대한 활용하는 것이다.

당신이 갈등에 어떻게 반응하는가는 (흔히 비이성적인 것으로 묘사된다) 당신의 신념에 따르는 것이지만 다수가 당신의 반응을 보게 된다. 여기에 우리의 행동을 유발하는 강력한 신념의 예를 제시한다.

나는 반드시 모두에게 사랑받아야 한다.
나는 항상 유능해야 한다.
나는 다른 사람들을 비난할 수 있다.
이건 재앙이다.
외부적인 원인이 분명히 있다.
나는 정신이 없다.
나는 회피한다.
그건 과거에 있었던 일이야.
나는 현실을 직시할 수 없다.

나는 무반응/무력감을 선호한다.
실패는 재앙이다.
나는 절대로 화를 내서는 안 된다.
나는 절대로 연약함을 보여서는 안 된다.

서양 문화가 갈등에는 너무 취약하다. 차이를 해결하기 위해 권력을 사용하는 해로운 전쟁에 의존했기 때문에 갈등을 직시할 수 있는 증거는 광범위하지 않다. 그렇지만 우리는 팀 안에서 차이를 다루는 데 저항하거나, 회피 또는 은폐할 때 어떤 일이 일어나는지 알고 있다.

재앙은 차이점에 대해 침묵하고 가정에 의문을 갖지 않는 곳에서 발생한다. 이로 인해 해로운 결과를 초래할 수 있다. 누가 도전을 원하고 왜 해야 하는가?

코치로서, 자신에게 도전할 기회가 있는지 확인함으로써 스스로 도전할 권리를 얻었는지에 대해 생각하는 것이 좋다. 무엇이 당신의 도약에 동기를 부여하는가? 때로 코치는 고객을 지원한다는 이점 이면에 불손한 동기를 가졌을 수도 있다. 코치는 자신만의 이익을 위해 규칙을 만들면서도 '이것은 고객을 위한 것이다'라며 고객이나 직원을 위한 '선의'를 가장하여 코칭을 엉망으로 만들 수 있음을 인지하고 있어야 한다.

중재 전문가들은 갈등 해소가 5단계로 진행된다고 제안한다.

1. 양쪽 입장에서 그 문제를 이해하라.
2. 쟁점에 맞서라.
3. 어려움을 정의하라.
4. 해결책을 찾아라.
5. 계획에 동의하라.

이것은 간단하지만 멋지고, 논리적으로 명백하게 들린다. 양쪽 처지에서 이 문제를 이해하면 의견 불일치나 차이가 없어질 수 있다. 그렇지 않다면, 필요한 기술은 고급 공감이다. 즉 어느 한쪽이 화가 나거나 속상할 때 교묘하게 사용하는 기술이다. 다음에 필요한 기술은 직면confrontation이다. 대부분 사람에게 이것은 어렵다. 특히 관련된 세 번째 기술이 빠진 경우에는 더욱 그렇다. 고객과 직면하기 위해서는 도전할 수 있을 만큼 좋은 관계를 맺고 있어야 한다. 고급 공감, 직면, 관련성, 이 세 가지 기술 활용은 강력한 처방으로 알려져 있으므로 세심하게 다뤄야 한다.

고급 공감 advanced empathy

우리는 앞서 고급 공감을 정의했다. 도전을 장려하기 위해서 공감에는 상대방에 대한 깊은 이해와 감사가 있어야 한다. 이를 위해서는 경청이 중요하다. 그리고 이미 말한 부분이나 표현했던 것을 기억해내는 능력이 핵심이 된다. 모든 매체에서 그리고 심지어 공식 문서에까지 현대 언어 사용습관 때문에 고급 공감이 절실히 필요하다. 4장에 기술된 여러 가지 변형과 함께 '나는 …라고 느낀다 I feel that …'라는 표현은 고급 공감 사용에서 중요한 표현이다. 그렇지 않으면 코칭의 정서적 힘은 절대 실용화되지 않을 것이다. '나는 …라고 느낀다'를 사용하면 (반박할 수 없는) 감정과 (반박할 수 있는) 의견, 사실 또는 신념을 혼동할 수도 있다. '나는 …라고 느낀다'를 사용할 때 코치가 사실과 감정을 구분하지 않으면 고객의 도전을 어렵게 만들 수도 있다.

톰 Tom

톰은 다국적 그룹의 전무이사이다. 그의 코칭에 관해 5장에서 바이런 케이티Byron Katie의 '그것이 사실인가?' 워크시트를 사용하여 설명하였다. 톰은 아시아 지사에 있는 자신의 동료 제이크Jake 때문에 고민이다. 제이크는 톰을 실망하게 했다. 중요한 사업 이슈에 대해 제이크는 톰과 상의하지 않은 것이다. 톰은 제이크가 악의적인 의도는 없었다는 것을 알게 되었다. 그리고 제이크는 상담 요청에 동의하였다.

톰과 코칭을 계속하면서 앤Anne 코치는 톰이 제이크에 대해 강한 부정어로 말한다는 것을 알아차렸다. 톰은 '제이크가 나를 못 잡아먹어 안달입니다', '그가 나를 공격하는 것 같습니다'라고 말할 때 더 분명하게 알아차렸다. 앤은 '당신이 제이크에게 위협을 느끼는 것처럼 들립니다'라고 고급 공감을 제공했고, 톰도 이에 동의했다.

앤은 제이크와 톰의 관계에 처음에 나타났던 것보다 더 많은 것이 있다고 의심하기 시작했다. 앤은 이전에 톰이 제이크를 언급하면서 제이크가 건방지고 자신만만하다고 말한 것에 주목했었다. 이 둘의 관계는 잘 풀리지 않았고 다른 동료들도 불편한 분위기를 느끼고 있었다. 앤은 톰과 자신의 예상하는 바를 나누기로 하였다. '톰, 당신이 제이크를 정말 싫어하는 것 같아요. 실례지만, 저는 당신이 좋아하지 않을 만한 것을 제안할 거예요. 이것에 대해 준비가 되었나요?'라고 말하자 톰이 동의를 표한다. 앤은 '나는 당신이 제이크에게 그의 자신감과 이성을 끄는 매력에 분개하는 것을 예전부터 알고 있었습니다'라고 말한다. 또 앤이 '나는 당신이 제이크를 질투하는지 궁금합니다'라고 하자 아주 오랫동안 망설이다가, 톰은 '아마도 나는 그런 것 같아요. 저는 제가 팀 내에서 좋은 결과를 낼 때도 제이크가 모두에게 관심받는다고 느낍니다.' 앤은 '당신이 그렇게 느끼는 것은 당연합니다. 그것은 불공평하게 보입니다'라고 말한다. 톰은 다른 남자들 주변에서 자신이 질투를 느끼는 경향이 있다는 것을 인정했다. 그의 형이 엄친아였고, 부모님이 형을 편애했기 때문에 톰이 그 안에서 눈에 띄기는 어려웠다.

또 그는 아시아 팀의 여자들 가운데 한 명을 좋아했지만 제이크가 근처에 있을 때는 쳐다보지도 않았다. 코칭 세션에서는 톰이 제이크와의 관계를 개선하여 이들이 함께 유용하게 일할 수 있도록 진행하였다. 톰은 비즈니스 세션과 별도로 자신에게 관심을 가진 여성에게 접근하기로 했다. 국제회의에서 영향력 있게 업무 결과를 발표하는 방법을 연습했다.

도전을 위해 고급 공감을 활용하는 것은 시험적이고 신중해야 한다. 당신이 실수할 수도 있고, 고객이 동의하지 않을 수도 있다. 이 코칭 세션에서 앤 코치는 톰이 도전할 수 있도록 준비했다. 그 뒤 그의 동의를 얻었으며, 해결책을 찾기 전에 먼저 고급 공감을 제공했다.

공감은 배우고 변화할 능력을 제한하는 고객의 숨겨진 요소들을 드러내게 만든다. 예를 들면, 일부 리더들은 덜 지시적이고 업무 분담에 개방적이기를 원한다, 그런데도 리더들은 자신이 그 자리의 '책임자'가 되어 통솔해야 한다는 것을 알게 된다. 어떤 사람들은 인기에 연연하기 때문에 동료나 직원들과 직접 접촉하지 않는다. 고객들과 함께 일하면서 발견할 수 있는 근본적인 감정은 두려움과 불안이다. 예를 들어, 리더들은 통제력을 잃으면 자신이 무력해지고 실패하게 될까 봐 두려워할지도 모른다. 어떤 사람들은 타인을 기쁘게 하는 것이 필수적이라고 배웠다. 그래서 다른 사람들을 기쁘게 하려고 안간힘을 쓸지도 모른다.

고객이 그들의 숨겨진 감정, 즉 실패에 대한 두려움이나 어리석다고 여겨지는 것을 인식한다고 가정해보자. 이러한 감정들을 표현해내는 과정은 고객이 자신이 제한하는 것들에 직면하도록 한다. 예를 들어, 업무 분담을 두려워하는 고객이 공감을 받고 자유롭게 두려움을 표현하는 경우이다. 이럴 때 고객은 부하직원이 자신이 원하는 대로 일하지 않을 것이라는 가능성과 함께 실수할 수도 있다는 두려움을 들여다볼 수 있다. 이 두려움이 세상에 종말을 가져오지는 않으니 너무 염려하지 않아도 된다. 또 다른 경우는 부하직원에게 업무를 분담하는 것이 불가능해서 실패를 감수하려는 고객이다.

찰스 Charles

찰스는 도시 외곽에서 소규모 가구 사업을 한다. 찰스는 주문에 따라 맞춤 가구를 디자인하고 공급한다. 각각의 가구는 특정한 의뢰인의 사양에 맞게 제작되었다. 그 때문에 설계가 정확하지 않으면 원가로 팔아야 해서 찰스는 손해를 본다. 찰스는 현금 흐름이 언제라도 위태로워질 수 있다는 것을 안다. 불행하게도 마이너스 통장에 의존하고 있다.

찰스는 재능 있는 팀을 영입했고, 팀원들은 곧 유능하고 믿음직스럽게 일을 해냈다.

찰스의 사업은 매우 빠르게 확장되었다. 찰스는 팀을 위해서 자신이 필요로 하는 템플릿이 들어 있는 패턴 북을 만들었다. 각 주문은 기본 템플릿에서 시작하여 특정한 고객의 요구 사항을 추가하여 접수한다. 그런데도 찰스는 책임감 때문에 모든 주문을 일일이 감독한다. 직원들은 찰스가 직원들을 믿고 진행하기를 바라지만 그렇지 않은 상황에 짜증이 났고, 곧 분개했다. 찰스는 사업 거래가 아니라 팀을 관리하기 위해 많은 업무를 해야 해서 녹초가 되어 가는 상황이다.

찰스는 임원코치인 프란체스Frances와 만났을 때 당황했다. 찰스는 프란체스에게 자신의 재정적 취약점에 관해 말했다. 코치는 사업 계획과 재정적 조언에 관해 토론하고 싶은 욕구를 느꼈다. 다행히 프란체스 코치는 제대로 훈련을 받은 코치였다. 프란체스 코치는 유혹에 저항하며, 코칭 공간에서 찰스가 자신의 기술을 다른 사람들에게 위임하는 것을 생각해보도록 기다린다. 찰스는 자신이 더는 사업에 관여하지 않는다는 부분에서는 슬픔을 그리고 팀이 실수할 것이라는 부분에서는 공포감을 드러낸다.

프란체스는 '당신은 특히 자신의 디자인으로 제작할 때 수익 부분을 놓쳤을지도 모릅니다'라고 말한다. 찰스는 침을 꿀꺽 삼키고 고개를 끄덕인다. 그리고 나서 프란체스는 '당신은 직원들을 걱정하는 것 같네요. 직원들에 관해 말해주시겠어요?'라고 덧붙인다. 찰스는 얼마나 숙련된 직원들인지, 자신이 직원들을 신뢰할 수 있음을 설명한다. 그 뒤 자신의 두려움이 합리적이진 않지만 과거의 경험에서 왔음을 깨닫는다. 찰스는 엄격하게 일을 시켰던 그의 아버지에게서 가르침을 받았다. 비록 이것이 찰스가 좋은 기술을 습득한 계기가 되었지만, 동시에 실수하는 것을 몹시 두려워하게 되었다. 팀원이 실수할 수도 있지만 찰스가 책임을 져야 하는 상황은 혼란스럽다. 프란체스는 이 감정을 찰스의 얼굴에서 보고 이렇게 말한다. '그 생각에 겁먹은 것으로 보이는데, 무슨 일이 일어날지 봅시다.' 찰스가 돈을 잃게 될 것이라고 말하자 프란체스는 '돈을 잃으면 짜증이 날지도 모르겠군요' 하고는 다음과 같이 말한다. '내가 어떻게 하면 고객과 직면할 수 있을까요?' 프란체스가 '이것이 당신이 정한 평소 기준에 미치지 못하기 때문에 부끄러움을 느낄 수도 있습니다'라고 말한다. 찰스는 자신이 경험할 수 있는 부정적 감정을 그려보고 역할 연기를 한다. 힘을 내어 고객에게 접근하여 설명하거나, 대안을 제시하거나 환급해준다. 코칭에서 팀원이 실수할 때 스스로 위험을 무릅쓰는 찰스를 지지한다. 물론 팀원은 거의 실수를 하지 않았다. 찰스는 자신의 두려움이 대부분 근거가 없다는 것을 알게 된다.

이 감정들은 현재에서는 가능성이 없어 보이지만 찰스의 '최고 비밀 파일'에 숨겨져 있다. 또는 잠긴 트렁크에서도 거부당해서 제 목소리를 내지 못한다. 따라서 이러한 감정은 3장에서 설명한 바와 같이, 의식적인 인식에서 벗어나게 한다. 특히 현대 생활에서 대규모 조직의 관리자로서 제 기능을 하도록 한다. 코치로서 당신은 이러한 공포의 힘과 공포를 극복하는 데 필요한 용기를 과소평가해서는 안 된다. 이 시스템은 고객이 다른 사람들이 보기를 원하거나, 시간이 지남에 따라 학습된 자기 이미지를 보호하고 방어하는 역할을 한다. 그렇지만 그 안에 숨겨진 감정은 안전한 관계 안에서 고객에게 공감할 때만 볼 수 있다.

이런 감정은 어려서부터 정해졌다. 그래서 고객의 두려움과 불안감을 제거하는 것은 불가능하다. 그렇지만 고객이 공감받을 때나 변화를 시도할 때는 고객이 위험하다고 느끼는 감정을 관리할 수 있다. 실제로 공감 코칭은 고객이 다음과 같은 것을 할 수 있도록 한다.

- 고객의 두려움이나 걱정을 직면하도록 한다.
- 고객의 숨겨진 감정 가운데 일부를 수정하고 수용하게 한다.

- 숨겨진 최고 비밀 파일 속 감정의 힘을 감소시킨다.
- 건강한 자아 이미지를 확대한다.

만약 고객이 그들의 깊은 감정을 부정한다면 어떠한가? 이에 우리는 8장에서 코칭과 치료의 경계에 대해 논의한다. 개발 코치로서 이 경계를 잘 알 것으로 확신하다. 성과 코칭이나 참여 코칭의 맥락에서 접근할 때, 우리는 감정이 거부된 곳에 주의를 기울여야 한다. 필요하다면 고객에게 치료를 의뢰해야 한다.

직면 confrontation

이 단어는 '앞에 둔다 put-in-front-of'를 의미한다. 그래서 누군가와 직면할 때 당신은 그들을 깜짝 놀라게 하는 것이다. 직면은 도움이 되기보다는 두려움을 불러일으킨다. 일반적으로 도움보다는 파괴적인 직면을 경험했기 때문이다. 사람들이 갈등을 생산적으로 직면하고 처리하지 못한다. 그 때문에 우리는 해결되지 않은 갈등에 많은 시간과 에너지를 소비한다. 직면은 코치와 고객 모두에게 두려운 행동이다. 코치와 고객은 갈등을 피하거나 어설프게 대할 수 있다. 곧 닥칠 직면은 코치에게 불안감을 불러일으킨다. 그래서 충격을 불러일으키는 자연적인 불안감에 대처하기 위해서는 용기가 필요하다. 직면은 흔히 '보는 사람의 시선'에 있다. 내가 그런 기분이라면 어떤 것이든 직면하는 것으로 보일 수 있다. 내게는 억제된 것으로 보일 수도 있는 것이 다른 사람들에게는 충격적으로 보일 수 있다. 섣부른 단정을 갖고 직면하는 것은 위협적인 것으로 보일 수 있다. 그러므로 고급 공감과 마찬가지로, 당신은 주의 깊게 대해야 한다. '아마도 perhaps', '추측하건대I guess', '아마maybe' 등과 같은 단어를 사용하면서 권장하는 직면 방식은 잠정적인tentative 것이다.

참고: 코칭에서의 직면은 서구 사회의 법적, 정치적, 산업적 분쟁에 때때로 적용되는 공격적인 대결 구도와는 관련이 없다.

효과적인 직면은 공격적이지 않고, 비전투적이다. 또 직면 대상을 깊이 지지한다. 직면의 힘은 '깜짝 놀랄 만한' 요소에 있다 – 이전에는 알려지지 않았던 것이 이제 고객에게 알려졌다는 사실이다. 직면은 이전에 알려지지 않았던 것을 반드시 드러내기 때문에, 고객은 준비가 되어있더라도 충격을 받을 것이다. 간단한 서두simple preamble는 고객에게 놀라운 일이 다가오고 있다는 것을 경고하는 좋은 방법이다! 만약 고객이 '깜짝 놀람'에서 '유지'되고 지원을 받을 수 있다면, 고객이 그 정보를 어떻게 사용할지 자유롭게 생각할 수 있다. 고객은 다르게 행동하거나 더 많은 정보를 찾을 수 있는 선택권이 있다.

코치는 그 직면을 정당화할 충분한 경청과 이해를 제공하였는가? 이 시점에서 직면을 지지할 수 있는 관계에 있는가? 심지어 지금 이곳이 적절한 시간과 장소가 맞는가? 고객은 직면하기 좋은 상태에 있는가? 이것들은 직면에 돌입하기 전에 고려해야 할 사항들 가운데 일부에 불과하다.

직면의 유형

코칭이 보여줄 수 있는 다양한 직면 유형을 살펴보자.

- **정보** information: 잊어버렸거나 알지 못하는 자료에 주의를 환기. 예) '안젤라, 제가 그냥 확인해도 될까요? 오늘 판매 기록을 준비한다고 하지 않았나요?'
- **경험** experiential: 구두/비언어 메시지 간의 불일치; 고객이 말하는 것과 행동하는 것. 예) '고객 불만 사항에 대해 불안해하는 것 같습니다. 답변을 검토했는데 당신이 왜 걱정하는지 궁금합니다.'
- **누군가가 말하는 왜곡** distortion: 예) '재고를 확인했다고 했습니다. 그러나 파일에는 16 사이즈가 있다고 되어 있지만 창고에는 없습니다.'
- **게임** games (의식 없이 하는 게임): 예) '지난주에 이런 일이 일어났다는 것을 알고 당신의 실수를 덮었습니다. 이제 무슨 일이 일어나고 있는지 궁금해지기 시작합니다.'
- **강점** strengths: 사용하지 않을 가능성이 있는 재능, 능력 등을 지적하는 것. 예) '마지막 평가에서 당신의 헌신을 느꼈습니다. 그리고 더 많은 것을 보고 싶습니다.'
- **약점** weakness: 일어나지 않는 일을 지적하는 것; 항상 격려와 짝을 이룸. 예) '헬레나, 나는 당신의 침묵을 알아차렸습니다. 팀은 특히 당신이 그런 많은 것을 우리에게 제공할 수 있다는 것을 알고 있는데도 당신에게 공을 돌리지 않았습니다.'
- **격려** encouragement: 상대방의 행동을 촉구하기 위한 의도적인 압박. 예) '디자인 대회에 대한 이해를 동료들과 공유하지 못하는 이유가 있나요? 배운 것을 공유하자고 제안하고 싶습니다.'

그렇다면 이 어려운 것을 어떻게 적용해야 하는가?

효과적인 직면 스타일은 적극적이며 질문을 동반한다. 직면이 항상 부정적인 것은 아니지만, 만약 그것이 부정적일 때, 공감을 먼저 제공한다면 고객은 부정적 피드백도 들을 것이다.

직면하는 방법

일부 유형의 직면은 다음과 같은 몇 가지 예와 함께 제시할 수 있다.

- **의제를 방해하고 확인한다**: 예) '존, 목표 달성이 염려됩니다. 당신이 모든 직원이 게으르다고 말했던 것을 깨달았는지 제가 확인해도 될까요?'
- **관련성을 설명하고 공간을 제공하라**: 예) '존, 직원들이 헌신하고 열심히 일하는 것을 당신이 가치 있게 여긴다는 것을 저는 알고 있습니다. 다만 모든 직원이 게으른 건 아닌지 걱정되는데, 어떻게 생각하시나요?'
- **열린 질문, 듣고 기다리기**: 예) '헬레나, 불안해 보이는군요, 언제 보고서를 볼 수 있을까요?'
- **교육 정보**: 예) '샬롯, 당신은 이 제품에 확신이 없어 보입니다. 당신이 제품 제원을 잘 모른다는 인상을 주고 있어요. 제가 이 일을 어떻게 도와드리면 좋을까요?'
- **수정**: 예) '제품 능력에 관해 말할 때 망설이는 것 같았어요. 당신이 한 말이 틀렸으니 다시 살펴주면 좋겠어요. 저와 함께 검토할 수 있을까요?'

- **동의하지 않음**: 예) '이 결과에 만족하는 것 같군요, 피터. 저는 당신의 견해를 인정합니다. 유감스럽지만 저는 그것에 동의하지 않습니다. 당신이 그 숫자를 다시 확인하면 좋겠어요.'
- **토론을** '무엇과 왜'에서 '어떻게와 언제'로, 그리고 '그때와 거기'에서 '여기와 지금'으로 **옮기는 것**: 예) '확실한 것 같네요, 제임스. 직원들과 함께 새로운 출발을 한다는 측면에서 목표하는 바를 말하고 있군요. 방금 그 이유를 말했습니다. 저는 오늘 당신이 어떻게 다르게 행동할 것인지 알고 싶습니다. 그리고 언제쯤 하게 되는지 알려주시면 좋겠습니다.'
- **미러링**: 예) '15일까지 보고서를 완료하고 싶다고 말씀하시는군요.'
- **검증**: 예) '조, 이전 평가에서 당신의 실적이 우수한 것을 알았습니다. 당신도 그것에 대해 기뻐했음이 틀림없군요. 앞으로 6개월 동안 효과적으로 일하면 좋겠습니다. 그리고 그 등급을 달성한 방법을 다른 업무에도 반영해 주었으면 합니다.'
- **주의**: 예) 누군가가 말한 뒤 조용하게 주의 집중하는 것은 화자가 자신의 말을 침묵 속에서 생각할 때 직면으로 적용할 수 있다.
- **가치관**: 예) '트레이시, 8세를 대상으로 한 비키니 판매에 대해 희비가 엇갈린다고 하셨어요. 이것을 본사에 전달하는 방법에 대해 논의할 수 있을까요?'

예를 들면 다음과 같다.

로지 Rosie

로지는 패션 잡지의 기자다. 로지는 직장에서 중요한 존재로 대우받지 않고, 어려운 업무는 할당받지 못한다고 생각했다. 로지의 상사인 마르시아 Marcia는 몸집이 크고 자신만만하며 주장이 강한 여성이었다. 그녀는 또 패션 감각이 매우 뛰어났다. 로지는 문자 그대로 그리고 눈으로 보기에도 마르시아 옆에서 한없이 작아졌다. 코칭 세션에서 로즈는 마르시아에 관해 말할 때 몸을 떨었다. 로지의 코치 사라 Sarah가 말했다. '당신은 마르시아를 무서워하는 것 같아요. 떨고 있네요.' 로지는 마르시아가 언론인으로서 자신의 미래를 결정할 수 있으므로 정말 두렵다고 말했다.

알고 보니, 이것 때문에 로지는 관심을 끌지 않으려고 고개를 숙이는 경향이 있었다. 그렇지만 이것은 그녀가 주목받지 못했다는 것을 의미했다. 마르시아가 모든 업무 할당량을 통제했기 때문에, 로지는 그녀가 원하는 일을 얻지 못했다.

사라는 로지에게 '당신은 좌절감을 느끼겠어요'라고 공감을 표시했다. 두 사람은 많은 신뢰를 쌓으며 좋은 관계를 맺었다. 로지가 직장에서 근무 초기의 참사를 공유했을 때, 사라는 로지에게 자신감이 넘치고 화려하게 보이는 사람들 주변에서 그녀 자신이 투명인간 같았음을 느꼈겠다고 말했다. 마르시아를 악마로 만들고, 그녀의 행동을 분석하는 데 시간을 보내는 것은 쉬운 방법일 수 있다. 그 대신 사라는 로지 자신이 직장에서 하는 일에 초점을 맞췄다.

코칭 세션에서, 사라는 로지가 진짜 작은 어린아이처럼 보이게 앉아 있다는 것을 알아차렸다. 사라는 자신이 알아차린 것으로 로지에게 직면하기로 결심했다. 사라는 '여기에서 당신과 관련 있는 몇 가지 사항들을 알아챘습니다. 제가 그것들을 공유해도 될까요?'라고 말했다. 로지는 동의했고, 사라는 그녀가 알아챈 두 가지가 있다고 덧붙였다. 하나는 높은 음률에 다소 아기자기한 로지의 목소리였다. 이것은 로지의 아이 같은 외모를 강조했고, 로지가 어른스러워 보이도록 하지 않았다.

사라는 또한 로지의 이름이 로즈의 작은 형태라는 점에 주목했다. 로지가 중요한 존재로 받아들여지고 싶다면 왜 직장에서 그 이름을 사용하는지 물었다. 그 직면은 새 목소리를 연습한 로지가 자신을 로즈라고 부르며 어려운 업무를 할당받기 시작했다는 놀라운 소식이 되었다.

사라는 직면에 나서기 전에 로지와 좋은 도전 관계를 구축했다. 사라는 고급 공감을 제공했다. 그리고 로지에 관해 전반적으로 이해했다. 사라는 과거에 자신이 느낀 비슷한 감정을 로지와 공유했다. 이 부분에서 자신이 아닌 로지를 위해 맞서고 있었다.

다음과 같은 테스트 질문을 자신에게 물어봄으로써 직면을 위한 조건이 적합한지 알 수 있다.

- 이 관계가 매우 탄탄한가?
- 이것은 누구를 위한 것인가?
- 코치가 자기 약점을 드러냈는가?
- 코치가 먼저 고급 공감을 제공했는가?
- 상대방의 도전counter-challenge에 어떻게 대응해야 하는가?

아울러 직면에서 더티 더즌Dirty Dozen^{역자 주28)}으로 불리는 효과 없는 직면의 특징을 명심하는 것이 유용함을 알아야 한다.

1. 명령ordering
2. 경고warning
3. 권고하기exhorting
4. 충고하기advising
5. 잔소리하기lecturing
6. 판단하기judging

역자 주28) 유명한 전쟁영화인 「특공대작전(원제: 더티 더즌)」에 주인공으로 등장하는 흉악범 12명을 가리키는데, 시민운동 단체 등이 '언론 플레이'를 위해 이 표현을 애용함.(네이버 지식백과, 교양영어사전2)

7. 과찬하기 over-praising

8. 조롱하기 ridiculing

9. 해석하기/진단하기 interpreting/diagnosing

10. 동정하기 sympathizing

11. 심문하기 interrogating

12. 산만하게 하기/철수하기 distracting/withdrawing

사람들은 직면에 어떻게 반응하는가? 불행히도 모든 사람이 직면을 받아들이는 것은 아니다. 어떤 사람들은 방어적인 반응을 보일 수도 있다. 이럴 때 코치가 방어적인 반응을 다시 알려주고, 더 깊이 공감해줄 것을 제안한다. 이후에는 코치가 지원해야 할 고통스러운 깨달음의 과정이 뒤따를 수 있다.

도전을 위한 관계 맺기

효과적인 도전을 위해 코칭 관계는 탄력적이어야 한다. 코치로서 고객과 호흡이 잘 맞아야 한다. 양쪽 모두 신뢰와 정직으로 맺어진 관계여야 한다는 뜻이다. 권력 불균형이 있는 곳에서는 직원을 고용하고 해고할 수 있는 사람을 신뢰하지 않을 가능성이 크다. 이 상황에서는 도전하기 어렵다. 도전해야 할 강한 코칭 관계는 이미 확립된 도전에 대한 권리가 될 수 있다. 이 권리는 코치가 스스로 도약할 준비를 하고 정직한 동기를 준비했을 때 얻을 수 있다.

도전 받을 준비를 하는 것은 여러분에게 도전할 권리를 제공한다. 예를 들면, '저 자신도 참을성 있는 관리자가 아닙니다. 저도 참을성이 없는 성향을 알고 있습니다'와 같이 자신이 어느 정도 수준인지 공유할 준비가 되어있다는 것을 의미한다. 당신이 공유하는 것은 현재의 이슈와 관련 있어야 한다. 예를 들면, 고객은 날짜별 판매에 대해 혼란스러워한다. 당신은 과거의 경험이라도 혼란에 빠졌던 경험을 공유할 수 있다. 솔직하게 동기부여하면 도전이 누구를 위한 것인지 확인해줄 수 있다. 코치를 위한 것인가? 아니면 고객을 위한 것인가? 관계에 내재된 도전은 상대방의 이익을 위한 것이다. 당신의 도전이 좋든 나쁘든 극적인 결과를 가져올 수 있으므로 이것은 중요하다. 고객 상태도 고려해야 한다. 지금이 적절한 시기인가? 오늘 고객에게 또 무슨 일이 일어났을까? 고객이 오늘 도전을 받아들일 것 같은가? 그리고 한 번에 한 가지 도전! 도전에 많이 실패하는 원인은 연관 없이 도전을 시도하는 데에 있다. 관계 맺기relating는 여기에서 지금 두 사람 사이에 무슨 일이 일어나고 있는지 제삼자와 의논할 수 있는 능력이다.

- 효과적인 도전은 초대하는 것이지, 강요하는 것이 아니다. 강제적인 도전은 거부 당할 가능성이 크다.
- 효과적인 도전은 의도적인 것이 아니라 계획적인 것이다.
- 도전 관계가 이미 존재하는가? 나는 도전받을 준비가 되어있고 스스로 도전할 준비가 되어있는가?
- 상대방에 대한 내 이해는 얼마나 깊은가?
- 지지support 분위기에 대한 테스트

상황별 지지 분위기

성공적인 도전을 위해서는 환경을 지지하는 분위기가 동반돼야 한다. 다음을 점검하라.

- 신뢰가 있는가? 여기에서 사람들이 위험을 감수할 수 있을까?
- 사람들이 공개할 준비가 되었는가?
- 차이를 존중하는 분위기가 있는가?
- 사람들이 실수하거나 자기 실수를 개방할 분위기가 되어있는가?
- 이 상황을 공감하고 있는가?
- 어떤 것이 협력 또는 경쟁을 위해 당연히 여겨지는가?
- 사람들이 다른 사람의 장점을 중요하게 생각하는가?

[그림 7.1] '도전과 지원의 상호 의존성'으로 제시한 유용한 매트릭스는 도전과 지지가 어떻게 함께 작용하는지를 명확히 하는 데 도움이 된다. 지지 없이 도전하면 아무런 변화도 초래하지 않는다. 도전이 없는 지지 역시 아무런 변화도 초래하지 않는다[그림 7.1의 현상]. 또 지지가 부족하면 직원들이 뒤로 물러서거나 어떤 변화도 가로막는다. 반면에 도전이 부족한 지지는 직원이 이전처럼 지내게 한다.

[그림 7.1] 도전과 지지의 상호 의존성

도전을 효과적으로 수행하기 위한 코치와 고객 관계의 필수 요소

코치와 고객 관계가 도전에 성공적으로 직면하도록 돕는 필수적인 특징은 무엇인가?

- **역할에서의 자유** freedom from role – 관리자는 성과 코칭은 담당하지만 개발 코칭은 담당하지 않는다. 성과 코칭에서 도전하는 것은 성과에 대한 특정 피드백을 주는 것으로 한정한다.
- **자발성** spontaneity – 고객의 이익을 위해 진정한 가치를 제공하는 것이다.
- 코칭에 대해 부정적 피드백을 제공하는 고객에게 **방어적이지 않은 태도를 유지하는 능력**
- **정직** honesty – 코칭 관계에서 일어나는 일에 대해 고객에게 솔직하게 표현하기
- **개방성** openness – 관계에 대한 고객 제안을 받아들일 수 있음

- 고객의 행동에 대해 **사실적이고 구체적임**
- 고객의 현재 문제에 **주의를 기울이는 것**
- **공감**empathy
- **판단 유보**being tentative – 실수할 수 있다는 것을 인지하는 것
- 고객을 **배려하고 존중하기**

우리는 독자들에게 4장의 감정을 표현하기 어려운/쉬운 연속체를 상기시키고자 한다. 지금 여기here and now에 존재하는 사람에게 감정을 말하는 것은 감정을 표현하는 가장 어렵고 도전적인 방법이다. 예를 들면 다음과 같다.

> 에디Eddie, 당신은 저항감을 느끼는 것 같군요. 당신이 뒤로 물러나는 것을 느낄 수 있어요. 저는 이게 실망스럽네요.

관계 맺기 대화relating talk는 복잡한 기술이다. 코치 입장에서 자각을 요구한다. 물론 순간적으로 그들이 느끼는 것을 말할 용기를 요구하기도 한다. 이 용기는 도전할 때 강력한 약이며 탁월한 효과가 있다. 코치는 내적, 외적으로 어떤 일이 벌어지는지 파악해야 한다. 표현하기에 적합한 내용과 '묶어두기'에 대한 판단을 내려야 한다. 관계 맺기 대화는 용기가 필요하다. 물론 고객이 어떤 반응을 보일지 모른다. 많은 사람에게 충격으로 남을 수도 있다. 우리의 경험으로 보면 고객이 그 충격에서 회복했을 때, 관계 맺기 대화의 정직성은 믿을 수 없을 정도로 높이 평가받는다. 그 관계가 새로운 차원으로 옮겨간다. 동시에 벅찰 수도 있다. 다른 예를 살펴보자.

피터Peter, 당신이 비록 그렇게 말하지는 않았지만 저를 원망하고 있다는 것을 알아요. 당신의 표정과 말투로 보아 화가 나 있는 것을 알 수 있어요. 저는 혼란스러워요. 그래서 당신이 큰 목소리로 어떻게 느끼는지 말해주면 좋겠어요.

실제로 관계 맺기 대화는 높은 수준의 자기 공개와 피드백을 함께 포장하는 것이다. 지금 자신에게 일어나는 것을 노출disclosure하는 것이다. 이것은 개인적인 노출이 아니라 코칭 관계에 대한 감정과 코칭 목적에 대한 솔직한 표현이다. 피드백에 대한 자세한 지침은 우리의 책 『코칭 멘토링과 수퍼비전Coaching Mentoring and Supervision』(2012)을 참조하라.

코치가 코칭 세션에서 관계 맺기 대화를 사용할 때 얻는 이점은 더 많아진다.

릭Rick

릭은 성공적으로 사업을 운영하고 있다. 릭은 웹디자이너이자 그래픽 아티스트이다. 그는 많은 일을 했고, 많은 경쟁을 했다. 릭은 팀이 자신의 충고를 듣지 않는 직장에서 일하며, 자기 행동을 스스로 이해하려고 노력했다. 릭의 코치인 트레버Trevor는 어린 시절 릭의 모습을 발견했다. 트레버는 릭이 팀원에 대한 좌절과 자신의 설명을 듣지 않았을 때의 실망을 말할 때 공감을 표현했다. 이는 릭과 좋은 관계를 구축하게 했다. 릭은 코칭 세션에서 팀원들을 불평했다. 트레버의 공감이 그를 진정시키는 데 도움을 주었다.

릭이 그의 직원들 몇몇과 상호작용하는 모습을 살펴보았다. '당신은 팀원에게 같은 것을 반복해서 말해야 하는 데에 질렸군요'라고 말했다. 트레버는 또한 릭에게 팀이 어떻게 반응했는지를 물었다. 팀원들은 웹디자인 일자리가 많아서 쉽게 다른 직장을 구할 수 있었다. 그래서 회사를 그만둔 것으로 드러났다. 코칭 세션에서 트레버는 릭에게 공감했다. 그러나 릭은 그것을 무시했다. 트레버가 왜 그 감정을 느꼈는지 물었을 때, 릭은 다소 거드름을 피우며 트레버를 보고는 '글쎄요'라고 말하곤 했다. 트레버는 릭의 대인관계 스타일을 피드백하기로 했다.

　먼저, 트레버는 자신이 릭을 어떻게 생각하는지에 대해 듣고 싶은가를 물어보았다. 릭은 동의했다. 트레버는 '당신이 '글쎄요'라고 말할 때, 그리고 나를 그렇게 쳐다 볼 때 - 제가 바보처럼 느껴집니다'라고 말한다. 릭이 '제가 뭘 하고 있는 거죠?'라고 다시 말할 때까지 완전한 침묵이 흘렀다. 트레버는 설명을 이어갔다. 릭은 매우 사려 깊게 '아무것도 아닌 일로 이웃과 사이가 틀어졌어요. 아마 그때도 제가 그녀에게 그렇게 했을 겁니다'라고 설명한다. 릭의 직원들을 분석하는 대신 릭의 스타일에 맞춰 코칭을 진행했다. 릭은 트레버가 피드백 주는 순간을 코칭 세션에서 가장 중요한 것으로 평가했다. 릭의 사업은 계속 번창하고 있다.

요약

이 장에서는 코칭할 때 도전의 중요성을 살펴보았다. 갈등의 원인과 종류는 물론 사람들이 갈등에 어떻게 반응하는지도 설명하였다. 도약의 세 가지 기술을 설명하였다: 고급 공감, 직면, 그리고 관계 맺기. 사례와 사례 연구를 통해 사용할 수 있는 기술도 예로 들었다.

8장
코칭과 치료의 경계

이 장에서는 코칭과 심리치료의 경계에 관해 다룬다. 이는 전문적인 지원과 제대로 된 훈련이 없다면 위험하다. 대부분 코치는 전문적인 지원과 훈련이 없어서 심리치료와 같은 코칭 상황에서 헤매지 않을까 불안해한다. 그래서 코칭과 심리치료의 경계가 어디에 있는지 알아두는 것이 중요하다. 그러나 코치 훈련은 고객의 깊은 감정이 코치 자신에게 미치는 영향까지 알려 주지는 않는다. 이를 인지하지 못해서 고객의 감정이 코치에게 영향을 미칠 때가 있다. 이때는 코치가 대처할 수 없다는 느낌을 받을 수도 있다. 이 장에서는 코치에 대한 지침을 제시한다. 이 지침에는 코칭 활동을 지원하기 위한 수퍼비전을 포함한다. 아울러 심리 치료적 아이디어의 가치에 대해서도 살펴보겠다.

2장에서 언급했듯이, 코칭이라는 용어는 성과에서 개발까지 다양한 조력 개입을 설명하기 위해 사용된다. 코칭 안에서 무엇이 제공되는지 이해해야 한다. 코칭 목표, 코칭 주체, 코칭 접근방식과 궁극적인 목표를 파악하는 것이 핵심 사항이다. 성과 코칭, 참여 코칭, 개발 코칭의 세 가지 주요 범주 안에서 여기에 대한 답변을 제시한다.

상담, 심리치료 또는 치료는 무엇인가?

상담counselling과 심리치료psychotherapy라는 용어는 다양한 접근법을 내포한다. 영국 상담심리치료협회는 다음과 같이 정의한다.

> 상담과 심리치료는 다양한 대화 요법을 포함하는 포괄적인 용어이다. 상담과 심리치료는 훈련받은 실무자들이 내담자에게 효과적인 변화를 가져오게 한다. 또는 행복을 증진하기 위해 단기간 또는 장기간에 걸쳐 내담자와 함께 일하는 것이다. 일반적으로 치료는 곤경에 처해 있거나 어느 정도 혼란에 빠진 사람들이 문제를 논의하고 해결하도록 제공하는 서비스이다.

또는 상담에는 한 사람이 삶의 문제를 돌아보고, 해결하려는 의도가 들어있다.

> 그래서 그 노력에 도움을 주고자 하는 사람의 의지에서 비롯된 목적이 있는 사적인 대화이다(mcLeod, 1998: 6).

많은 고객이 상담을 선택하는 이유는 '심리치료'라는 용어가 의료 모델에 반향을 일으켰기 때문이다. 아울러 심리치료가 정신질환과 관련이 있다고 믿기 때문이다. 상담과 심리치료를 구분하는 다른 방법이 있다. 즉 상담을 간단한 것으로 심리치료는 심층적이고 장기적인 것으로 표현하는 것이다. 이 둘 사이에는 큰 공통점이 있다. 그 이름이 무엇이든 목적, 과정, 학습 결과가 활동을 식별할 수 있다는 것이다. 따라서 우리는 '치료'라는 용어를 상담과 심리치료, 둘 다에 사용할 것이다. 어떤 사람들은 치료가 항상 과거를 다룬다고 생각하는데 이것은 옳지 않다. 코칭과 같이 현재의 이슈에 크게 작용하는 몇 가지 치료적 접근법들도 있다.

잘 알고 있듯이 이러한 정의는 코칭과 크게 다르지 않다. 다만 코칭을 위한 훈련은 다르다.

경계선 boundary

성과 코칭 performance coaching

성과 코칭을 직무 중에 사용하는 관리자들은 경계선을 넘지 않을 것이다. 왜냐하면 코칭 목표를 조직이 요구하는 선에서 정하기 때문이다. 이들이 원하는 결과는 개인적인 부분이나 직업의 변경보다는 성과 향상이다. 이렇듯 성과를 추구하는 상황에서는 업무와 관련된 감정에만 초점을 맞춘다. 다시 강조하지만, 개인적인 내용은 중요하게 여기지 않는다. 그러므로 부분적 공감을 제공하는 것이 적절하다. 그렇지만 관리자들은 직장에서의 잠재적 경계선에도 경각심을 가져야 한다.

> 안젤라Angela가 트레이시Tracey와 판매 실적을 토론하고 있을 때(2장 참조)를 예로 든다. 트레이시는 이때 울기 시작한다. 이런 일은 거의 매일 일어난다. 안젤라는 회사 내에 트레이시를 괴롭히는 무언가가 있다는 것을 감

지한다. 그것은 바로 트레이시의 사생활에 관한 것이다. 안젤라는 이전에 이미 트레이시의 코칭 시간을 변경했다. 트레이시는 아픈 딸과 함께 있어야 했다. 안젤라는 그 부분을 먼저 충족해야 했다. 그러나 트레이시가 '남편이 여기에 있었다면 더 잘할 수 있었을 거예요'라고 말했을 때, 안젤라는 트레이시의 남편이 다른 여자를 위해 안젤라의 곁을 비웠다는 것을 알게 된다. 안젤라는 '트레이시는 매우 실망했겠군요. 저는 당신이 상담사를 만나는 것을 권합니다'라고 말한다.

참여 코칭engagement coaching

참여 코칭에서는 일차적 공감을 이용하여 더 강력한 관계를 형성할 수 있다. 그렇지만 참여 코칭은 여전히 규정된 목표에 집중하는 코칭이다. 코칭 초반에는 고객의 개인적인 목표가 참여 코칭 과정의 일부가 아닐 수도 있다. 즉 고객은 자신의 개인 목표를 조직의 목표에 맞추도록 요구받는다. 다시 강조하지만, 코치 또는 외부 코치로서의 관리자는 아래와 같이 잠재적인 경계선을 인식하고 있어야 한다.

N&T에서 조Jo는 자신의 직무를 잊은 것처럼 보이는 데비Debbie 팀장을 보게 된다. 데비는 외부에서 점심식사를 즐긴다. 그럴 때면 데비는 술 냄새를 풍기면서 늦게 복귀한다. 조가 데비에게 이 일에 관해 묻자 데비는 화를 낸다. '이것은 당신이 상관할 일이 아닙니다. 직장 밖에서 하는 일은 전적으로 내 소관입니다.' 조는 데비에게 '당신은 속상하고 화가 난 것 같네요'라며 일차적 공감을 제공한다. 그 뒤 데비가 자신의 음주 문제를 인정하자 조는 부드럽게 심리치료를 권한다. 또 회사가 치료비용을 부담하겠다고 덧붙인다.

성과 코칭과 참여 코칭을 하는 코치가 스스로 심리치료에 빠져드는 경우가 있다. 그런 경우에 그 코칭은 바람직한 결과를 내지 못한다. 코치는 고객을 직접 코칭할 것인가 심리치료사에게 보낼 것인가 사이에서 명확한 경계선을 그어야 한다. 정상적인 상황에서 코치는 '기분이 어떠신가요?'라는 질문을 하지 않음으로써 고객이 심리치료therapeutic material에서 서성거리지 않게 할 수는 있다.

많은 코치에게 이것은 이단heresy처럼 보이지만, 섣부른 판단은 금물이다. 잘 훈련된 코치는 이미 고객의 감정을 잘 알고 있을 것이다. 고객에게 제공할 공감 수준을 적절하게 선택할 수 있다. 우리는 5장에서 HDTMYFHow does that make you feel? 질문의 영향에 관해 이미 충분히 논의했다.

개발 코칭developmental coaching

개발 코칭처럼 고급 공감대를 제공하면 고객과 코치의 관계는 더욱 강력해진다. 감정적인 내용이 코칭 과정의 일부가 되어 잠재적인 변혁으로 이끈다. 이 부분에서 코치는 심리치료와의 경계선에 더 많이 부딪힐 수 있다. 이 경우 영국 상담심리치료협회Counselling and Psychology의 필립 호드슨Philip Hodson 미디어 대표는 다음과 같이 경고한다. '상담과 코칭을 구분하지 않을 때 문제가 발생할 수 있다'(Pointon, 2003: 21)는 것이다.

어디에서 코칭이 끝나고, 어디에서 치료를 시작해야 하는가? 개발 코칭에서 임원코치를 한다는 것은 심리학적으로도 위험한 일로 생각한다. '임원들과 하는 대부분 심리치료에는 부정적 문제들이 산재하기 때문이다'(Kets de Vries, 1995: 221). 이는 '치료는 병들거나 약하거나 미친 사람만 받는다'(Peltier, 2001: xix)는 업계의 두려운 믿음을 방증한다. 그로 인해서 임원들이 심리치료사를 방문하는 것은 어렵다. 따라서 임원코칭은 권력은 필요하지만 고립된 리더들이 받을 수 있는 심리치료의 형태라고 할 수 있다. 임원코치로서 우리는 어떻게 이 상황에 대처할 수 있을까? 예상했듯이 공감이 이 부분에 도움을 준다.

먼저 이 부분을 유념하라. 코치는 고객을 늘 보살펴야 한다. 그러나 전문가로서 심리적인 영역에서 내담자를 도우려다 고객에게 해를 입힐 수도 있다. 대표적인 예로, 고객에게 인격 장애가 있다는 사실을 모르는 경우이다. 코치에게 하면 안 되는 부적절한 칭찬을 하는 경계성 행동을 단순한 감탄으로 착각하는 코치는 조심해야 한다. 경계선에서의 또 다른 극단적인 행동인 자살 성향이 코치를 코치의 능력 밖으로 내몰 수도 있다. 코칭이 그런 고객들에게 기폭제trigger역자 주29)가 되어 예측할 수 없는 반응을 촉발할 수도 있다. 이 때문에 코치 자신의 한계를 의식하는 것이 중요하다. 코치 자신에 대한 평가와 코칭 훈련을 통해 위에서 언급한 것들을 식별해야 한다. 그래서 코칭 훈련에는 '코칭 중 고객에게 상담이나 심리치료를 의뢰하는 방법'을 포함해야 한다. 코치가 고객이 필요로 하는 것이라고 믿고 무조건 밀고 나가는 것은 위험하다. 그래서 정기적인 수퍼비전은 개발 코치의 보호막이 될 수 있다.

관리자들은 그들의 역할 안에서 적절한 상담 기술을 사용할 것이다. 주로 직장 문제에 관한 것이며, 단기로 진행할 것이다. 예를 들어, 승진에 실패한 직원은 화가 날 수도 있다. 그들의 관리자는 직원에게 부분적 공감을 제공한다. 또 간단한 지원을 할 수도 있다. 위 예시에서의 간단한 지원은 심리치료사들이 사용하는 경청, 재표현 기법 및 부분적 공감을 가리킨다.

코치는 코칭 중 고객에게 제공하는 적절한 정서 수준을 어떻게 식별할

역자 주29) 트라우마로 발생하는 다양한 신체적·심리적 증상. '트리거trigger'의 사전적 의미는 '방아쇠가 발사되다', '폭발하다' 등인데, 트라우마 경험을 재경험하도록 만드는 자극을 의미(네이버 지식백과, 상담학 사전)

수 있는가? 코칭 목표는 고객이 요청하는 수준에서 결정해야 한다.

- 성과 코칭은 일반적으로 부분적 공감과 뉴 모델을 사용하여 프로세스를 구성한다. 성과 코칭은 조직 목표에 초점을 맞춘다.
- 참여 코칭의 경우, 고객이 표현한 감정은 좌절, 만족, 짜증, 자족, 원망, 실망과 같이 일상생활에서 전형적으로 발생하는 수준일 것이다. 이 수준의 감정은 현재 진행 중인 업무와 관련이 있다. 고객에게 해당 수준의 일차적 공감을 제공하면서 확인할 수 있다. 뉴 모델을 사용하면 더 전문적 범위에서도 코칭 활동을 이어갈 수 있다.
- 개발 코칭은 치료와의 경계선에 가까이 위치한다. 이러한 이유로 코칭 훈련과 수퍼비전이 중요하다. 고객들이 코칭 목표를 세울 때 감정적이기 쉽다.
- 개발 코치는 상처, 행복, 분노, 결단력, 자기 의심, 성공에서 오는 강렬한 즐거움 같이 더 깊이 있는 감정을 편안하게 받아들여야 한다. 개발 코치는 뉴 모델에 대한 고급 공감과 고객들이 코치를 어디로 데려가더라도 이를 다룰 수 있는 관련 기술을 갖춰야 한다.

약 30년 전에 적절한 정서적 수준에 대한 기준이 나왔다. 우리는 그것을 다음과 같이 현재 상황에 적용하려 한다.

- 문제에 대해 지속해서 해결책을 도출할 때 필요한 수준보다 더 깊지 않은 수준에서 개입한다. 이것은 규정된 목표나 문제를 준수하기 때문에 성과 코칭에 적합하다.

- 고객이 표현한 감정에 드러난 수준보다 더 깊지 않은 수준에서 개입한다. 이것은 참여 코칭에 적합하다.
- 고객의 에너지와 자원이 변혁적 변화에 전념할 수 있는 수준보다 더 깊지 않은 수준에서 개입한다. 이것은 개발 코칭을 적용한 것이다.

(Harrison, 1978: 555)

위의 기준은 코치와 고객의 정서적 세계가 연결되어 있음을 암시한다. 코치가 고객의 정서적인 문제를 다루지 못하게 느끼는 두려움이 있다. 이것은 코치의 무능감에서 오기 쉽다. 정서는 고객의 학습과 발전에 핵심적인 부분이다. 동시에 고객의 불편한 심리적인 상태를 알아차릴 수 있는 부분이다. 고객의 감정을 통해 정서 영역에서의 코치 역량을 키울 수 있다. 그래서 우리는 코치가 고객과의 업무에 더욱 대담해지도록 장려한다. 의심이 든다면, 수퍼비전을 받아라!

경계가 어디에 놓여 있는지 아는 것이 중요하다. 특히 코칭의 초기 단계에서는 이것이 항상 명확한 것은 아니다. 따라서 고객이 안전하도록 코칭 종류와 경계선을 보장하며 유지해야 한다. 이에 코치가 적절한 수퍼비전을 받는 것이 중요하다.

우리는 아래 사례연구에서 경계선에서 코칭하는 동료를 예로 든다.

경계선에서

헬렌 도넬리Helene donnelly는 법의학 논문 보존forensic paper 분야에서 상을 받은 전문가이다. 헬렌은 데이터 및 아카이브 재난관리센터Data and Archive Disaster Control Centre(DADCC) 설립자이자 상임이사직을 맡고 있다. 이 회사는 세계적으로 화재, 홍수, 폭격으로 손상된 문서의 긴급 구조와 복구를 전문으로 한다.

또 재난 계획을 원하거나 개선을 원하는 단체들을 위해 재난 관리 교육을 제공한다.

노련한 헬렌은 세계 곳곳의 재난 현장을 찾아다닌다. 오늘날 세계적으로 더 중요해진 재난 사고 전후의 고객들에게 조언하고 지도한다.

최근 고급 주택의 화재 이후에 헬렌은 자신이 다른 이를 돕는 역할을 한다고 깨달았다. 그곳에서 헬렌은 집주인인 레이첼을 보면서 보험회사가 항상 집주인의 정서적인 면과 신체적 안녕에는 주의를 기울이지 않는다는 것을 알게 됐다. 담당 직원은 보험계약의 보장 여부만을 다루었다. 담당 직원은 집주인인 레이첼의 정서와 신체적인 안녕은 전혀 존중하지 않았다. 레이첼은 보험 전문가, 경찰, 소방 및 보안 전문가들로 구성된 지원팀이 난데없이 나타났다고 말했다. 그런데도 아무도 희생자인 레이첼을 돕거나 화재 후 그녀의 심리 상태를 돌보지 않았다고 지적했다.

레이첼은 바쁜 일정을 소화하는 국제적으로도 유명한 여성 경영인이다. 그래서 위와 유사한 어려운 비즈니스 운영 상황에도 익숙한 편이다. 더 중요한 것은 그녀가 최고의 서비스를 기대하는 고객들을 다루는 데도 익숙하다는 점이다.

이 특별한 사건은 끔찍한 화재 뒤에 일어났다. 이 화재는 레이첼의 집 대부분을 파괴했고, 레이첼은 엄청난 충격을 받았다. 레이첼은 기계적 automatic pilot으로 그 상황에 대처했다.

그리고 나서 헬렌을 만나보라는 권유를 받았다. 처음부터 헬렌은 자신이 상담을 제안하지 않았다는 점을 분명히했다.

1시간 30분간의 첫 번째 세션에서 헬렌은 레이첼이 행사의 세부 내용과 이후 몇 주의 일을 떠올리도록 했다. 헬렌은 플립 차트와 노트에 주요 내용을 적었다. 헬렌은 레이첼의 행동에 관한 세부 내용을 물었다. 사실, 소리를 지르거나 기절하고 화를 내는 것이 자신의 통제하에 있지 않은 사건에 대한 정상적인 반응이다. 그럴 때 사람들이 자신이 비정상적으로 행동한다고 믿는 것을 헬렌은 알고 있었다. 헬렌은 레이첼이 이 부분을 자연스럽게 받아들이도록 했다. 이 부분에 대해 레이첼은 아래와 같이 언급했다: '헬렌 코치님은 내가 경험하는 모든 감정이 완전히 정상이라는 것을 느끼게 해주었습니다.'

헬렌 코치는 레이첼이 겪은 일을 말해주면 요약해서 다시 들려주었다. 또 그 사건에 대한 레이첼의 경험을 도표로 작성했다. 이를 통해 레이첼에게 더 통찰력 있는 질문을 할 수 있었다: '이 질문에 명확하게 답할 필요는 없습니다. 화재 사건 때 레이첼의 인생에 어떤 일이 일어났는지 다시 말해 줄 수 있나요?' 레이첼은 이 질문에 기꺼이 답했다. 헬렌은 프로이트의 이론처럼 과거에서 문제를 찾으려는 것은 아니라고 설명했다. 단지 그때의 화재 사건에 관심이 있다고 덧붙였다. 둘 다 이 부분에서 환하게 미소를 지었다.

레이첼은 영혼에 대한 호기심과 영감을 주는 질문과 토론 주제를 찾을 수 있었다. 그녀는 집이 거의 무너지는 참담한 사건 뒤에 자신도 함께 무너짐을 느꼈다고 했다. 거기에서 그치지 않고 자신의 정신과 육체에 부정적 영향을 미쳤다고 했다. 그래서 헬렌은 레이첼이 스스로 잘 이겨내도록 체력 단련을 하며, 고강도 비타민을 섭취하도록 권했다.

레이첼은 헬렌에게 코치님과의 관계에 대해 칭찬밖에는 할 말이 없다고 하면서 '저는 그때 제가 어떤 상황에 있었는지를 이해하는 사람과 이야기를 해야 했습니다'라고 말하면서 이 사건에 대해 처음으로 울지 않고 이야기할 수 있었다며 마무리했다.

헬렌은 레이첼과의 관계를 어떻게 규정해야 할지 난처했다. 레이첼과의 코칭 세션에서 멘토링과 코칭, 상담, 경청, 재표현 기법, 요약하기, 공감을 활용했기 때문이다. 헬렌은 자신이 상담을 원하는 것이 아니라는 점을 분명히 했다. 대부분 고객은 특별한 상황에 처했지만 평범한 사람들이다. 헬렌은 주거 또는 산업 재해 상황에서 이러한 종류의 서비스가 필수적이라고 생각한다. 복구하는 동안 당사자들이 주기적으로 자신의 상태를 점검받기를 권한다. 재해에서 회복하는 기간은 최대 3개월까지 걸릴 수 있다. 개인마다 전화나 이메일을 통해 커피를 마시며 말하고자 할 수도 있다.

다행인 것은 대부분 사람들이 집이나 직장의 손실을 경험하진 않는다. 때때로 친구, 가족, 그리고 사랑하는 사람들은 '당신은 적어도 목숨을 잃지 않았다'와 같은 말을 하며 도움을 주려 할지도 모른다. 이 말은 당사자의 세계에서 무슨 일이 일어나는지 이해하지 못해서 하는 것이다. 이 때문에 그 말이 그 사람을 더 혼란스럽게 할 뿐이지 도움이 되지는 않는다. 헬렌은 사람들이 그리워하는 것은 '어떤 물건'이 아닌 것을 알고 있다. 헬렌은 사람들이 가정, 직장과 연결되는 일상적인 정서적 가치를 그리워한다는 것을 안다. 일단 이것들이 사라지면, 재건하는 데 시간이 걸린다. 누군가는 몸과 마음을 위한 새로운 건축 자재를 갖고 그들을 도와야 한다.

이 코칭은 특별한 사건으로 촉발되었지만 평범한 감정을 내재하고 있었다. 고객인 레이첼은 코칭과 심리치료의 경계선을 알려 주는 헬렌 코치의 초기 경고에 주의를 기울였다. 헬렌은 자신과 레이첼의 관계가 원래의 코칭 목적에 초점을 맞추도록 하였다. 이번 코칭과 관련 없는 영역은 다루지 않았다. 헬렌은 심리치료를 하듯 방황하지 않도록 이 둘의 경계를 분명히 했다.

코치가 치료에서 배우는 것은 무엇인가?

어떤 저자들은 코칭이 주류로 인정받지도 못하면서 심리치료에 빚을 지고 있다고 말한다. 개발 코칭 코치들이 자신들이 심리치료사가 아니라는 것을 설명하기엔 다소 번거로울 수도 있다. 또는 개발 코치들이 심리치료에서 여러 가지를 빌리고 있음을 미처 깨닫지 못했을 수도 있다. 상담 분야 이슈에 대한 면밀한 검토를 통해 코칭에서도 나올 수 있는 많은 이슈를 더 잘 이해할 수도 있다. 코칭 관계에 대한 이해는 개발 코치에게는 윤리적 요구 사항이다. 그들의 코칭 훈련은 이러한 요구 사항을 반영해서 진행해야 한다.

심리학자인 스티븐 버글라스Steven Berglas는 하버드 비즈니스 리뷰Harvard Business Review(2002)에 실린 논문에서 임원코칭에서 일어나기 쉬운 위험에 대해 우려를 표명했다. 버글라스는 대다수 임원코치들이 재계나 스포츠계 출신이라는 점을 강조한다. 임원코치들이 심리학적 훈련이 거의 없거나 전혀 없다면, 해를 끼칠 수도 있다고 그는 설명한다. 그는 한 사례 연구에서 코칭으로도 완화할 수 없는 나르시시즘적 성격 장애가 있는 부사장을 예로 든다. 버글라스는 코칭이 부사장의 거대자신감grandiosity을 강화하여 더 극단적인 행동을 끌어냈다고 주장한다. 이것은 결과적으로 직원들을 고통스럽게 했으며 회사에 피해를 주었다고 말한다.

아직 코칭은 기초이론이 부족한 편이다. 이 기초이론은 코치가 도움을 받거나, 생산적이고 안전하게 일할 수 있도록 뒷받침하는 것이다. 우리가 발간한 여러 책(Brockbank & McGill, 2006; 2012)은 이러한 부족함을 해소하기 위한 시도이다. 코치들은 자신의 절대적인 이론을 바탕으로 코칭을 진행한다. 이는 코치가 고객에게 코칭을 선택해야 하는지 거절해야 하는지를 명확하게 표현하지 않는다는 것을 의미한다. 많은 코치가 심리치료 분야에서 이론을 빌려온다. 그리고 이것을 코칭에 매우 효율적으로 적용한다.

코치들이 고객에게 서비스를 제공할 때, 코치의 개인 이슈를 먼저 알고 있어야 한다. 코치의 개인 이슈가 고객에게 잠재적인 피해와 함께 고객과 코치의 코칭 관계를 방해하기 때문이다. 코치가 고객이나 고객의 행동에 대해 강한 감정을 느끼는 것을 발견할 때가 있다. 이때는 수퍼비전을 통해 자신의 삶과 역사 안에서 연관성을 확인하는 것이 이상적이고, 바람직하다. 이것은 심리치료 분야의 표준 관행이기도 하다. 자발적으로 코치의 상태를 점검하는 표준 관행에는 코칭과 치료의 경계선, 다양한 이슈에 관한 이해가 있어야 한다.

제프리 아헨Geoffrey Ahern(2001)은 비지시적으로 임원코치들에게 두 가지 '계명'을 요구한다. 첫째, 코치는 고객의 코칭 주제를 따라야 한다. 둘째, 코칭에 관해서는 회사에 절대 기밀을 유지해야 한다. 이 두 가지 계명에서 나오는 구체적인 지침은 고객 보호 원칙을 포함한다. 이 원칙은 회사가 코칭비를 지원하고 계약하는 데서 발생할 수 있는 비밀보장 위반을 가리킨다. 아울러 코치들이 최소한의 심리학적 역량을 갖추길 원한다. 그래서 정기적으로 수퍼비전을 받으며 전문성 개발에 힘쓰기를 권한다. 우리는 여기에 영국의 공인인력개발연구소Charted Institute of Human and Development(CIPD)가 모든 코치에게 권하는 전문가의 책임보험 필요조건을 추가한다(Jarvis, 2004).

고객에게 치료를 권해야 하는 시기는 언제인가?

고객이 첫 코칭 세션에서 공개적으로 중독 또는 의존성 문제, 결혼 문제, 재정 문제, 가족 또는 개인적인 문제를 제시할 수 있다. 이때는 심리치료를 권하는 것이 바람직하다. 이와 같은 고객들은 심리치료를 받으려 할 수도 있다. 또는 임원코치에게 코칭받는다고 말하는 것을 선호하기도 한다. 이런 상황에서는 즉시 고객을 치료 분야로 보내야 한다. 코치는 그 필요성을 인식하고 있어야 한다. 또 다른 경우는 공감 코칭을 통해 고객의 최고 비밀 파일에 접근할 때 잠긴 트렁크에 있는 내용까지 알게 되는 것이다.

약물치료가 필요한 우울증, 사람의 기본적인 기능을 방해하는 불안 발작, 알코올 의존과 약물 중독, 편집증, 지속적인 분노나 공격성, 자살 충동, 무엇을 해야 할지 지시를 받지 못할 때 행동하지 못하는 극단적인 의존성과 자해와 같은 자기 파괴적인 충동 징후를 알아차려야 한다. 대부분 코칭 훈련은 위의 심리치료가 필요한 상황에 대한 징후를 포함하지 않는다.

눈에 보이는 징후에는 무엇이 있는가? 고객이 다음 가운데 하나를 행동으로 보일 때 알 수 있다.

- 코칭에서 설정한 경계선을 위반할 때
- 자주 울고 흐느껴 울 때
- '어떻게 해야 하죠?'라고 끊임없이 물을 때
- 팔에 흉터가 있을 때
- 술 냄새가 나거나 '취해 보일 경우'
- 부적절한 행동, 즉 코치를 만지거나 코치에게 추파를 던질 경우
- 끊임없이 당신이 훌륭하다고 말하는 경우
- '절망적입니다. 나는 계속할 수 없습니다'라고 말할 때
- '그들이 나를 잡을 것입니다'라고 말할 때

또는 고객이 아래의 경우를 보일 때이다.

- 사별, 이혼, 가까운 친척이나 자녀의 죽음과 같은 중대한 인생 사건을 경험했을 때
- 삶의 어느 시점에 외상이나 학대를 경험했을 경우

- 어린 시절의 트라우마 때문에 자존감이 낮을 경우
- 강박신경증, 공황장애, 자해, 극단적인 체형이나 수치심 등 섭식장애의 징후 같은 정신질환 징후를 보이는 경우
- '나는 결코 그런 짓을 하지 않았습니다'라고 말하며 현실을 부정할 경우
- 도박, 마약, 알코올 중독의 경우

성과 코칭이나 참여 코칭이 아닌 개발 코칭의 경우, 코치가 고객의 과거 삶과 그 영향에 대한 일반적인 문제를 현재에서 찾아낼 수 있다. 그렇다고 그것을 파고들 필요는 없다. 만약 과거의 삶과 영향이 코칭에서 계속 드러난다면, 당신은 경계선에 살짝 부딪힌 것이다. 이때는 고객에게 심리치료를 추천하는 것이 바람직하다.

많은 코치가 위에서 언급한 코칭을 방해하는 몇몇 행동을 알고 있다. 위에서 느끼는 감정은 심리치료 분야로 고객을 보내는 데 좋은 지침이 될 것이다. 코치들이 그들의 깊이를 벗어난다고 느낄 때, 아마 심리치료를 생각할 것이다. 성과 코칭과 참여 코칭을 하는 코치는 고객이 구두나 비언어적으로 표현한 감정만을 다룰 것을 권한다. 5장에서 우리는 고객들의 감정에 관해 질문하는 것이 위험할 수 있음을 언급했다. 고객들에게 어떻게 느끼는지 물어보는 것은 심리치료 분야로의 이동을 야기할 수 있다. 자존심이 강한 코치는 고객의 심정을 잘 알고 있어야 한다. 최소한 고급 공감에서처럼 고객의 감정을 예측할 수도 있어야 한다(4장 참조).

고객에게 치료받도록 권하는 방법

많은 심리치료사가 자기 고객 외에는 다른 사람의 심리치료 의뢰를 받아들이지 않을 것이다. 이것은 심리치료를 위한 '이송'을 방해한다. 심리치료가 진행된다 하더라도 효과가 없을 것 같다. 코치들이 고객에게 치료를 받으라고 조언하면 고객이 거절할 수도 있다. 또는 '심리치료가 효과가 없었다'라는 말을 들으면 놀랄 것이다. 심리치료 분야에서는 제 발로 심리치료사를 찾아가는 것의 중요성을 알고 있다. 그렇지만 비즈니스 세계에서는 심리치료에 대한 부정적 이미지 때문에 자발적으로 원하지 않는다. 고객이 심리치료 혜택을 받으려면, 코치가 고객과 함께 일해야 한다. 즉 공감을 통해 그들의 잠긴 트렁크에서 숨겨진 내용을 발견해야 한다. 그러면 고객은 심리치료에서 문제를 해결하는 방안을 선택할 수 있다. 이 시점에서 코치는 고객이 비밀 유지에 의해 보호되고 있다는 것을 인지하고, 비밀을 유지해야 한다. 마찬가지로, 고객들 또는 고객의 심리치료사도 그들의 진행 상황에 대해 당신과 상의하지 않을 것이다.

코치들이 고객에게 심리치료를 권하고 싶을 때, 영국 상담 및 심리치료협회의 세부 사항을 전하는 걸 원할 수도 있다. 이 기관은 회원, 등록된 실무자의 데이터 뱅크와 지역 치료사에 대한 세부 내용을 갖고 있다.

이와 유사한 서비스를 제공하는 또 다른 전문 기관은 영국 심리치료협의회 www.ukcp.org.uk이다.

또 고객은 심리치료사가 아닌 일반의에게 도움을 청할 수 있다. 이것이 고객에게 제일 나은 선택일 수도 있다. 그러나 고객에게 국민건강보험 National Heath Service(NHS)의 치료 성격에 관해 알려야 한다. 이는 코칭과 매우 유사한 접근방식이지만 한 가지 접근법만 있다. 고객이 잠긴 트렁크를 탐색하고 싶다면, 국민건강보험 치료가 더 나은 선택일 수도 있다. 어떤 경우든, 코치는 고객에게 정보를 제공하며, 스스로 준비하도록 한다. 고객에 대한 정보를 허락 없이 다른 의사에게 전달하는 것은 신뢰 관계를 손상한다. 신뢰 관계는 효과적인 심리치료와 코칭에서 가장 중요한 부분이기 때문이다.

수퍼비전

왜 코치가 수퍼비전을 받아야 하는가? 최근에 사내 개발 코치인 클레어가 수퍼비전을 받은 과정을 아래에 설명하였다.

클레어 Clare

클레어는 코미디쇼를 제작하는 미디어 회사인 '웃음 가스'에서 근무하는 노련한 관리자이다. 그녀는 회사의 사내 코치이기도 하다. 그녀는 (자신의 직속 부하는 아닌) 팀장인 대런Darren을 코칭한다. 대런은 사업에 처음 발을 들여놓았다. 자신의 팀을 어떻게 운영해야 할지 전혀 모르고 있다. 대런은 매력적인 남성이며, 팀 목표를 달성하기 위해 팀원들에게 늘 가까이 다가간다. 이로 인해 팀원들은 대런을 너무 친근하게 여긴다. 그래서 대런은 형편없는 성과가 나와도 팀원을 쉽게 징계할 수 없었다. 클레어는 고객에게 어떤 감정을 느낀다. 이것이 코치와 고객의 관계에 영향을 준다고 믿는다. 클레어는 웃음 가스의 내부 코치들을 수퍼비전하는 그레이엄Graham 코치와의 시간에 이러한 감정을 드러낸다. 클레어는 거의 숨기지 않았다. 조바심을 드러내며 자신이 진행한 코칭 세션에 관해 보고한다. 그레이엄은 세 가지 학습 영역을 생각하고 있다. 클레어가 대런에게 조바심을 느끼는 감정을 나누게 할 것이다. 그리고 그 원인을 발견하게 할 것이다. 클레어가

8장. 코칭과 치료의 경계

대런과 어떠한 관련이 있는지에 초점을 맞출 것이다. 이제 클레어가 다음 코칭 세션에서 시작할 실행 계획을 다룰 것이다.

수퍼비전 세션에서 수퍼바이저와 수퍼바이지 관계를 고려해야 한다. 왜냐하면 그것이 고객과 진행 중인 코칭에 영향을 주기 때문이다. 수퍼바이저는 코치와 수퍼바이저 사이에 무슨 일이 일어나는지 그리고 이것이 고객에게 어떤 영향을 미치는지 알 수 있다.

대런에 대해 클레어가 느끼는 조바심과 원인을 파악하기는 쉬웠다. 클레어는 코미디 공연에서 커피를 타주는 조수로 일을 시작해서 커리어를 지속하고 있다. 그녀가 몸담은 사업은 변동성이 컸고, 실적에 빠르게 대응해야 지속해서 수익을 낼 수 있었다. 그녀는 대런이 자신의 팀원들과 함께 일하며, 그들을 달링이라고 부르는 것을 안다. 팀원들과 친구가 되려고 자기 돈을 쓰면서 그들을 무료 쇼에 데려가는 것도 보았다. 그런데도 팀원들의 업무 성과를 확인하는 것을 어려워하는 대런을 더는 참을 수 없다. 클레어가 말할 때, 그레이엄은 클레어가 느끼는 또 다른 감정을 알게 된다. 그레이엄은 클레어에게 천진난만함을 느꼈다. 그레이엄은 클레어가 대런의 팀을 질투하는지 궁금했다.

클레어는 지금까지 그렇게 좋은 대접을 받은 적이 없다고 했다. 그래서 대런의 팀이 가진 재미에 질투가 난다고 인정했다. 그렇지만 클레어는 다소 큰 목소리로 대런에게 성적으로 끌리지는 않는다고 말했다. 그레이엄은 그녀의 어투가 바뀌는 것을 조심스레 지켜보았다. 클레어는 결국 대런에게 성적으로 끌린다는 것을 인정했다. 바로 이것이 대런과 함께 하는 일에도 영향을 미치고 있다. 대런은 클레어도 사로잡은 것이다.

그레이엄은 클레어와의 더 효과적인 상호작용을 위해 세 가지 영역의 학습을 이용했다. 이들은 여기에서 통찰력을 사용하여 코칭 세션에 적용했다. 즉 클레어는 대런에게 자신이 어떻게 반응하고 어떻게 대처해야 하는지 알고 싶어서 이 세션을 활용한다. 수퍼비전에서는 고객을 수퍼비전 세션의 중요한 포인트로 삼는다. 아울러 코치와 수퍼바이저 둘 다 코칭 대상 안에 포함한다. 세션의 포인트는 코치와 수퍼바이저가 합의하여 정한다. 즉 감정 불러오기, 행동 개시, 생각하기이다.

정서적으로 관여하는 수준은 코치에게 필요한 수퍼비전이 무엇인지 알려준다. 성과 코칭에서 수퍼비전은 성과 관리의 일환으로서 숙련된 선임 관리자가 할 수 있다. 성과 코칭에서도 수퍼비전은 반드시 해야 한다. 참여 코칭에서는 많은 기업이 멘토링을 제공하고 있지만 추가적인 수퍼비전을 필요로 한다. 개발 코칭에서는 코칭 맥락과는 별개로 적절한 자격을 갖춘 수퍼바이저의 개발 수퍼비전이 필요하다. 2장에서 언급한 바와 같이, 참여 코칭은 개발 코칭으로 발전할 수 있으며, 이후에는 더 나은 개발을 촉진하는 수퍼비전을 필요로 한다.

코치에 대한 개발을 촉진하는 수퍼비전 자체가 발전적인 것이다. 이것은 전문적 기준의 후견인 역할도 한다. 따라서 코치에 대한 수퍼비전은 생산관리자가 사업적인 면에서 직원을 판단하고 조사하는 감독관 역할과는 매우 다르다. 패터슨Patterson(2011: 122)에 따르면 개발 코칭에서의 수퍼비전은 다음 세 가지를 수행한다.

1. 수퍼바이지의 모든 코칭에 대한 성찰적 조사를 위해 안전하고 정돈된 창의적 공간을 제공한다.
2. 대화를 통해 배운다.
3. 수퍼비전은 관계이다.

수퍼바이저와 수퍼바이지의 신뢰 관계는 개발 코칭에 필요한 코칭 관계를 보여준다. 결과적으로, 그 변화는 수퍼비전을 받는 코치에게 변혁이 될 것이다. 그들의 업무에서 오는 감정을 잘 처리해야 하는 것은 개발 코칭에서 일어나는 여타의 사례와 비슷하다. 게다가 수퍼비전은 새로운 코치들이 코칭 업계에 대해 배워야 할 필요성을 충족시킨다. 마지막으로, 수퍼비전은 성찰적 실행reflective practice의 필요성에 부응한다.

성찰적 실행으로서의 수퍼비전

다른 전문가들과 마찬가지로, 코치는 업계에서 요구하는 높은 수준을 충족하기 위해 자신의 업무를 성찰해야 한다. 즉 코칭 기준을 계속 점검하며, 성찰하는 코치는 프로라고 할 수 있다. 이는 학습일지, 일기 등 자기반성을 통해 달성할 수 있다. 그리고 성찰 대화는 코치가 변혁의 가능성을 갖고 자신을 돌아볼 최고의 기회를 제공한다. 우리가 쓴 『코칭, 멘토링 및 수퍼비전Coaching, Mentoring and Supervision』(Brockbank & McGill, 2012)에서 성찰 대화가 어떻게 성찰적 학습을 지원하는지 볼 수 있다.

수퍼비전에서도 코칭을 지원하며, 활동을 꼼꼼하게 살피고 성찰하기 위해 성찰적 대화를 제공한다. 공무원, 보건의, 지역사회 근로자와 같은 다른 공공직업에 관해 훈련받은 수퍼바이저들은 코칭 수퍼비전에 필요한 기술을 어느 정도 갖추고 있다. 돈을 내고 코칭받는 고객들은 예전보다 더 많이 코치들이 수퍼비전을 받아야 한다고 목소리를 높인다. 코치들도 다소 폐쇄적인 코칭 업계에서 수퍼비전이 코치들에게 정말 필요한 지원이라는 점을 안다.

수퍼비전은 책무와 성장을 내포하고 있으며, 이것은 코치 자격을 위한 요구 사항이다. 이것은 코치 기관의 윤리강령에서 확인할 수 있다.

유럽 멘토링 및 코칭위원회EMCC, European Mentoring and Coaching Council 윤리 강령은 코치와 멘토에게 다음 사항을 따를 것을 요구한다.

적절한 자격을 갖춘 수퍼바이저와 관계를 유지한다. 이 수퍼바이저는 정기적으로 코치 역량을 평가하고 성장을 지원할 것이다. 수퍼바이저는 본 강령에 언급된 비밀보장 요건을 준수해야 한다. '적절한 자격을 갖춘' 수퍼바이저의 의미는 EMCC의 표준 문서에 정의되어 있다.

(EMCC, 2008)

코치를 위한 ICF 윤리강령에는 다음과 같이 명시되어 있다.

어떠한 사건과 상황이 필요할 때, 즉시 전문적인 도움을 구하며 취해야 할 조치를 결정한다.

(ICF, 2008)

수퍼비전의 목적

코치에 대한 개발 코칭적 수퍼비전의 목적은 무엇인가? 개발 코칭 수퍼비전의 목적은 정서적 지지와 품질관리, 교육 등 세 가지를 제공하는 데 있다.

- 코치를 위한 지지
- 품질: 전문적인 코치로서의 수준 유지
- 코치가 필요로 하는 교육 또는 정보를 제공

위의 세 가지 목적은 1장에서 언급한 세 가지 학습 영역과 관련이 있다.

- 자신과 타인에 대한 정서 또는 감정
- 행동 또는 세상과의 상호작용,
- 알고 있거나 지식으로 이어지는 것.

33쪽에 언급된 세 가지 학습 영역과의 목적과 관련 방법은 [표 8.1]에서 확인할 수 있다.

[표 8.1] 수퍼비전의 목적

수퍼비전의 목적	학습 영역
지원	정서 또는 감정 지지
품질	행동 또는 행동 교육
교육	아는 것 또는 지식

코치 수퍼비전의 세 가지 목적을 다루기 위해서는 수퍼바이저가 그 목적에서 발생하는 7가지 수퍼비전 과제에 주의를 기울여야 한다. 이는 [표 8.2]와 같다.

따라서 개발 코칭 수퍼비전의 수퍼바이저 업무는 코칭 관계, 상담 기술 사용, 전문/윤리적 문제 모니터링, 관리 및 컨설팅을 포함한다. 첫 번째 두 가지, 즉 코치와 관련된 것과 상담 기술을 사용하는 것은 코치를 정서적으로 지원하면서 지지 목적을 달성한다. 이러한 지원 과제들은 코치의 안녕과 배움에 대한 굳건한 관계 구축을 위해 필요하다. 모니터링, 관리, 컨설팅은 코치의 품질관리를 다루므로 수퍼바이저가 심리치료의 경계선과 데이터 측면에서 좋은 조직을 만들 수 있다. 이러한 업무는 또한 코치가 윤리적이고 전문적인 기준을 준수하도록 보장한다. 마지막 두 가지,

즉 가르침과 평가는 수퍼비전에서 교육 목적을 제공하면서 지속적인 전문성 개발을 위한 코치의 니즈를 다룬다.

[표 8.2] 수퍼비전의 목적 및 업무

목적	업무
서포트	상담과 관련 맺기, 즉 치료가 아닌 상담 기술을 사용하는 경우
품질	전문 표준 모니터링 및 컨설팅 관리
교육	가르침과 평가

이러한 각각의 과제를 달성하는 방법은 우리의 책 『코칭, 멘토링 및 수퍼비전』(2012)에 설명하였다. 여기에 예시를 제시한다.

수퍼비전의 예

수퍼바이지는 벤Ben과 함께 수퍼비전을 받으러 온 마가렛Margaret 코치이다. 마가렛은 고객인 로저가 제시하는 문제에 압도당하는 감정을 느끼고 있다.

로저Roger

로저는 상사와의 문제로 실직할지도 모른다고 생각한다. 그는 자발적으로 코칭을 요청했다. 로저는 상황을 설명하면서, 과거에 자신이 '상사와 잘 지내기가 불가능했다'는 이유로 두 개의 일자리를 잃었다고 말한다. 또 로저는 직장에서 스트레스가 증가해서 두통을 겪는다고 했다. '술을 더 많이 마시고' 있고, 아내와 '더 빈번하게 말다툼'을 한다고 덧붙인다. 로저의 관점에서 좌절하는 이유를 보면 마가렛이 로저의 '관심'의 본질을 이해하지 못하기 때문이다. 마가렛이 로저를 지지하지 않기 때문이다. 마가렛 코치는 로저가 코칭받을 의향은 있지만 코칭 세션에서 해결해야 할 이슈는 보이지 않는다고 보고한다.

마가렛이 고객과 어떻게 협력하는지 보기 전에 벤은 그녀를 세션의 초점, 로저와 관련된 그녀의 감정, 행동 또는 생각을 고려하고 결정하도록 이 끈다. 마가렛은 로저에 대한 감정에 초점을 맞추기로 한다. 마가렛은 로저에 대해 다소 강한 부정적 감정이 있다. 마가렛은 로저는 짜증나고 참을성이 없는 사람이라고 느낀다. 벤은 마가렛의 감정에 공감하며 대답한다. '마가렛은 로저에게 짜증이 난 것 같군요. 당신은 그를 기다리지 못하고, 못 견디는 사람처럼 말하는군요.'

두 번째 질문은 아래 모델에 대한 마가렛의 이해를 전제로 한다:

질문은 '이번 세션에서 세 가지 영역 가운데 어느 것에 초점을 맞추고 싶으십니까?'이다.

마가렛은 로저에 대한 혐오감을 품고 있다. 또 로저에 대해 부정적으로 생각한다. 로저를 판단하는 것뿐만 아니라 그의 행동을 바꾸고 싶어 하는 자신을 발견한다고 말한다.

그렇다면 당신은 어디에 초점을 맞추고 싶은가? 감정, 판단력 또는 변화를 원하는가?

마가렛은 '내가 그를 싫어한다는 사실이 로저와 함께 일하는 것을 방해한다고 생각합니다. 이 사실이 내가 로저와 효율성 있게 일하는 것을 방해하고 있습니다'라고 말한다.

벤은 '그렇다면 당신의 혐오감이 함께 일하는 데 방해가 될까 봐 걱정하고 있군요. 로저와 관련하여 당신이 느끼는 감정에 초점을 맞추고 싶다는 말인가요?'라고 말한다.

마가렛은 '네, 그게 도움이 될 것 같아요. 로저의 말투나 로저의 목소리 톤에서 징징거리거나 신음하는 소리가 났어요. 로저는 또한 자기 문제에 대해 다른 사람들을 탓합니다. 저는 로저에게 짜증이 납니다. 로저가 하는 말에 집중하기가 어렵습니다'라고 말한다.

벤은 '더 말해 주시겠어요?'라고 말한다.

이후 마가렛이 선택한 방향으로 코칭 세션이 진행된다. 코칭 중에 다른 사람을 원망하고 비난하는 마가렛의 친구가 나올 수도 있다.

마가렛은 '로저는 항상 다른 사람을 비난하고 그 결과에 대해 불평하던 내 친구를 생각나게 합니다. 로저는 정말 나를 짜증 나게 했고, 우리는 그 일로 둘 다 낙심했습니다'라고 말한다.

그러면 벤은 이렇게 말할지도 모른다. '당신은 절교한 친구를 떠올리게 하는 로저에게 짜증을 느끼고 있군요. 슬프네요.'

공감으로 완성하는 코칭

마가렛: 네, 그건 수치스러웠어요.
벤: 지금 그 친구에게 하고 싶은 말이 뭔가요?
마가렛: 이봐, 그만 투덜거리라고. 우리는 이 일로 싸울 필요가 없어.
벤: 또 뭐가 있을까요?
마가렛: 무슨 일이 일어나고 있는지 의논할 수 있을까?
벤: 마가렛의 친구가 투덜거리는 이유를 밝혀내고 싶었겠네요.
마가렛: 네, 그러고 싶지만 지금은 너무 늦은 것 같아요.
벤: 이게 로저와의 관계에 어떤 영향을 미치고 있나요?
마가렛: 나는 로저에게 몇 가지 뼈아픈 말을 하고 싶어요.
벤: 예를 들면요?
마가렛: 철 좀 들어요. 난 당신의 아내가 떠나고 싶다 해도 비난하지 않을 거예요. 그의 아내는 6살짜리 아이와 함께 살고 있어요. 제 기분은 나아지겠지만 물론 그렇게 말할 수는 없어요.
벤: 그것 말고 로저에게 뭘 할 건가요?
마가렛: 글쎄요. 로저는 또 일자리를 잃게 될까 봐 겁먹지 않았나요?
벤: 당신이 로저의 두려움을 이해한다고 어떻게 알릴 건가요?
마가렛: 그건 쉬워요. 공감을 사용하는 거죠. 난 공감을 사용할 줄 알아요.
벤: 그래서 로저에게 뭐라고 할 건가요?
마가렛: 당신은 직장을 잃을까 봐 두려워하는군요.

이 과정은 마가렛과 벤이 둘 다 주목할 수 있도록 대화에 변화가 있을 때까지 계속한다. 마가렛은 로저를 바라보는 관점에 대해 스스로 선택할 수 있다고 느끼는 지점까지 도달한다. 그래서 대화는 생각의 영역으로 이동하고 결국에는 행동 영역으로 옮겨간다. 마가렛은 로저와 함께 시작할 새로운 행동을 결정한다.

마가렛은 수퍼비전을 받기로 했다. 함께하는 일에 영향을 미치는 마가렛의 감정에 초점을 맞췄다. 마가렛 감정의 기원과 깊이를 탐구해서 로저를 바라보는 마가렛의 관점에 적용했다. 마가렛은 로저에게 공감을 제공하겠다고 했다. 그 뒤 로저에게 어떻게 다르게 행동할지 생각할 수 있었다.

요약하면, 수퍼바이저와 코치가 수퍼비전에서 모든 목적과 과제를 다루기 위해서 수퍼바이저는 다음 사항을 수행해야 한다.

- 감정적 내용을 기꺼이 받아들이며, 대응할 수 있어야 한다(지지 목적).
- 적절한 경우 자체 평가(지지 목적)
- 연락과 명확한 기록을 위해 확실하게 준비하기. 다음 사항을 포함하여 두 부분에 대한 경계선과 약속을 명시하는 계약을 포함하기(품질 목적)
- 업무와 관련된 전문지식을 기꺼이 공유한다(교육 목적).

코치(수퍼바이지)는 다음을 수행해야 한다.

- 감정적 내용을 받아들이며 기꺼이 응할 용의가 있어야 함(지지 목적)
- 적절한 경우 자체 평가(지지 목적)
- 양쪽 부분에 대한 경계선과 약속을 명시한 계약을 포함하기. 연락, 명확한 기록을 위해 확실하게 준비함에 동의하기(품질 목적)
- 업무와 관련된 생각과 의견을 기꺼이 공유하기(교육 목적)

코치는 어디에서 적합한 수퍼바이저를 찾을 수 있는가?

공익 사업, 보건전문가 또는 상담사와 같은 공공직업에 대해 훈련받은 수퍼바이저들은 코치 수퍼비전을 제공하는 데 필요한 기술이 있다. 새로 구성된 BACP 코칭 부서에는 치료적 접근은 물론 사업적 관점에서 코칭 훈련을 받은 실무자들이 있다.

요약

마지막 장에서 우리는 코칭과 심리치료의 경계선에 관해 설명했다. 각 유형의 코칭스타일이 어떻게 치료의 경계선에 맞닿을 수 있는가? 그리고 코칭이 경계선에 근접했을 때 어떻게 식별하는지를 논의하였다. 한 사례 연구는 코치들이 어떻게 치료로 빠져들지 않고, 정서적인 내용으로 코칭할 수 있는지를 밝혔다. 고객을 심리치료로 보내기 위한 선택사항도 제시했다. 코칭의 가치로서 자기 추천의 필요성도 강조했다. 수퍼비전의 목적과 근거, 수퍼비전 사례와 함께 8장을 마무리하였다.

결론

이 책은 코칭에 관한 출판물 대부분에서 나타나는 변칙적인 문제, 즉 고객의 정서 영역을 생략하거나 완전히 무시하는 부분을 다룬다. 질문이 철저하기는 하지만 고객의 모든 요구를 해결할 것이라는 가정은 코칭 쪽에 널리 퍼져 있는 일반적인 견해이다. 신경과학은 고객에게 공감하면서 감정에 주의를 기울여야 할 필요성을 뒷받침한다. 이를 통해 고객이 어떻게 자신의 감정에 맞춰 코칭을 받고 자기 감정의 힘에 접근할 수 있는지 알 수 있다. 코칭에서 가장 중요한 것은 고객의 이성적이고 사고적인 측면과 감정과 인식을 통합하는 것이다. 하나 또는 다른 것을 생략하는 것은 고객의 요구를 충족할 수 없을 것이다. 이 가운데 하나의 요구를 희생하여 생략하면 고객은 목적 없이 표류하게 된다. 질문에 호의적인 고객의 감정적인 요구를 무시하는 것은 제자리걸음을 하는 코칭으로 이어질 가능성이 크다. 예리한 질문이나 생각을 무시하는 것은 고착된 느낌으로 이어질 수 있다. 이 코칭이 실행 계획까지 갈 가능성은 작다. 또 코칭이 이뤄지는 상황에 따라 공감 요건이 어떻게 달라지는지도 알려 주었다. 공감 수준은 코칭 상황에 따라 달라진다. 단순한 성과 코칭부터 참여 코칭, 필수적인 고급 공감을 사용하는 개발 코칭이 있다. 코칭은 개인이 변화하고, 그들을 통해 조직을 변화시킬 수 있도록 돕는 과정을 통해 발전해 왔다. 대부분 코칭이 감정에 기반을 둔 학습을 소홀히 해서 현재까지의 결과는 대체로 극적이지 않다. 코치가 고객과 작업할 때 공감을 포함한다면 그 결과는 혁신적이다.

참고문헌

Ahern, G. (2001) Individual executive development: regulated, structured and ethical, *Occupational Psychologist*, 44: 3–7.

Ainsworth, M.D.S., Blehar, M.C., Waters, E. and Wall, S. (1978) *Patterns of Attachment: A Psychological Study of the Strange Situation*. Hillsdale, NJ: Lawrence Erlbaum Associates.

Baron-Cohen, S. (2011) *Zero Degrees of Empathy: A New Theory of Human Cruelty*. London: Allen Lane. 『공감 제로』 홍승효 역. 사이언스북스. 2013.

Berglas, S. (2002) The very real dangers of executive coaching, *Harvard Business Review*, June, pp. 86–92.

Berne, E. (2010) *Games People Play*. London: Penguin Books. 『심리게임』 조혜정 역. 교양인. 2009.

Brockbank, A. and McGill, I. (1998) *Facilitating Reflective Learning in Higher Education*. Buckingham: Open University Press.

Brockbank, A. and McGill, I. (2006) *Facilitating Reflective Learning Through Mentoring & Coaching*, 1st edn. London: Kongan Page.

Brockbank, A. and McGill, I. (2012) *Facilitating Reflective Learning: Coaching, Mentoring, and Supervision*, 2nd edn. London: Kogan Page.

Burkeman, O. (2012) *The Antidote: Happiness for People Who Can't Stand Positive Thinking*. Edinburgh: Canongate Books. 『합리적 행복』 정지인. 생각연구소. 2013.

Chugani, H., Behen, M., Muzik, O., Juhasz C., Nagy F. and Chugani, D. (2001) Local brain functional activity following early deprivation: a study of post-institutionalized Romanian orphans. *Neuroimage*, 14: 1290–1301.

CIPD (2010a) Employee Engagement Factsheet, revised by Kathy Daniels July 2010. Available at: http://www.cipd.co.uk/hr-resources/factsheets/employee-engagement.aspx (accessed May 2012).

CIPD (2010b) *Creating an Engaged Workforce*. Kingston Business School. Available at: http://www.cipd.co.uk/binaries/Creating_engaged_workforce.pdf.

De Board, R. (1997) *Counselling for Toads: A Psychological Adventure*. London: Routledge. 『토드를 위한 심리상담』 고연수 역. 교양인. 2013.
Egan, G. (1977) *You and Me: The Skills of Being an Effective Group Communicator*. Monterey, CA: Brooks/Cole.
Egan, G. (1990) *The Skilled Helper: A Systematic Approach to Effective Helping*, 4th edn. Monterey, CA: Brooks/Cole.
EMCC (2008) *Code of Ethics*. Available at: http://www.emccouncil.org/src/ultimo/models/Download/4.pdf (accessed 18 December 2012).
Gallup (2008) *Employee Engagement*. Available at: http://www.gallup.com/consulting/52/employee-engagement.aspx (accessed 18 December 2012).
Gallup (2010) *Employee Engagement*. Available at: http://www.gallup.com/consulting/52/employee-engagement.aspx (accessed 18 December 2012).
Gallup (2012) *Employee Engagement*. Available at: http://www.gallup.com/consulting/52/employee-engagement.aspx (accessed 18 December 2012).
Gallwey, T. (1974) *The Inner Game of Tennis*. New York: Bantam.
Gallwey, T. (2000) *The Inner Game of Work*. New York: Random House.
Gerhardt, S. (2004) *Why Love Matters*. Hove: Brunner-Routledge.
Goleman, D. (1995) *Emotional Intelligence*. London: Bloomsbury. 『EQ정서지능』 한창호 역. 웅진지식하우스. 2008.
Grove, D. (1996) And … what kind of a man is David Grove? An interview by Penny Tomkins and James Lawley, *Rapport*, 33, August.
Harrison, R. (1978) Choosing the depth of organisational interventions, in W. French, C.Y. Bell and R. Zawacki (eds) *Organisation Development and Transformation*. Boston, MA: McGraw-Hill, pp. 354–64.
Hawkins, P. and Smith, N. (2006) *Coaching, Mentoring and Organisational Consultancy*. Maidenhead: Open University Press.
Hemming, J. (1980) *The Betrayal of Youth: Secondary Education Must Be Changed*. London: Marion Boyars.
Hodson, P. (1984) *MEN: An Investigation into the Emotional Male*. London: BBC.
Hughes, B. (2010) *The Hemlock Cup*. London: Jonathan Cape.
ICF (2008) Code of Ethics. Available at: http://www.coachfederation.org/icfcredentials/ethics/ (accessed October 2011).
Jarvis, J. (2004) *Coaching and Buying Coaching Services*. London: CIPD.
Karpman, S. (2006) *The Karpman Drama Triangle*. Available at: http://www.TA-Tutor.com (accessed 12 November 2006).
Katie, B. (2002) *Loving What Is*. London: Random House. 『네 가지 질문』 김윤 역. 침묵의향기. 2013.
Kets de Vries, M. (1995) *Life and Death in the Executive Fast Lane*. San Francisco, CA: Jossey-Bass.
Lehrer, J. (2009) *The Decisive Moment: How the Brain Makes up its Mind*. London: Cannongate.
Luft, J. (1984) *Group Processes: An Introduction to Group Dynamics*. Mountain View, CA: Mayfield Publishing.
McGill, I. and Brockbank, A. (2004) *The Action Learning Handbook*. Oxford: Routledge-Falmer.
McLeod, J. (1998) *An Introduction to Counselling*. Buckingham: Open University Press.
Mearns, D. and Thorne, B. (1988) *Person-Centred Counselling in Action*. London: Sage.

Mearns, D. and Thorne, B. (eds) (2000) *Person-centred Therapy Today: New Frontiers in Theory and Practice*. London: Sage.

Miyashiro, M.R. (2011) *The Empathy Factor: Your Competitive Advantage for Personal, Team, and Business Success*. Encinitas, CA: Puddledancer Press.

NICE (2009) *Promoting Mental Wellbeing at Work*. London: National Institute for Health and Clinical Excellence. NICE Public Health Guidance 22.

Patnaik, D. (2009) *Wired to Care: How Companies Prosper When They Create Widespread Empathy*. San Mateo, CA: Jump Associates LLC. 『와이어드』 주철범. 이상미디어. 2010.

Patterson, E. (2011) Presence in coaching supervision, in J. Passmore (ed.) *Supervision in Coaching: Supervision, Ethics and Continuous Professional Development*. London: Kogan Page.

Peltier, B. (2001) *The Psychology of Executive Coaching*. Hove: Brunner-Routledge.

Peters, T. and Waterman, R. (1982) *In Search of Excellence*. London: Profile Books.

Pointon, C. (2003) A life coach in two days?, *Counselling and Psychotherapy Journal*, 14(10): 20–3.

Reid, B. (1994) The mentor's experience: a personal perspective, in A. Palmer, S. Burns and C. Bulman (eds) *Reflective Practice in Nursing: The Growth of the Professional Practitioner*. Oxford: Blackwell Science.

Robinson, D., Perryman, S. and Hayday, S. (2004) *The Drivers of Employee Engagement*. Brighton: Institute of Employment Studies.

Rogers, C.R. (1951) *Client Centred Therapy*. London: Constable.

Rogers, C.R. (1983) *Freedom to Learn for the 80s*. New York: Merrill. 『학습의 자유』 연문희. 시그마프레스. 2011.

Rogers, J. (2004) *Coaching Skills: A Handbook*. Buckingham: Open University Press.

Royal Society (2011) Brain Waves Module 2: Neuroscience implications for education and lifelong learning. RS Policy Document 02/11, issued February 2011.

Sharot, T. (2012) *The Optimism Bias: Why We're Wired to Look on the Bright Side*. London: Robinson. 『설계된 망각』 김미선 역. 리더스북. 2013.

Smail, D. (2001) *The Nature of Unhappiness*. London: Constable.

Thorne, B. (2012) Person-centred therapy. Available at: http://www.elementsuk.com/libraryofarticles/personcentred.pdf (accessed 1 January 2012).

색인

ㄱ

갈등conflict 198
　원인causes 199-205
　유형types of 211-3
　직면confrontation 210-1
　효과적이지 않은ineffective 216
감정feelings
　식별하다identify 134-42
골만Goleman, D 20
골웨이Gallwey, T 68
공감empathy
　고급advanced 25-7, 146-7, 205-10
　공감이 아닌 것not 40-1
　모드modes of 27-8, 147-50
　무공감zero 22, 125-6
　부분적partial 23, 144-5
　변화and change 33-9
　수준levels of 21, 142
　어려움difficulties 39
　이유why 29
　이점들benefits 41-2
　일차적primary 24, 145
　정의defined 16-7, 134
　지능as intelligence 20-1
　지수quotient 79-82
　회로circuit 87-8
관계relationship

코치/고객coach/client 18-9
구조자rescuer 106-12
국제코칭연맹International Coaching Federation(ICF) 245
갤럽Gallup 74
깨끗한 언어clean language 168-75
그로브Grove, D 168

ㄴ

뉴 모델NEWW model 181-96
　개발 코칭에서in development coaching 189-92
　개별 개발 코칭에서in private development coaching 192-5
　성과 코칭에서in performance coaching 183-5
　참여 코칭에서in engagement coaching 186-9

ㄷ

당연하다고 여기는 것taken-for-granteds 25
도전challenge 197-223
　개발 코칭with development coaching 229
　경계선에서on the boundary 33-4
　관계 맺기relating for 217-9, 220-3
　성과 코칭with performance coaching 227
　참여 코칭with engagement coaching 228-9

효과적인effective 219
드 보드de Board, R 102
드라마 삼각형drama triangle 106-11

ㄹ

로저스Rogers, C 21, 113

ㅁ

먼스와 소른Mearns, D & Thorne, B 21
맥 리오드McLeod, J 99, 100
미야시로Miyashiro, M 77

ㅂ

바론-코헨Baron-Cohen, S 21, 80
박해자persecutor 106-12
방어 행동defensive behaviour 96
방어기제defence mechanisms 95-9, 103-6
버글라스Berglas, S 236
버크먼Burkeman, O 27
번Berne, E 82, 106
변화change
　개선을 위한for improvement 49
　변혁을 위한for transformation 49
볼비Bowlby, J 92
브록뱅크와 맥길Brockbank, A & McGill, I 124, 130, 236, 244

ㅅ

상담counselling 226-7
성찰적reflective 110-1
샤롯Sharot, T 27
수퍼비전supervision
　목적purposes for 245-7
　성찰 프랙티스as reflective practice 244-5
　코칭for coaching 242-3
신경과학neuroscience 82-6
심리치료psychotherapy 226-7
스매일Smail, D 43

ㅇ

아헌Ahern, G 237

애착attachment 92-5
　불안insecure 92-3
　안전한secure 92
　양가ambivalent insecure 92-3
　체계적이지 않은disorganized 93-4
역전이counter-transference 102-6
영국상담심리협회British Association for Counselling & Psychotherapy(BACP) 226
영국심리치료협회UK Council for Psychotherapy 226
영국학술원Royal Society 79
에간Egan, G 21, 129, 181, 182
에인스워스Ainsworth, M. D. S. 92
오바흐Orbach, S 136
유럽 멘토링 및 코칭협의회European Mentoring and Coaching Council(EMCC) 245
용맹한valiant 110-1
의미meanings
　깊은deep 163-7
　액면surface 163-7

ㅈ

잠긴 트렁크locked trunk 30-1, 116-9, 132-3
전이transference 101-2
정서emotion 122
　관리managing 114-21
　이야기/묶어두기story/parking 131-2
　타인other people 132-3
　정서 상태emotional state 129
　알아차림awareness of 129-30
정서 어휘emotional vocabulary 124
정서 채널emotional channels 123
　비언어적non-verbal 125-8
　언어적verbal 123-5, 137
　음성 채널vocal channel 128
조직organization
　공감의 입장에서as empathic 45-6
질문questions
　다중multiple 162-3
　소크라테스 식socratic 158-60
　열린open 157-63
질문하기questioning 157-78

ㅊ

최고 비밀 파일Top Secret File 30-1, 116-8, 132-3, 137, 175
치료therapy 226-7
    권하기how to refer 240-1
    보내기referral 237
    배울 수 있는 것what can be learned from 235-7

ㅋ

카프먼Karpman, S 106
코칭coaching
    개발developmental 47, 53, 65-9
    기대expectations 69-71
    상황situational 47
    성과performance 47, 51, 55-9
    시스템적systemic 47, 54
    임원executive 68-9
    참여engagement 47, 52, 59-65
케이티Katie, B 176
케츠 드 브리스Kets de Vries, M 229
킹스턴 경영대학원Kingston Business School 61

ㅌ

투사projection 99-101
투사적 동일시projective identification 100-1

ㅍ

편도체amygdala 83-6
포인튼Pointon, C 229
패터슨Patterson, E 243
패트나이크Patnaik, D 45
팬필드Penfield, W 82
피터스Peters, T 73

ㅎ

학습 영역domains of learning 33-9
    행동doing 36
    감정feeling 35
    생각하기thinking 34
해결책 삼각형antidote triangle 109-11
환경environment 219
    지원 분위기climate of support 219-20
휴즈Hughes, B 158
희생자victim 107-11
힘의 지평선power horizon 43-4

저자 및 역자 소개

저자

앤 브록뱅크 Anne Brockbank

유럽 멘토링 및 코칭협의회 European Mentoring & Coaching Council(EMCC) 마스터 프랙티셔너이다. 공공기관과 기업을 대상으로 학습개발 컨설턴트로 일한다. 또 메트로폴리탄 대학의 초빙 교수이기도 하다.

학습에 대한 열정과 교수법 강의 경험을 바탕으로 오랜 시간의 연구와 개발과정을 융합하여 성인 학습과 발달에 관해 연구하였다. 런던의 시티 대학교에서 Reflective Learning을 강의하였으며, 이는 혁신적인 프로그램으로 평가받는다.

그녀는 비즈니스와 라이프 코칭을 하는 전문코치로서 지극히 사적인 코칭 주제는 물론 전문적인 비즈니스 영역까지 모든 분야를 코칭한다.

이안 맥길 Ian McGill

브록뱅크 맥길 협의회의 학습 및 행정 담당 직원이다. 그는 학부와 석사를 대상으로 하는 액션러닝 프로그램의 선구자이기도 하다.

앤 브록뱅크와 이안 맥길은 『액션 러닝 핸드북』, 『코칭 스킬』, 『코칭, 멘토링 및 수퍼비전』 등 많은 저서를 함께 집필했다.

앤 브록뱅크와 이안 맥길의 최근 저서는 『공감으로 완성하는 코칭』이다.

역자
줄리아 코치(김소영)

기업체나 대학교에 강의하러 가면 '한국말은 할 줄 아세요?'라거나 '혹시 외국인이신가요?'라는 질문을 수없이 많이 들었습니다. 네, 저는 영어를 너무 좋아해서 꿈도 영어로 꿉니다. 제 소개를 올립니다. 저는 배움과 성장을 중요하게 여기는 18년 경력의 영어학습 코치, 줄리아입니다. 학부에서 영문학을 전공하고 석사과정으로 코칭학을 접했습니다. 올해로 영어를 공부한 지도 27년이 되었지만, 여전히 배움에 목마르고 더 많이 알면 알수록 더욱 겸손해져야 함을 깨닫습니다. 일방적인 주입식 교육과 단순 암기가 아닌, 더 쉽고 재밌게 영어를 지도하기 위해 코칭을 연구했습니다. 그 마음으로 한국인이 영어를 쉽고 재밌게 배울 수 있도록 사명감으로 교육현장에서 일하고 있습니다. 앞으로도 영어를 포함하여 모든 학습을 코칭으로 이어갈 때 더 효과적임을 널리 전하고 싶습니다. 운 좋게도 『공감으로 완성하는 코칭』 번역이 시발점이 되어 올해 초등 영문법 교재와 영어 글쓰기 코칭 책을 내는 저자가 되었습니다. 위드코로나 시대에 발맞춰 유튜브 채널 「줄리아 코치」에서 다양한 영어강의도 진행하고 있습니다. 영어학습만큼이나 그림과 클래식 음악을 사랑합니다. 베이킹과 쿠킹을 즐기며 일상에서 창조의 세계를 맛보고 있습니다. 멋있는 사람이 인생의 목표지만, 가족과 따뜻한 밥상에서 도란도란 이야기를 나누는 것을 최고의 행복으로 느낍니다. 오랜 시간 영어공부를 하면서 생각하는 동시에 행동으로 옮기는 것이 습관이 되었습니다. 새로운 것을 배우고, 도전하는 데 겁이 없습니다. 또 책을 읽으면 똑똑해질 수 있다고 믿는 바보이기도 합니다.

영어학습 코칭, 코칭 칼럼, 서평 등 다양한 글감으로 꾸며놓은 블로그도 운영하고 있습니다. 이곳에서 함께 소통하면 좋겠습니다. https://blog.naver.com/juliakim26

발간사

호모코치쿠스 24
공감으로 완성하는 코칭

패트리샤 무어Patricia Moore라는 여성이 있다. 코카콜라 병 디자인으로 유명한 뉴욕의 디자인 회사 레이몬드 로위Raymond Loewy에서 무어는 유일한 20대 여성 디자이너였다. 그녀는 관절염 환자도 쉽게 문을 열 수 있는 냉장고 디자인 아이디어를 제안했으나 거절당했다. 무어는 직접 꼬부랑 할머니로 분장을 하고 1979년부터 1982년 사이에 북미 도시 100곳을 돌아다니면서 어떤 대우를 받는지 체험했다. 이런 체험을 바탕으로 노인들이 편리하게 사용할 수 있는 제품을 디자인했다. 그녀는 '보편적 디자인'의 창조자라고 불릴 뿐만 아니라 최초의 '공감 활동가'로서 인정받고 있다 (로만 크르즈나릭, 『공감하는 능력』 김병화 옮김, 더 퀘스트 2018).

공감의 힘을 상징적으로 보여주는 사례다. 다른 사람의 처지가 되어 본다는 것은 이처럼 개인 차원을 넘어 사회적으로 엄청난 영향을 미친다. 인간이 본래 이타적 동물이라는 것은 신경과학자들이 우리 두뇌에서 '공감회로'를 발견함으로써 더욱 명백해졌다. 패트리샤 무어는 공감의 힘을 실제 몸으로 증명했지만, 공감을 연구하는 학자들 역시 공감이 인간관계를 개선하고 개인의 창의성을 높여준다고 말한다.

비즈니스 세계에서도 공감의 가치가 새롭게 주목받고 있다. 과거 기업은 수치로 표현되는 사업 성과에 관심을 두고 직원들에 대해서도 그들의 생각과 행동에만 초점을 맞추었다. 리더가 직원의 정서에 관심을 두는 것은 나약함을 드러내는 일이라고 비난받기도 했다. 그렇지만 지속 가능한 성장의 굳건한 토대는 사람이고, 사람들 사이의 관계에 내재한 정서가 긍정적 에너지의 원천이라는 사실이 분명해졌다. 오늘날의 기업은 직원이나 고객 관계에서 감정적 요소를 중요하게 여긴다. 직장에서 공감대가 형성되면 생산성 향상, 사고와 결근율 감소, 매출액 증가, 이익과 주식시장 가치 상승으로 이어진다는 것이 연구결과로 입증되고 있다.

이와 같은 시대적 흐름에 맞추어 비즈니스 코칭에서도 고객의 감정을 다루는 일이 점점 중요해지고 있다. 코칭 효과는 코치의 공감 능력이 좌우한다고 말할 정도로 공감은 코칭의 핵심역량 가운데 하나이다. 공감은 고객과 신뢰와 안전감을 구축하고 프레즌스를 유지하며 자기 자각과 통찰의 세계로 나가게 하는 핵심이다. 고객이 말하는 것 너머의 세계를 보고, 말하지 않는 내면의 세계로 들어가서 '잠긴 트렁크'의 자물쇠를 열 수 있는 코치의 역량이다. 비즈니스 코칭에서 코칭 목적별로, 코칭 대상별로 공감도 다른 수준으로 깊이를 달리해서 이루어져야 한다. 국내 비즈니스 코칭 현장에서 얼마나 효과적으로 공감이 이루어지고 있는지는 잘 알지 못한다. 그렇지만 분명한 것은 코치들이 모범적 준거로 삼을 만한 공감 관련 책이 거의 없다는 점이다.

이러할 때 한국코칭수퍼비전아카데미에서『공감으로 완성하는 코칭』을 코치들에게 소개한다. 호모코치쿠스 스물네 번째 책이다. 이 책은『조력 전문가를 위한 공감적 경청』(한국코칭수퍼비전아카데미, 호모스피릿쿠스 3)과 함께 코치들의 간절한 바람을 채워주는 유용한 참고서라 할 수 있다. 『공감적 경청』이 정신분석적 접근법을 근간으로 전문가 수준의 '공감과 경청법'을 안내했다면, 『공감으로 완성하는 코칭』은 비즈니스 코칭의 목적과 대상에 따른 공감 활용법을 제시한다. EMCC의 마스터 프랙티셔너인 앤 브록뱅크와 액션러닝 프로그램의 선구자인 이안 맥길이 공감으로 효과를 본 코칭 사례가 풍부하게 담겨 있다. 그런 점에서 이 책은 다양하게 맞닥뜨리는 코칭 상황에서 코치 자신의 공감 역량을 점검해보는 하나의 기준점이 될 수 있다.

호모코치쿠스 시리즈에 24번의 숫자가 매겨지기까지는 오로지 번역에 참여한 코치들의 공로 덕분이다. 코치들의 자발적 참여와 사명감의 결실이 하나하나 쌓여갈 때 우리나라 코칭 지평은 넓어지고 전체적인 역량은 한층 깊어질 것이다. 이 책 역시 줄리아 코치의 인고와 오랜 기다림의 산물임을 밝혀둔다. 우리나라 코칭 발전에 또 하나의 디딤돌 역할을 할 것으로 기대되어 뿌듯한 마음이다. 편집자로서뿐만 아니라 한 사람의 코치로서도 모두에게 감사를 드린다.

공감이 개인적, 사회적으로 중요한 능력임은 다시 강조할 필요가 없다. 그렇지만 항간에는 공감 결핍의 시대라는 평가가 있다. 인터넷과 소셜 네트워크가 발달하면서 사람들 사이의 연결성이 커졌지만, 여전히 개인주의가 우세해서 정서적 유대감은 취약하다는 진단이다. 이러한 시대에 이미 공감 능력을 갖춘 코치들이야말로 진정한 호모 엠파티쿠스 homo empathicus로서 탁월한 사회적 역할을 할 것으로 기대한다.

편집자 코치 정익구

호모코치쿠스

코칭 튠업 21
: ICF 11가지 핵심 역량과 MCC 역량

김상복 지음

뇌를 춤추게 하라
: 두뇌 기반 코칭 이론과 실제
Neuroscience for Coaching

에이미 브랜 지음
최병현, 이혜진 옮김

마음챙김 코칭
: 지금-여기-순간-존재-하기
Mindful Coaching

리즈 홀 지음
최병현, 이혜진, 김성익, 박진수 옮김

코칭 윤리와 법
: 코칭입문자를 위한 안내
Law & Ethics in Coaching

패트릭 윌리암스, 샤론 앤더슨 지음
김상복, 우진희 옮김

조직을 변화시키는 코칭 문화
How to create a coaching culture

질리안 존스, 로 고렐 지음
최병현, 이혜진 등 옮김

내러티브 상호협력 코칭
: 3세대 코칭 방법론
A Guide to Third Generation Coaching : Narrative-Collaborative Theory and Practice

라인하드 스텔터 지음
최병현, 이혜진 옮김

임원코칭의 블랙박스
Tricky Coaching

맨프레드 F. R. 케츠 드 브리스 등 편집
한숙기 옮김

마스터 코치의 10가지 중심이론
Mastery in Coaching

조나단 패스모어 편집
김선숙, 김윤하 등 옮김

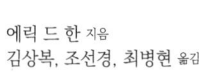
코칭·컨설팅
수퍼비전의 관계적 접근
Supervision in Action

에릭 드 한 지음
김상복, 조선경, 최병현 옮김

정신역동과 임원코칭
: 현대 정신분석 코칭의 기초1
Executive Coaching :
A Psychodynamic Approach

캐서린 샌들러 지음
김상복 옮김

수퍼비전
: 조력 전문가를 위한 일곱 눈 모델
Supervision in the Helping Professions

피터 호킨스, 로빈 쇼헤트 지음
이신애, 김상복 옮김

코칭 프레즌스
: 코칭개입에서 의식과 자각의 형성
Coaching Presence : Building Consciousness and Awareness in Coaching Interventions

마리아 일리프 우드 지음
김혜연 옮김

멘탈력
정신적 강인함에 대한 최초의 이론적 접근
Developing Mental Toughness :
Coaching strategies to improve performance, resilience and wellbeing

더그 스트리챠즈직, 피터 클러프 지음
안병욱, 이민경 옮김

코치 앤 카우치
Coach and Couch

맨프레드 F.R. 케츠 드 브리스 등 지음
조선경, 이희상, 김상복 옮김

리더의 정치학
: 조직개혁과 시대전환을 위한 창발 리더십 모델
Leading Change: How Successful Leaders Approach Change Management

폴 로렌스 지음
최병현 등 옮김

고용 가능성
고용+가능성 업그레이드 전략
Developing Employability and Enterprise: Coaching Strategies for Success in the Workplace

더그 스트리챠즈직, 샬롯 보즈워스 지음
조현수, 최현수 옮김

게슈탈트 코칭
바로 지금 여기
Gestalt Coaching: Right here, right now

피터 브루커트 지음
임기용, 이종광, 고나영 옮김

강점 기반 리더십 코칭
: 조직 내 긍정적 리더십 개발을 위한 가이드
Strength_based leadership Coaching in Organization An Evidence based guide to positive leadership development

덕 매키 지음
김소정 옮김

영화, 심리학과 라이프 코칭의 거울
The Cinematic Mirror for Psychology and Life Coaching

메리 뱅크스 그레거슨 편저
앤디 황, 이신애 옮김

영웅의 여정
자기 발견을 위한 NLP 코칭
The Hero's Journey: A voyage of self-discovery

스테판 길리건, 로버트 딜츠 지음
나성재 옮김

VUCA 시대의
조직문화와 피어코칭
Peer Coaching at Work

폴리 파커, 팀 홀, 캐시 크램, 일레인 와서먼 공저
최동하, 윤경희, 이현정 옮김

정신역동 마음챙김 리더십
: 내면으로의 여정과 코칭
Mindful Leadership Coaching : Journeys into the interior

맨프레드 F.R. 케츠 드 브리스 지음
김상복, 최병현, 이혜진 옮김

실존주의 코칭 입문
: 알아차림·용기·주도적 삶을 위한 철학적 접근

야닉 제이콥 지음
박신후 옮김

공감으로 완성하는 코칭
: 평범함에서 탁월함으로

앤 브록뱅크, 이안 맥길 지음
김소영 옮김

·········· (출간 예정)

ADHD Coaching
- 정신건강 전문가를 위한 가이드

프란시스 프레벳,
아비가일 레브리니 지음
문은영, 박한나, 가요한 옮김

내러티브 코칭
: 새 스토리의 삶을 위한 확실한 가이드
Narrative Coaching : The Definitive Guide
to Bringing New Stories to Lif

데이비드 드레이크 지음
김상복, 김혜연, 서정미 옮김

글로벌 코치 되기
: 국제코칭연맹 공식 가이드

조나단 페스모어,
트레이시 싱클레어 지음
김상학 옮김

시스템 코칭
: 개인을 넘어 가치로

피터 호킨스, 이브 터너 지음
최은주 옮김

수퍼바이지와 수퍼비전
: 수퍼비전을 위한 가이드

에릭 드 한, 윌레민 레구인 지음
한경미, 박미영, 신혜인 옮김

인지행동 코칭
: 30가지 특징

마이클 니난 지음
박지홍 옮김

정신역동 코칭
: 30가지 특징

클라우디아 나겔 지음
김상복 옮김

코칭과 정신건강 가이드
: 코칭에서 심리적 과제 다루기
A Guide to Coaching and Mental
Health : The Recognition and Management
of Psychological Issues

앤드류 버클리, 케롤 버클리 지음
김상복 옮김

코칭수퍼비전의 이론과 모색
Coaching and Mentoring Supervision : Theory and Practice

타티아나 바키로버, 피터 잭슨, 데이빗 클러터벅 지음
김상복, 최병현 옮김

비연속 단일회기 코칭
: 30가지 특징

윈디 드라이덴 지음
김상복 옮김

인지행동 기반 라이프코칭
Life Coaching : A Cognitive behavioural approach

마이클 니난, 윈디 드라이덴 지음
정익구 옮김

웰다잉 코칭
생의 마지막과 상실을 겪는 사람들을 위한 코칭 가이드
Coaching at End of Life

돈 아이젠하워, J. 발 헤이스팅 지음
정익구 옮김

임원코칭
: 시스템 - 정신역동 관점
- 현대 정신분석 코칭의 기초 3
Executive coaching: System-psychodynamic perfective

하리나 버닝 편집
김상복 옮김

정신역동 코칭의 이해와 활용
: 현대 정신분석 코칭의 기초2
Psychodynamic Coaching : focus & depth

올라 샤룻데 벡 지음
김상복 옮김

시스템 코칭과 컨스텔레이션
Systemic Coaching & Consitellations

존 위팅턴 지음
가향순, 문현숙, 임정희, 홍삼열, 홍승지 옮김

10가지 코칭 핵심주제 사례연구
: 20개 사례와 40개 논평
Complex Situations in Coaching

디마 루이스, 폴린 파티엔 디오콘 지음
김상복 옮김

코칭심리학(2판)
실천연구자를 위한 안내서
Handbook of Coaching Psychology

스티븐 팔머, 앨리스 와이브로 엮음

코칭 이론과 실천
The SAGE Handbook of Coaching

타티아니 바흐키로바, 고든 스펜스, 데이비드 드레이크 엮음

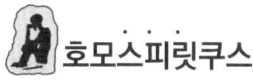 호모스피릿쿠스

나르시시스트와 직장생활하기
Narcissism at Work: Personality Disorders of Corporate Leaders

마리 린느 제르맹 지음
문은영 · 가요한 옮김

정신분석 심리치료의 기본과 실천
: 정신분석·지지적 심리치료와의 차이

아가쯔마 소우 지음
최영은 · 김상복 옮김

조력 전문가를 위한 공감적 경청
共感的傾聽術
:精神分析的に"聽く"力を高める

고미야 노보루 지음
이주윤 옮김

철학과 정신분석 (근간)
Philosophy and Psychoanalysis

Richard Gipps,
Michael Lacewing 편집

(코쿱북스)

코칭의 역사
Sourcebook Coaching History

비키 브록 지음
김경화, 김상복 외 15명 옮김

101가지 코칭의 전략과 기술
: 젊은 코치의 필수 핸드북
101 Coaching Strategies and Technique

글래디나 맥마흔, 앤 아처 지음
김민영, 한성지 옮김

리더십을 위한 코칭
Coaching for Leadership

마샬 골드 스미스,
로렌스 라이언스 등 지음
고태현 옮김

코칭 A to Z

누구나 할 수 있는 코칭 대화 모델
: GROW_candy 모델 이해와 활용

김상복 지음

세상의 모든 질문
: 아하에서 이크까지, 질문적 사고와 질문 공장

김현주 지음

첫 고객.첫 세션 어떻게 할 것인가
(1) 윤리적 가이드라인과 전문가 기준에 의한 고객 만남
(2) 코칭계약과 코칭 동의 수립하기

김상복 지음

코칭방법론
– 조직 운영과 성과 리더십 향상을 돕는 효과성 코칭의 틀

이석재 지음

집필자 모집

- 멘토링 기반 코칭 방안과 사례 연구
- 컨설팅 기반 코칭 방안과 사례 연구
- 조직개발 코칭 방안과 사례 연구(1:1 또는 그룹코칭)
- 사내 코치 활동 방안과 사례 연구
- 주제별•대상별 시네마 코칭 방안과 사례 연구
- 시네마 코칭 이론과 실천 방안 연구
- 아들러 심리학 기반 코칭 방안과 사례 연구
- 코칭 기획과 사례 개념화(중심 이론별 연구)
- 코칭에서 은유와 은유 질문
- '갈굼과 태움', 피해•가해자 코칭
- 미루기 코칭 이해와 활용
- 코치의 젠더 감수성과 코칭 관계 관리
- 정서 다루기와 감정 관리 코칭 및 사례연구
- 코칭 장場 field • 공간과 침묵
- 라이프 코칭 핵심 과제와 사례 연구(청년 및 중년)
- 커리어 코칭 핵심 과제와 사례 연구(청년 및 중년)
- 노년기 대상 라이프 코칭 방안과 사례 연구
- 비혼•혼삶 라이프 코칭 방안과 사례 연구
- 코칭 스킬 총정리와 적용 사례
- 부모 리더십 코칭과 사례 연구(양육자 연령별)
- 코칭 이론 기반 코칭 방안과 사례
- 커플 코칭 방안과 사례
- 의식확장과 영성코칭
- 군 리더십 코칭
- 코칭 ROI 연구

▣ 동일 주제라도 코칭 대상과 방식, 코칭 이론별 집필이 가능합니다.
▣ 최소 기준 A4 기준 80페이지 이상. 코칭 이론과 임상 경험 집필 권장합니다.
▣ 편집위원회와 관련 전문가 심사로 선정됩니다.
▣ 선정 원고는 인세를 지급하며, 무료로 출판합니다.

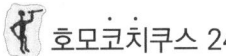 호모코치쿠스 24

공감으로 완성하는 코칭
: 평범함에서 탁월함으로

초판 1쇄 발행 2021년 7월 26일

펴낸이 | 김상복
지은이 | 앤 브룩뱅크 & 이안 맥길
옮긴이 | 김소영
편 집 | 정익구
디자인 | 이상진
제작처 | 비전팩토리
펴낸곳 | 한국코칭수퍼비전아카데미
출판등록 | 2017년 3월 28일 제2018-000274호
주 소 | 서울시 마포구 포은로 8길 8. 1005호
문의전화 (영업/도서 주문) 카운트북
           전화 | 070-7670-9080   팩스 | 070-4105-9080
           메일 | countbook@naver.com
           편집 | 010-3753-0135
           편집문의 | hellojisan@gmail.com 010-3753-0135
www.coachingbook.co.kr
www.facebook.com/coachingbookshop

ISBN 979-11-89736-27-9
책값은 뒤표지에 있습니다.